セレクション社会心理学—31

ポジティブな こころの科学

人と社会のよりよい関わりをめざして

堀毛一也 著

サイエンス社

「セレクション社会心理学」の刊行にあたって

近年、以前にも増して人々の関心が人間の「心」へ向かっているように思えます。「心」の理解を目指す学問領域はいくつかありますが、その一つ社会心理学においては、とくに人間関係・対人関係の問題を中心にして刺激的な研究が行われ、着実にその歩みを進めています。

従来から、これらの研究を広く総合的に紹介する優れた本は出版されてきましたが、個々のトピックについてさらに理解を深めようとしたときに適切にその道案内をしてくれるシリーズはありませんでした。こうした状況を考慮し、『セレクション社会心理学』は、社会心理学やその関連領域が扱ってきた問題の中から私たちが日々の生活の中で出会う興味深い側面をセレクトし、気鋭の研究者が最新の知見に基づいて紹介することを目指して企画されました。道案内をつとめるのは、それぞれの領域の研究をリードしてきた先生方です。これまでの研究成果をわかりやすいかたちで概観し、人間の「心」について考える手がかりを与えてくれることでしょう。

自ら社会心理学の研究を志す学生の皆さんだけでなく、自己理解を深めようとしている一般の方々にとっても大いに役立つシリーズになるものと確信しています。

編集委員　安藤清志　松井　豊

目　次

目　次

7

目　次

12 ポジティブ心理学と教育・発達……245

1●ポジティブ心理学とは何か

●ポジティブ心理学とは何か

「ポジティブ心理学」と聞いたときにみなさんはどのような印象を受けるでしょうか。筆者はいくつかの大学で「ポジティブ心理学」の講義を担当してきました。講義のはじめに、ポジティブ心理学についてどのようなイメージをもつか、受講者に尋ねているのですが、その記述からいくつか拾い出してみましょう。

・ポジティブなことに焦点をしぼって研究する学問だと思う（A大、三年）。
・ネットで調べてみたが、なんとなくうさんくさい、金儲けのための実践のような感じをもっている（B大、二年）。
・宗教や自己啓発につながる心理学ではないか（C大、二年）。

このように、ポジティブ心理学というと、「ポジティブになれますよ」みたいなことを宣伝している、うさんくさい学問というイメージがもたれているようです。それが、初回の講義を受けた後では、以下のような回答が多くなります。

・きちんとした科学的アプローチだとわかった。
・ポジティブとネガティブのバランスが大事だとわかった。
・予想以上に広範な領域を扱う科学的な研究だと思った。

自分の講義の宣伝をするわけではありませんが、本書の目的は、先のような誤解ともいえるイメージを払拭し、ポジティブ心理学に関する正しい理解を促進するとともに、人々の生き方や人生が少しでもよいほうに向かうような科学的な知識を提供し、かつ学術的・実践的なポジティブ心理学研究を活性化させる一助とすることにあります。

「ポジティブ心理学」と銘打った教科書や専門書は、アメリカではすでに五〇冊以上出版されています。次に、ポジティブ心理学に関する著名な論文や、版を重ねている代表的な教科書から、「ポジティブ心理学」の定義としてしばしば取り上げられる部分を紹介していきましょう。

・「ひとりひとりの最も建設的な特質である、楽観性、勇気、職業倫理、未来志向性、対人スキル、喜びと洞察の能力、社会的責任などがどういうものであるかを理解し育成す

ることを重視する、新しい方向を目指す科学」（セリグマン 一九九八／島井 二〇〇六 pp.22–23）

・「人間の効率的な機能のしかたとは何か、進化した適応様式や学習されたスキルを上手に応用するやり方とはどのようなものか、そして、心理学者たちが、様々な困難にもかかわらず、大多数の人々が、尊厳や目的を保ちつつ自らの人生を管理統制しているという事実をどのように説明するかを問いかける学問」（シェルドンとキング 二〇〇一 p.216）

・「私たちが生まれてから死ぬまで、またその間のあらゆる出来事について、人生でよい方向に向かうことについて科学的に研究する学問」（ピーターソン 二〇〇六／宇野 二〇一二 p.5）

・「幸福感や、身体的・精神的健康、人生の意味、人徳などの基準によって定義される、よい人生（a life well-lived）の促進につながる個人的な性質、人生における選択、生活環境、社会文化的な条件に関する科学的な研究」（バウムガードナーとクローザース 二〇一四 p.9）

このように、ポジティブ心理学のとらえ方はさまざまですが、ほとんどの定義に「科学」という用語が用いられていることにお気づきかと思います。ポジティブ心理学者が強調することの一つが、単なる哲学的・人間的なよいこと探しではなく、科学的なアプローチに基づいた研究なのだということです。私自身が気に入って、講義や論文でもしばしば取り上げてきた定義は次のスナイダーとロペス（二〇〇七）による定義ですが、ここにも科学という言葉が用いられています。

・「『人にとってよいことは何か』という疑問に答えるべく、『人間のもつよいところ（strengths）』を明らかにし、ポジティブな機能を促進してゆくための科学的・応用的アプローチ」（スナイダーとロペス二〇〇七）

やや個人的な側面に偏った定義のようではありますが、「ポジティブな機能の促進」というところに、社会や文化との関連を含めて考えるとすれば、ポジティブ心理学の考え方をよく表現した、わかりやすい定義ではないかと思います。

●ポジティブ心理学の提唱

ポジティブ心理学の考え方は、一九九八年に、当時アメリカ心理学会（APA）の会長に推挙されたマーティン・セリグマンが、会長就任講演で提唱したものです。この中で、セリグマンは、第二次世界大戦前の心理学には、三つの明確な使命があったと主張しています。それは、①精神的な不調を治すこと、②すべての人々の人生をより生産的で充実したものにすること、③高い才能を見いだしそれをはぐくむこと、という三つです。後の論文では（セリグマンとチクセントミハイ二〇〇〇）、②や③に関する研究例として、ターマンらによる天賦の才能に関する研究や（一九三九）、結婚満足感に関する研究（一九三八）、またワトソンの効果的な養育に関する研究（一九二八）、ユングの人生の意味の探求や発見に関する研究（一九三三）などが取り上げられています。

ところが、第二次世界大戦直後の一九四六年に退役軍人管理局、一九四九年には国立精神衛生研究所が設立されると、アメリカ在住の数千もの心理学者たちが、精神的不調を取り扱うことで生計を立てられ、病理について研究すれば研究費を手に入れることができることに気がついたとセリグマンは指摘しています。こうした精神的な不調の理解やセラピーの進捗はすばらしいもので、以前には手に負えなかった少なくとも一四の病気が、科学の前にその秘密をさらけ出し、治療や大幅な緩和ができるようになりました（セリグマン一九九四）。しかし一方で、他の二つの基本的な使命――すべての人の人生をよいものにすること、才能を育てること――は、ほとんど忘れ去られてしまいました。このようなバランスの悪さを元に戻すことが、今日の心理学がもつ重要な役割であり、それを担う学問領域としてポジティブ心理学が提唱されたわけです。

セリグマンは、こうした発想に至ったきっかけが、孫娘とのやりとりにあったというエピソードを紹介しています（一九九五年のことだそうです）。少し長くなりますが、以下にご紹介しましょう。

「そのとき、私は五歳になる娘のニッキと庭の草取りを始めたところだった。私は、子どもについての著作を書いてはいるものの、実際には子どもの扱いが下手であることを認めざるを得ない。私は目標志向的で、せっかちであり、草取りをしながらも、さっさとそれを終わらせたかった。しかし、ニッキは、草を放り投げたり、歌ったり踊ったりしていたので、私は彼女をどなりつけた。ニッキはいったん歩き去り、戻ってきてこういった。『パパ、お話があるの』『なんだい』『パパ、わたしが五つになる前のことを覚えている？三つから五つになるまで、わたしは泣き虫だったの。だけど五つになったとき、わたしはもう泣き虫にならないって決めたの。それはこれまでにないほど難しいことなの。だから、もしわたしが泣き虫であることをやめることができるなら、パパもそのしかめっ面をやめることができるんじゃない？』」（セリグマンとチクセントミハイ二〇〇〇）

ニッキとのこの会話はセリグマンに大きなショックと天恵を与えたと述べられています。セリグマンは、よく知られているように学習性無気力の研究を行っていました。この研究は、犬を電気ショック装置につなぎショックを連続的に与えると、最初は嫌がってなんとか装置から逃れようとしますが、次第に統制不可能であることを学習し、ショックを与えてもじっと耐えるようになる、すなわち、統制不可能な状況であることを学習すると無気力が生じるということを示した実験的研究です。セリグマンは、この考え方を逆転し、継続的に報酬となるような刺激を与えれば、楽観的な認知が芽生えるはずだという発想を抱くようになりました。こうした考え方は学習性楽観主義（learned optimism）と呼ばれ、「ポジティブ心理学の土台となった考え方」と述べられています（セリグマン一九九〇）。

一方、この論文の共著者であるチクセントミハイも、自身が暮らしていたイタリアの敗戦が周囲の大人たちに与えた影響、その中で自己の統合性や目的を失わなかった人々の強さ、心理学への関心の増大とアメリカへの移住、行動主義的方法論への失望、人間性心理学への期待と失望などを論じた後で、「心理学が単なる病理や弱さ、被害の学問ではなく、強さや美徳の学問であるということを、この領域の人々に気づかせること」がポジティブ心理学の狙いであると述べています（セリグマンとチクセントミハイ二〇〇〇）。そして、ポジティブ心理学は、「人間行動が呈示するユニークな問題に対し、何が科学的な方法としてベストな解決法か、すべての複雑さを含め理解したいと願う人々に示そうとする」学問であると論じています。

●ポジティブ心理学の歴史

ポジティブ心理学の提唱に至るきっかけは、セリグマンとチクセントミハイが、たまたま冬の休暇を過ごしていたハワイの浜辺で出会ったことによるようです（チクセントミハイとナカムラ 二〇一一）。それまで二人は、お互いの業績についてよく知っていましたが、直接話をする機会がなく、その後の滞在期間に、心理学の未来がどうあるべきか、さまざまなことを話し合ったと述べられています。そのアイデアが、数年後のポジティブ心理学の提唱に結びついたということです。

セリグマンの提唱以来、ポジティブ心理学がどのような発展をとげてきたかについては、セリグマンの所属していたペンシルバニア大学のポジティブ心理学研究センターのＨＰを見るといろいろな情報が得られます（https://ppc.sas.upenn.edu/）。そこには、ポジティブ心理学運動が、きわめて計画的に構想され、発展してきた経緯が詳細に記載されています。たとえば、ポジティブ心理学に関する最初の試みは、アクマル会議の開催でした。セリグマンとチクセントミハイは、一九九八年の一月に、全米の著名大学の教授宛に、ポジティブ心理学に関連する研究を行っており、将来講座をもつであろう四〇歳以下の若手の准教授を紹介してほしいという手紙を書きました。結果的に四五人が推薦され、ファウラー（当時のAPAのCEO）やクリフトン（ギャラップ社のオーナー）の協力を得て、そのうちの一八人を招待し一九九九年一月にメキシコのリゾートで開催されたのが、アクマルI（Akmal I）と呼ばれる会議です。後の章に登場するフレドリクソン、キーズ、リュボミアスキー、シェルドンなど、ポジティブ心理学の担い手として活躍する若手研究者たちがこの会議で発表を行いました。翌二〇〇〇年にはアクマルIIが開催され、そこではシェルドンらを中心に作成されたアクマル宣言が採択されました。その一部を表1に示します。

アクマル会議は二〇〇二年の第四回まで継続されましたが、チクセントミハイら（二〇一一）は、特に最初の二回の会議の成功が、ポジティブ心理学の強固な基盤を形作ったとしています。これと並行して、一九九九年の九月から、ポジティブ心理学サミットと呼ばれる会議も開催されるようになりました。こちらは、ポジティブ心理学関係の研究ですでに著名な業績を上げてきた人々を集めたミーティングとしてスタートし、初回の講演者には、バルテス（知恵）、ディーナー（主観的ウェル・ビーイング）、エモンズ（感謝・スピリチュアリティ）らの名前があります。この会議は三年間継続された後に、若手の養成を意図した夏の合宿に引き継がれ、二〇〇五年まで継続しています。その後、

表1　アクマル宣言（一部省略）

（堀毛，2014；シェルドンら，1999: https://ppc.sas.upenn.edu/）

1. 定義　ポジティブ心理学は最適な人間の機能に関する科学的な研究である。ポジティブ心理学は，個人やコミュニティの活性化・成長をもたらす要因を発見し促進することを目的とする。ポジティブ心理学運動は心理学的健康の源泉について心理学者たちが注意をむけてきた研究の一部に新たな関与を示すことにより，病気や障害の克服を強調してきたこれまでの立場からさらに先に進むことを目指す。
2. 目的　これらの目的を達成するためには，最適な機能について生物学的，経験的，個人的，関係的，制度的，文化的，国際的な視点を含む多様なレベルから考察しなければならない。そのためには，a）それぞれのレベルにおけるプロセス間のダイナミックな関係性，b）避けがたい逆境において秩序や意味を創造する人間の能力，c）これらのプロセスから生じるであろう，多様な発現型をもつ「よい人生」をもたらす手立て，について研究することが不可欠となる。
3. 応用　ポジティブ心理学の潜在的な応用には以下の側面が含まれる。 ・内発的動機，ポジティブ感情，創造性を伸ばすことによる子どもの教育の改善 ・希望，意味，自己治癒を強調したアプローチの発展による心理療法の改善 ・愛，世代継承性，関与のダイナミックスのさらなる理解による家庭生活の改善 ・本来性，フロー経験，仕事への真の貢献を見いだす手助けとなる，人生を通じた労働満足感の改善 ・人々の間の信頼，コミュニケーション，愛他性を強める条件の発見を通じた組織や社会の改善 ・人間の内にある精神性の理解や促進を通じた社会の道徳的性質の改善
4. 目標の実現　ポジティブ心理学の繁栄に向け，最適な条件を生成するために，ポジティブ心理学者と名乗る研究者の集まりを拡張し，有用で啓発的な生産物を作り出す必要がある。そのためには以下の戦略が必要となる。 ・「ポジティブ科学」研究ネットワークの形成 ・ポジティブ科学者間のコンタクトを促進すること ・ポジティブ心理学の研究者を対象とする補助金の創設 ・ポジティブなアプローチを促進する高度な研究成果 ・ポジティブ心理学者のキャリアの促進

二〇〇七年には国際ポジティブ心理学協会（IPPA）が設立され、活動はより組織的に展開されるようになりました。この組織のもと、二〇〇九年に第一回のポジティブ心理学国際会議（WCPP）が開催され、全世界から二〇〇〇人を超える研究者や実践家が参加しました。会議はその後隔年で開催されており、ヨーロッパ、オーストラリア、中国など諸地域でもポジティブ心理学会が設立されるなど、活動は国際的に拡大し今日に至っています。

●ポジティブ心理学の研究領域

ポジティブ心理学の研究領域は、当初から三つの柱（the three pillars）として表現されてきました。それは、「ポジティブな経験」「ポジティブな個人特性」「ポジティブな制度（institution）」という三つです。第一のポジティブな経験とは、過去への満足感、現在の幸福感、そして未来への希望などに関する研究を意味します。第二のポジティブな個人特性とは、愛情、勇気、創造性などの、人のもつ強み（strengths）を理解することとされています。第三のポジティブな制度とは、正義、責任、市民性など、よりよいコミュニティの育成につながる強みの研究を意味します（いずれもポジティブ心理学研究センターのＨＰによる）。本書では、目次に示すように、これらの研究内容をより具体的に紹介していきます。大きく分ければ、第二章から四章がポジティブな経験、第五章から八章がポジティブな個人特性、第九章から一五章がポジティブな機構に関する研究の紹介ということになりますが、相互の研究は、いうまでもなく互いに関連をもち、オーバーラップしていますので、あまりこだわりをもたずに読み進めていただければ幸いです。図１は、ヘフェロンとボニウェル（二〇一一 p.14）による教科書に紹介されているポジティブ心理学に関するマインド・マップです。作成されたのは二〇〇八年のようですが、研究が広範な領域に及んでいることがよく理解できると思います。ポジティブ心理学関連の書籍については、島井（二〇〇六）により二〇〇五年以前の主要な文献の紹介がなされています。

●他の心理学領域との関連

ポジティブ心理学と他の心理学領域との関係については、図２のような関連性が想定されることが多いように思います（ヘフェロンとボニウェル二〇一一 p.13）。ただ、ポジティブ心理学は、独自の領域的自覚こそあるものの、独自の理論や研究法をもつわけではありません。その意味で、ポジティブ心理学は、「心理学における、新たな研究テーマ

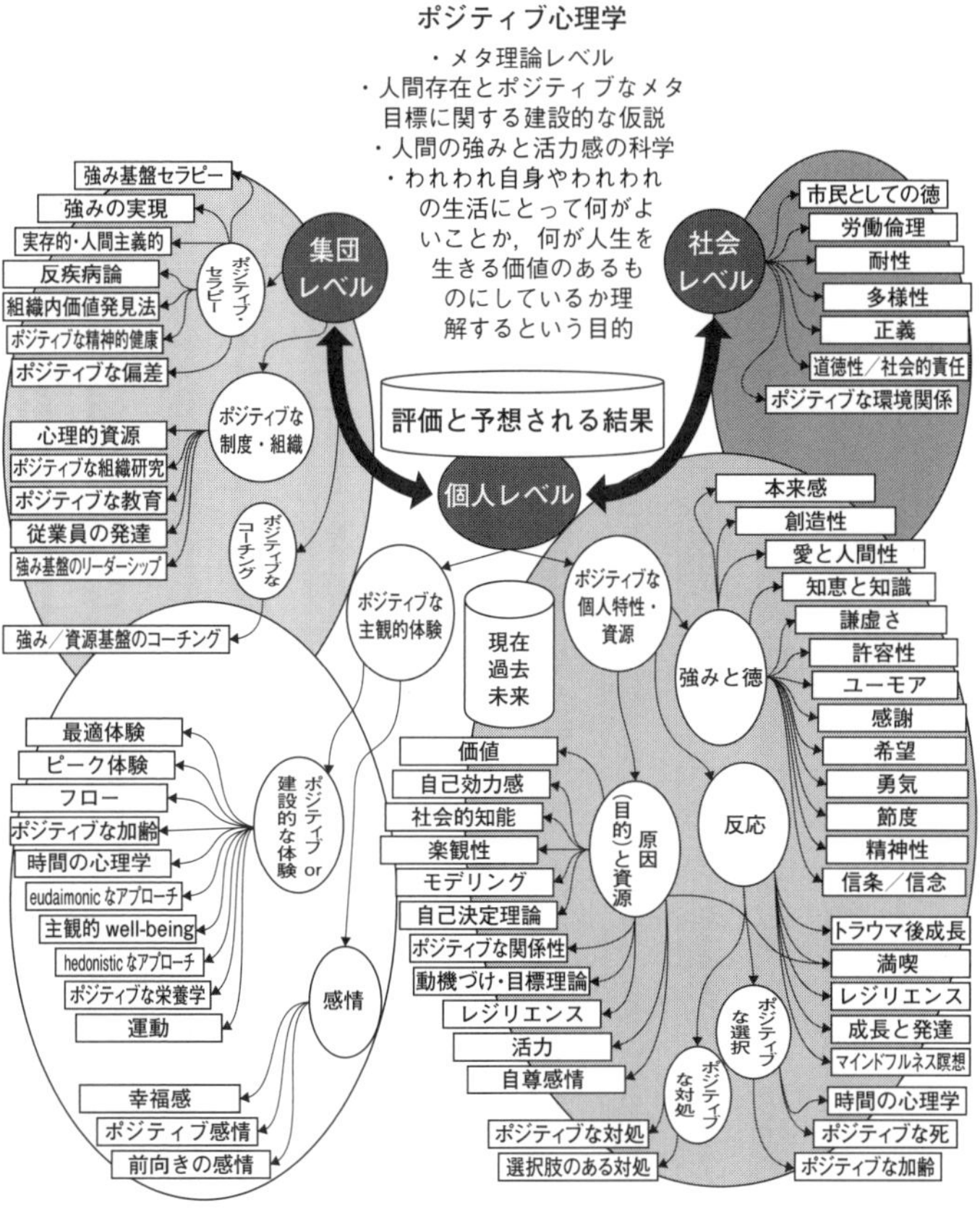

図 1　ポジティブ心理学のマインド・マップ
（ヘフェロンとボニウェル，2011；堀毛，2014）

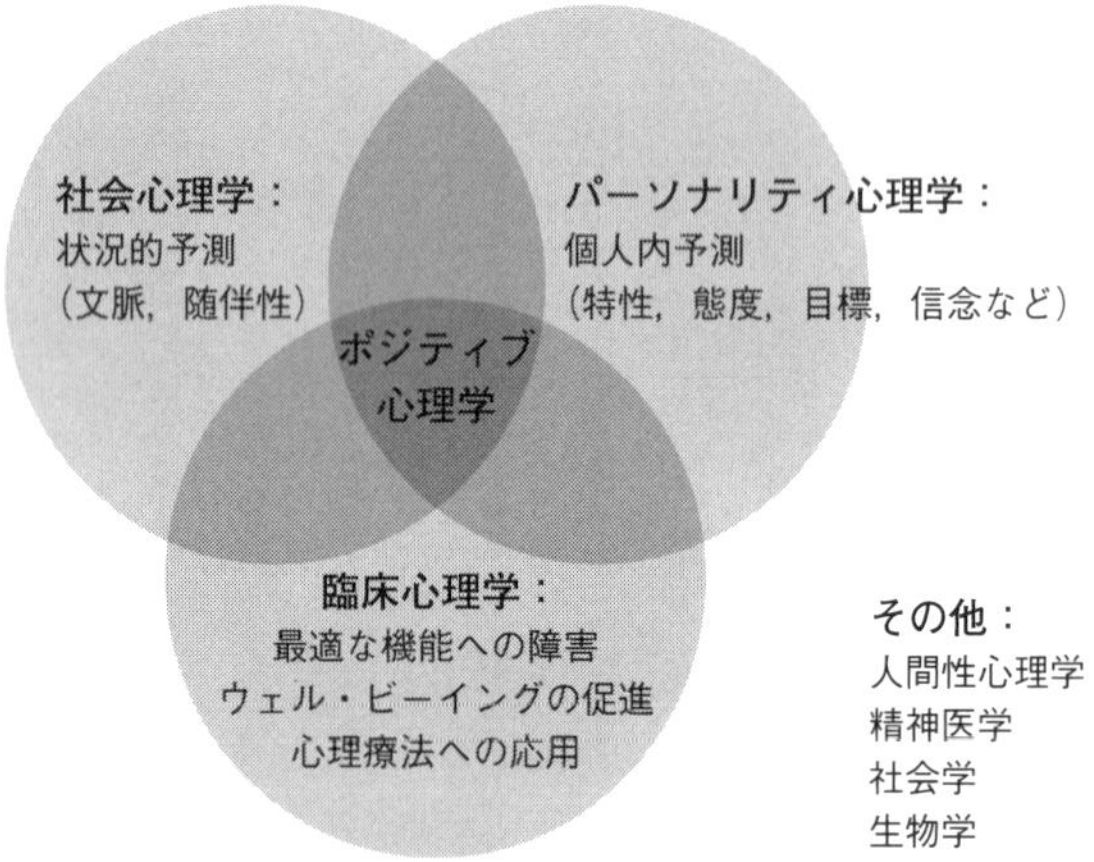

図２　ポジティブ心理学と他の心理学との関連
（ヘフェロンとボニウェル，2011）

や研究領域というよりも、ポジティブ心理学運動と呼ぶのがふさわしいような、心理学全体に関わる学問的な運動である」（島井二〇〇六）という指摘が現状では正しい認識であるといえるでしょう。バウムガードナーとクローザーズ（二〇一四）は、ポジティブ心理学と他領域との関連について示しています。以下その論考を参考にしつつ現状を簡潔にまとめてみましょう。

1　社会心理学との関連：社会心理学では、人間関係やソーシャル・サポートが精神的・身体的健康に影響を与えることが研究されてきました。また、夫婦を対象とする非言語コミュニケーション研究の蓄積により、よい夫婦関係とは何か、関係を維持するコツは何かなど、ポジティブ心理学にとって重要なテーマを扱う研究が数多く行われ、成果をあげています（第一〇章参照）。また、一九九〇年代以降の文化心理学の発展は、文化によって「よい人生」の意味や、ウェル・ビーイングの考え方が異なることを明らかにしてきました。こうした観点も、ポジティブ心理学の中で重視され、文化とウェル・ビーイングといった表題をもつ著作が次々と発表されるなど、ポジティブ心理学の中核となる研究領域になっています（第一五章参照）。

2　臨床心理学との関連：臨床心理学では、心理的苦悩を低減することに研究の焦点をあててきました。ただ、「病気がないことが健康」と考えられてきた時代から、身体的・精神的・社会的に良好な状態が健康と見なされるようになり、また近年では予防や健康の促進を重視する、ポジティブ・メンタル・ヘルスの考え方が普及し（大竹二〇一六）、ポジティブ心理学との関心の一致が高まっているように思います（第一一章参照）。とりわけ、こうした側面を重視する学問領域としての健康心理学との関連は密接で、本邦でもポジティブ心理学の導入にあたっては健康心理学者が中心的な役割を果たしてきました。

3　発達心理学との関連：発達心理学では、縦断的研究により、幼いころ逆境（adversity）にさらされた子どもたちが、成長後に、社会的・認知的・感情的問題を引き起こすリスクが高まることが指摘されてきました。これに対し、一九七〇年代を境に、そうした逆境においても優れた発達をとげる子どもたちがいることが指摘され、いわゆるリジリエンス研究が盛んに行われるようになりました。こうした逆境からの回復や、トラウマ後成長（Post Traumatic Growth）は、人間の強みやポジティブな対処能力の研究ということで、ポジティブ心理学と発達心理学をつなぐ役割を果たしていると考えられます（第一一、一二章参照）。また、カスピ（一九八七）の研究などに見られる生涯発達的な視点も重要で、ポジティブ心理学の中でも重要な意味をもつと考えられます。

4　パーソナリティ心理学との関連：パーソナリティ心理学では、幸福感やウェル・ビーイングにつながる特性や認知的傾向性について、さまざまな角度から分析が行われてきました（第五～八章参照）。とりわけ行動遺伝学的研究の知見は、幸福感のかなりの部分が遺伝によって規定される可能性を示し、幸福感のセット・ポイント説として論議の対象となっています（第三章参照）。また、「強み」研究はパーソナリティ研究としての位置づけをもち（第五章参照）、ビッグ・ファイブとの関連など、多様なトピックが研究の対象になっています。

5　人間性心理学との関連：ポジティブ心理学が提唱され始めたときから、人間性心理学との類似性が指摘されてきました。たとえば、コンプトンとホフマン（二〇一三）は、ポジティブ感情や、健康、人間の内に秘めた力など、ポジティブ心理学の重要な課題に最初に関心を向けたのは人間性心理学であると指摘しています。ところが、セリグマンら（二〇〇〇）が、人間性心理学に対し、やや批判的な論調で相違を強調したこともあって、人間性心理学からポジティブ心理学に対してきわめて強硬な反発がなされました（テイラー 二〇〇一、木村 二〇〇六）。両者の相違は、研究対象や研究手法にみられる実証性重視と個別性重視という視点の相違にあるとされていますが（コンプトンとホフマン 二〇一三）、現在に至っても互いの交流はさほど見られないように思います。

●日本のポジティブ心理学的研究――ポジティブ心理学の導入以前

セリグマンの講演や、'*American Psychologist*' のポジティブ心理学特集は、日本の研究者にも大きなインパクトを与えました。この動向に反応したのは先にも触れましたが、健康心理学の研究者たちでした。CiNiiで「ポジティブ心理学」をキーワードとして検索すると一二二件がヒットします（平成二七年八月現在）。その最初に上がってくる論文は、大木桃代氏（二〇〇二）の『健康心理学的観点から見た健康関連アセスメントの課題と今後の展望――ポジティブ心理学の提言――』という論文です。また、本邦で最初に開催された学会シンポジウムは、やはり日本健康心理学会で二〇〇三年に開催された『高齢者の健康支援——ポジティブ心理学からの挑戦——』（長田久雄氏・津田 彰氏企画）のようです（資料提供：大竹恵子氏）。ちなみに、ポジティブ心理学という言葉は用いていませんが、筆者もこのころから研究動向に関心をもち、日本グループ・ダイナミックス学会でシンポジウムを企画しています（堀毛ら 二〇〇三）。また、二〇〇四年からは島井哲志氏らを中心に、日本心理学会で三年間にわたりシンポジウムが開催されています。この内容を中心に島井氏がまとめた『ポジティブ心理学——二一世紀の心理学の可能性——（島井編二〇〇六）』が、本邦で最初のポジティブ心理学に関連する出版物だと思われます。この著作には、セリグマンのAPA大会における基調講演の内容や、ヴァージニア大学（現所属：コロンビア大学）の大石繁宏氏をはじめ、本邦のポジティブ心理学研究をリードする研究者たちが稿を寄せています。

その後の急速な発展ぶりは各章で紹介することとして、ここでは、ポジティブ心理学の提唱以前に、ポジティブな心性を扱った研究がいろいろと存在したことについても触れておきたいと思います。先に示したように、「ポジティブ心理学」の検索では二〇〇二年の論文が最初のものとなります。これに対し「ポジティブ」「心理学」で検索すると五〇九件がヒットします（平成二七年八月現在）が、このうち一九九七年以前の論文は二五本しかありません。内容的には、一九六〇～八〇年代は、対人認知、帰属、態度変容、援助行動、非言語コミュニケーションなど、社会心理学関連の研究が大半で、九〇年代になると、ポジティブ感情などの感情心理学的研究、時間的展望のような発達心理学研究が登場してきます。また、すでに一九九五年に、根建由美子氏と田上不二夫氏により「ハピネストレーニングプログラム」の検討、つまりポジティブ心理学的な介入研究が行われていること（根建と田上一九九五）も注目されます（第一四章参照）。著作としては、藺千壽氏が、一九九〇年に『パーソン・ポジティヴィティの社会心理学――新しい人間関係のあり方を求めて――』を上梓しています。この著作では、ポジティビティを「他者を好意的そして肯定的に認知する傾向」と定義し、社会心理学的な観点の整理や、対人認知や自己に関する実証的な研究が展開されています。もちろん、この他にも、本書で紹介するさまざまな概念について、他領域を含めいろいろと研究されてきた経緯がありますが、それらについては、一部に止まりますが章をあらためて紹介することとさせていただきたいと思います。

2・ウェル・ビーイングのとらえ方

●ヘドニックな「幸福感」

セリグマン（二〇一一）は、「ポジティブ心理学は単なる『幸福学（happiology）』ではない」と論じています。けれども、ポジティブ心理学運動の中心的テーマが、幸福感やウェル・ビーイングであったことは事実だと思います。本書でもまず、こうした「幸福感」研究の成果についてまとめていくことにします。なお、この領域に関しては、本邦でもすでに大石（二〇〇九）や島井（二〇一五）による優れた論考が出版されていますので是非ご参照ください。

幸福感（happiness）に関しては、ギリシャ時代以来、「人の幸せとは何か」という問いに対する哲学的省察が行われてきました。その中でも、エピキュロスの「快楽主義

(hedonism)」や、アリストテレスの「エウダイモニア(eudaimonia)」といった考え方はよく知られています。快楽主義というと、物質的・肉体的快楽を追求し、楽しさ、うれしさを堪能することのように思えます。人間が感じる幸福感の一つに、こうした「快楽」や「楽しさ」を基盤とする感情があるのは事実でしょう。エピキュリアンという表現は、日常生活でも「快楽を追求する人」として用いられますし、辞書にもそうした意味が記載されていることが多いようです。ただ、エピキュロスの唱えた快楽主義は、精神的・禁欲的なもので、「アタラクシア(ataraxia)」と命名された「平静な心」を基盤とするものだとされています。快楽という側面が強調されるようになったのは、後生の人々の誤解のようです(ライアンとデシ二〇〇一)。一方で、エピキュロスより一〇〇年ほど前に活躍した、キュロス学派の祖とされるアリスティッポスの考え方は、「快楽主義」として位置づけられています。アリスティッポスは、「人生の目的は快の最大量を経験することであり、幸福はその人物の快楽の瞬間の総計である」と論じたとされています。

こうした快楽を重視する伝統は西欧哲学にも引き継がれ、心理学にも影響を与えています。たとえば、強化理論のように、報酬の最大化、罰の最小化を重視する考え方はその代表といえるでしょう。カーネマンら(一九九九)は、「何が自分の経験や人生を心地よいもの(快:pleasure)としたり不快なもの(unpleasure)としたりするか」を追求する心理学を「ヘドニック（快楽）心理学（hedonic psychology）」と名づけ、幸福感を考える基本的な立場の一つとしています。こうした考え方に立てば、幸福感は、日ごろ心地よさ（快感情）をどの程度感じているか、不快感情をどの程度感じないで済むか、によって規定されることになります。たとえば、ベンサムらの提唱する功利主義（utilitarianism）哲学でも、すべての人の幸せが、究極の目標で、個人の幸福感を最大にする社会が、理想の社会だと考えます（最大多数の最大幸福）。この立場では、快楽計算（hedonic calculus）という快・不快の総量を考えることを重視しています。こうした快感情と不快感情の差もしくは比も、幸福感の測度の一つになり、一般に快・不快バランス（hedonic balance）と呼ばれ多くの研究で指標として用いられています。

ポジティブ感情の高さ、ネガティブ感情の低さ、快・不快バランスなどは感情的ウェル・ビーイングと呼ばれることもあります。その測定には、ワトソンら（一九八八）によって開発されたPANAS（the Positive and Negative Affect Schedule）と呼ばれる尺度が用いられることが多いようです。この尺度はポジティブ感情一〇項目、ネガティブ感情一〇項目から構成されています。日本語版は複数存在し（佐藤と安田 二〇〇一、阿久津二〇〇八、川人ら二〇一一など参照）、翻訳の問題や項目数の問題などが論議されていますが、どの研究でも、ポジティブ感情とネガティブ感情の二因子が得られるという点では共通しているようです。また、快・不快バランスも、この尺度によって求められたポジティブ・ネガティブの差や比を用いて計算されるのが一般的です。

●主観的ウェル・ビーイング

人の幸福や幸福感に関する考え方はヘドニックなものばかりではありません。たとえば、古代ヘブライ人の中には、後の神命説（divine command theory）と呼ばれる考え方と同様に、神の命に従って敬虔な生活を送ることが幸せだと考える人々がいたことも指摘されています（コンプトンとホフマン 二〇一三）。また、東洋では、孔子の説く「五常（仁、義、礼、知、信）」などに示される関係的調和感や、仏陀の説く「解脱、無我」など平穏な心性などが、幸福な人のもつ特徴とされてきました。たとえば、五常では、思いやりを示すこと（仁）などを兼ね備えた人が理想であるとし、よい人生、理想な社会につながるような個人と社会とが一体化した幸せを強調しました。また、釈迦（仏陀）は、諸行無常、無我という、平常心、穏和な心、悟りの境地など穏やかな幸せを強調しています。これらの例に示されるように、「幸福感」に関連する考え方は、洋の東西を問わずきわめて多様に展開されてきたといえるでしょう（大石 二〇〇九）。

それでは、心理学を含めた近代科学では、「幸福感」研究はどのように展開されてきたのでしょうか。社会学や経済学では、主として大規模な調査研究を通じ、収入や教育歴等の人口統計学的変数と幸福感の関連が検討されてきました（ヴィンホヴェン 二〇〇八）。これに対し、老年学や社会福祉学では、六〇代以上の高齢者を対象に、幸福感、人生満足感、モラール、QOL等の主観的側面を中心とする数多くの研究が行われてきました。

一方、心理学における本格的な幸せ研究は一九三〇年代まで行われてこなかったとされています。大石と小宮（二〇一二）は、心理学における最初の幸福感研究はハルトマン（一九三四）による幸せの自己評価研究で、それ以来六〇年代の後半までは、行動主義の影響を受けて幸福感のような主観的感情を扱う研究はほとんど見られなかったと指摘しています。そうした中で、ウィルソン（一九六七）は、幸福感の規定因に関する展望的研究として六二編のレビューを行い、若さ、健康、教育、収入、信仰、結婚、職業モラールなどを幸福感の重要な規程因であると指摘しました。また、ラーソン（一九七八）は、老年学研究における過去三〇年の幸福感研究の成果を展望し、その多くが自己報告を指標として用いていることを指摘するとともに、対象者により評定されたポジティブ─ネガティブな感情次元を主観的ウェル・ビーイング（subjective well-being：以下SWB）と名づけました。本書でもこれ以降、概念的なあいまいさをもつ「幸福感」という用語の代わりに

「ウェル・ビーイング」という用語を用いていきたいと思います。

これらの研究を基盤として、ディーナーがまとめた主観的ウェル・ビーイングに関する展望論文（ディーナー 一九八四）は、その後の心理学領域における研究の拠り所となりました。この論考は、定義、測定、理論、規定因など、二五六の論文をまとめたきわめて幅広い内容から構成され、これまで一〇〇〇以上の論文に引用されています（ラーソンとエイド 二〇〇八）。ディーナーは、それまで没個性化の研究を行っていましたが、サバティカルを境に幸福感研究に転じ、その後もSWB研究の第一人者として数度にわたる展望を発表し、Dr. Happinessと呼称されるように、この領域の研究の主導者として活躍しています（ディーナーら 一九九九 二〇〇三、ディーナー 二〇一三）。

ディーナーら（二〇〇三）によれば、主観的ウェル・ビーイングとは、「人々がある時点で、また長期にわたり、自分の人生をどのように評価するか」を意味する用語とされています。日本語では主観的幸福感、主観的充実感、主観的健康感などと訳されることが多いようですが、本書では「主観的ウェル・ビーイング」という訳語を用いることにします。

ディーナーらは、SWBを、日常のポジティブ感情の高さ、ネガティブ感情の低さと、一般的な人生満足（life satisfaction）を結合させたものと論じています。ここからおわかりのように、主観的ウェル・ビーイングという概念は、happinessという感情的側面とは区別され、その人自身がもつウェル・ビーイングもしくは幸福感に関する見方であるといえます。ただ、主観的ウェル・ビーイングが主観的な判断に過ぎないかというと、必ずしもそうではないように思います。たとえばシェルドンとルーカス（二〇一四）は、ＳＷＢが人々の実生活のさまざまな条件を反映したものであるとも論じています。収入や社会的関係などの外的条件や、目標、人生の展望などのさまざまな内的条件がかかわりをもってくるということです。つまりそれは、自分の人生がどの程度うまくいっているか、どの程度改善が必要かというシグナルを意味するものでもあるわけです。

カーネマンら（一九九九）は、ＳＷＢとヘドニックな感情との関係を図3のように整理しています。これを見ると、主観的ウェル・ビーイングは、神経システムに基盤をもつ、快・不快感情や一時的感情、それらがまとまった持続的気分をもとに形作られるものと考えられていることがわかります。この論文にはディーナーも共著者として加わっており、ポジティブ感情やネガティブ感情を統合した上位概念としてＳＷＢを位置づけていることが示されています。また、ＳＷＢの上位概念として、よい人生のとらえ方が文化や社会的文脈によって異なること、人生の質（ＱＯＬ）には、ＳＷＢと異なる側面があると指摘されているのも興味深いことです。

ディーナーら（一九八五、邦訳は角野 一九九四）は、ＳＷＢの測定道具として人生満

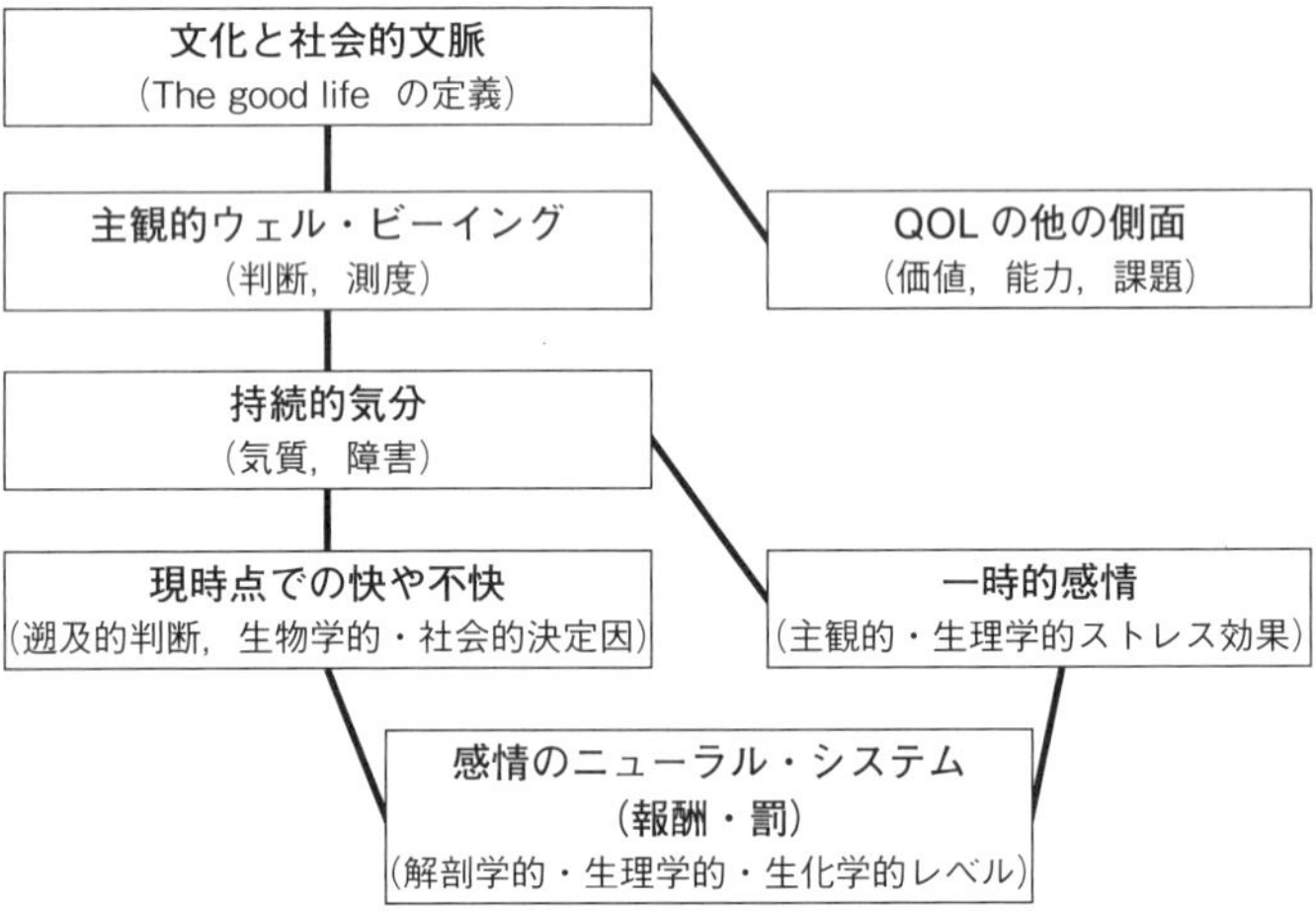

図3　主観的ウェル・ビーイングの分析レベル（カーネマンら，1999）

足尺度（SWLS：Satisfaction With Life Scale）という五項目からなる尺度を開発しています。この尺度をキーワードとする研究は、PsycINFO（平成二七年九月）によると五〇〇件近くにのぼりますが、実際にはそれ以上の研究が行われていると思います。ウェル・ビーイング研究の中でももっとも使用頻度の高いポピュラーな尺度と見なすことができるでしょう。

●エウダイモニックな「幸福感」

主観的ウェル・ビーイングに関する研究が進展するにつれ、人間のポジティブな機能を考えるにあたって重要な側面が見落とされているのではないか、という指摘がなされるようになりました（リフ 一九八九）。それは、先に紹介したアリストテレスの「エウダイモニア」に関連する側面のことです。「エウダイモニア」は、よい（エウ）守護神（ダイモン）に守られている状態のことを意味し、これも通常「幸福」と訳されています。その根源には、「よりよく生きよりよく行為する」といった意味が含まれているようです。こうした側面を追求する考え方は「エウダイモニズム（eudaimonism）」と呼ばれ、「ダイモン＝真の自己（true self）」に従って世界を認識し生活する倫理観を意味するとされていま す。ウォーターマン（一九九三）は、ロジャーズ、マズロー、コールバーグなどの考え方の背景に共通する「自己実現（self-actualization）」や人間の最適な心理的機能の基盤としてこの考え方が存在すると指摘しています。こうした点からすれば、真の自己に従って生き、自分の潜在的な力を発現することが、エウダイモニアと呼ばれる幸福感につながることになります。そうした状況では、人々は自分が生き生きとして活動的であり、本来の自分としてそこにある（本来感：authenticity）、という感覚を強く抱くことになります。

リフ（一九八九）は、自己実現の他に、オールポート（一九六一）によるプロプリウム（成熟した人間）の考え方や、エリクソン（一九五九）やノイガルテン（一九六八）などの生涯発達的な観点に示される人生の危機や挑戦、ヤホダ（一九五八）の精神的健康に関するポジティブな指標などといった考え方と、エウダイモニック（本邦では理性主義と訳されます（大坊二〇一二））な幸福感とのかかわりを強調し、そうした幸福感を心理的ウェル・ビーイング（psychological well-being：ＰＷＢ）と名づけ、ヘドニックな幸福感と区別されるべきものと主張しています。心理的ウェル・ビーイングは、「自己受容（self-acceptance）」「積極的対人関係（positive relations with others）」「自律心（autonomy）」「環境制御（environmental mastery）」「人生目的（purpose in life）」「自己成長（personal growth）」という六つの次元から構成されると考えられています。また、リフとシンガー（二〇〇八）は、アリストテレスの考え方との関連を詳細に検討するとともに、各次元の考え方をより明確に論じています。これらの論考をもとに整理したそれぞれの次元の定義や、保有者の特徴、背景となる主な理論等を表2および図4に示します。

デシとライアン（二〇〇八）は、ＳＷＢ研究は感情的ウェル・ビーイングを中心としたもので、心理的ウェル・ビーイングに関連する研究は少ないと指摘しています。ただ最

表2　心理的ウェル・ビーイングの諸次元の定義
（リフ，1989 およびリフとシンガー，2008 をもとに作成）

次元	高得点者の特徴	低得点者の特徴	関連する主な理論的背景
自己受容	自己についてポジティブな態度を保有する。自分がよい側面，悪い側面など多様な面をもつことを認識しており受容している。過去の人生をポジティブに感じている。	自己に対して不満感を抱いている。過去に生じたことに失望感をもつ。ある種の個人的特性について悩みをもち，今と違う自分になりたいという希望をもつ。	ポジティブな自己評価欲求を well-being の前提とする精神的健康（Jahoda），自己実現（Maslow）最適な機能（Rogers），成熟性（Allport），統合性（Erikson）個性化（Jung），生涯発達理論（Erikson, Neugarten）。
他者との積極的な関係	他者とあたたかく，満足のいく，信頼できる関係を築いている。他者の幸福に関心をもち，共感や親密感を共有できる。人間関係におけるギブアンドテイクを充分理解している。	他者との信頼関係についてわずかな選択肢しかもたない。他者とあたたかく，オープンで気遣いのある関係性を築くのが難しい。対人関係で孤立し，欲求不満を感じている。他者と重要な絆を維持する際に妥協しない。	良好な対人関係をポジティブな well-being の前提とする愛と友情（Aristotle, Mills, Russell），自己実現（Maslow），成熟性（Allport），親密性・世代継承性（Erikson）。
自律	自己決定的，独立的である。ある種のやり方で考えたり行動したりする際に社会的圧力に抵抗できる。内的なものにより行動を制御する。個人的基準により自己を評価する。	他者の期待や評価に関心をもつ。重要な決定を行う際に，他者の判断に依存する。ある種のやり方で考えたり行動したりする際に，社会的圧力に同調する。	自己決定，独立，内的制御等を well-being の前提とする自己実現（Maslow），十全に機能する人間（Rogers），個性化（Jung），自己欺瞞（Sartre），生涯発達理論。
環境制御	環境の管理に精通し有能であるという感覚をもつ。外的な活動の複雑な流れを制御し，周辺にある機会を効果的に用いる。個人的な欲求や価値に合うように文脈を選択し創造する。	日常の出来事を管理するのに困難を感じる。周辺の文脈を選択・改善することができないと感じている。周辺にある機会に気づかない。外的な世界を制御するという感覚に欠ける。	自身の精神的状態に合わせ，環境を選択し，変容させることが well-being の前提となる。精神的健康（Jahoda），成熟性（Allport），生涯発達理論，自己制御，自己効力感とも関連をもつ。
人生目的	人生の目標や目的意識を有している。現在や過去の人生には意味があると感じている。人生には目的があるという信念を抱いている。生きるための目標や目的をもつ。	人生に意味があるという感覚を欠く。目的や目標がほとんどなく，目的意識に欠ける。過去の人生に意味を見いだせない。人生を意味のあるものとする見解や信念をもたない。	人生に意味や目的を見いだすことを well-being の前提とする意味への意志（Flankl），本来性（Sartre），熱意（Russell），精神的健康（Jahoda），成熟性（Allport），生涯発達理論。
個人的成長	継続的に成長してきたという感覚をもつ。自分を成長し，拡大するものと見なす。新しい経験に対してオープンに接する。自分の潜在的な可能性を理解できている。自己に改善点を見いだし，時間をかけて行動する。自己認識をより効果的に行うためやり方を変えようとする。	個人的な停滞感をもつ。長期にわたる改善や拡大感に欠ける。人生を退屈で，関心のもてないものと感じる。新しい態度や行動を進展させることはできないと考える。	自己のポテンシャルの継続的成長感を well-being の前提とするエウダイモニア（Aristotle），自己実現（Maslow, Norton）精神的健康（Jahoda），十全に機能する人間（Rogers），生涯発達理論（Buhler, Erikson, Neugarten, Jung）。

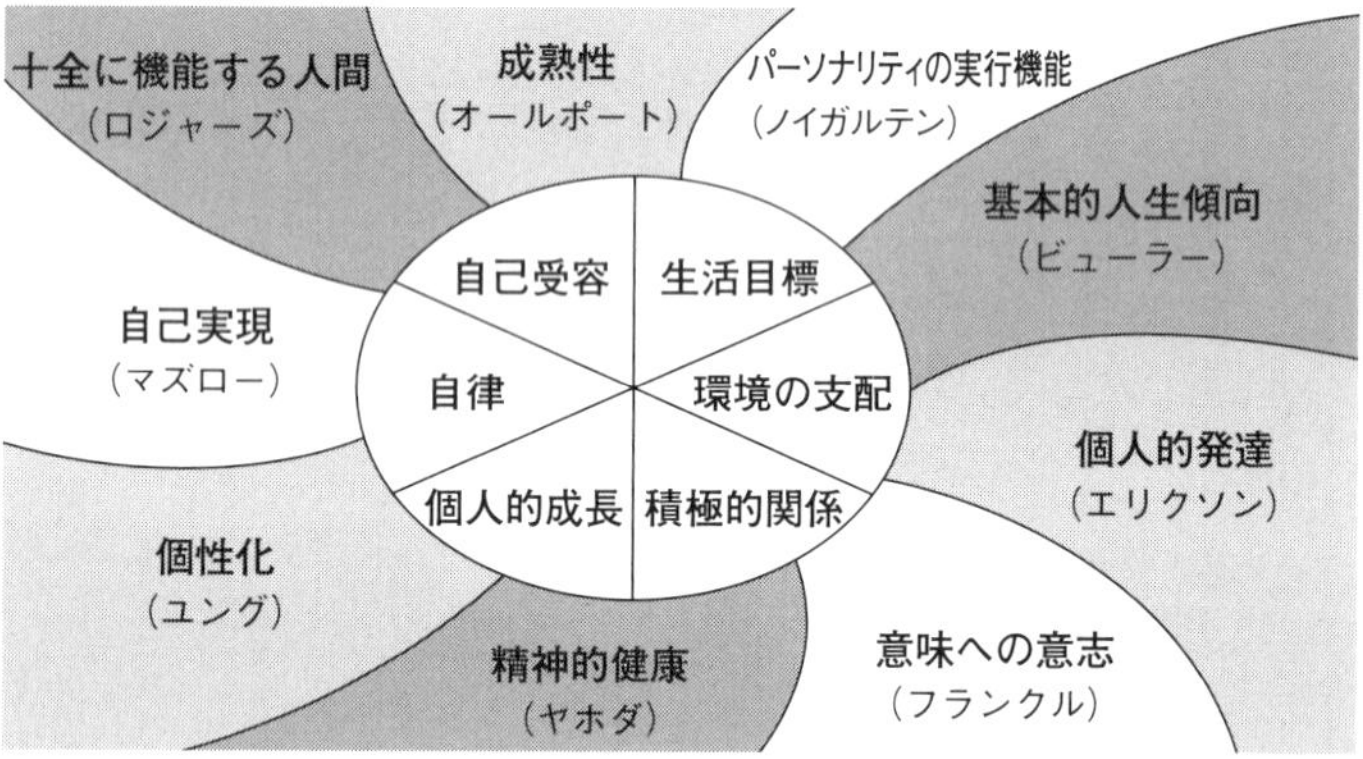

図４　心理的ウェル・ビーイングの中核次元と理論的な基盤
（リフとシンガー，2008）

近、心理的ウェル・ビーイングに関連する研究を集めたハンドブックが出版されるなど（ヴィテルソ二〇一六）、研究者の関心が高まっていることも事実だと思います。また、最近の研究では、二つの側面を同時に測定し検討するという方法も一般的になってきています。たとえばウォーターマンら（一九九三、二〇〇八）も、その重要性を強調し、それぞれを測定する尺度を提唱しています。ただ、ウォーターマンらによる心理的ウェル・ビーイングに関する考え方は、リフらの考え方に比べると活動特定的で、測定されている内容も充実感や真の自己を反映していない、など限定的であるとする主張もなされています（デシとライアン二〇〇八）。研究目的に応じた使い分けも可能ですが、心理的ウェル・ビーイングを広範にとらえる場合には、リフの考え方を援用しておいたほうが無難なように思います。リフとキーズ（一九九五）は、リフの提唱したオリジナルの尺度（一二〇項目）から各側面について三項目を選び一八項目からなる短縮版を作成し、妥当性・信頼性を検証しています。本邦では、西田（二〇〇二）が、リフの尺度をもとに七六項目の尺度を作成し、因子分析により検討した結果、六因子四三項目からなる尺度を構成したものがよく使用されています。また岩野ら（二〇一五）も短縮版の開発を行い妥当性・信頼性を検証しています。[注1]

注1　バウマイスターら（二〇一三）は、幸福感と有意味性（meaningfulness：エウダイモニックな幸福感と同義）の違いについて、幸福感は自然な感情であり、欲求充足と関連し、現在志向であり、与える側の視点と関連すること、有意味性は文化と関連をもち、過去から未来に至る時間軸を統合したもので、受ける側の視点と関連し、不安やストレスと関連をもち、個人のアイデンティティや自己と関連すると論じ、四〇〇人近い成人のデータをもとにこれらの傾向を実証的に確認しています。

●社会的ウェル・ビーイング

キーズ（一九九八）は、感情的ウェル・ビーイングや心理的ウェル・ビーイングの考え方が、基本的に私的な個人的側面のウェル・ビーイングを取り上げてきたことを問題視し、日常生活において人々が遭遇する社会的な課題に焦点をあて、市民として、また共労者、隣人等として、社会の中でどの程度よい機能を有するかに関する自己評価を意味する「社会的ウェル・ビーイング（social well-being）」という概念をSWBのもう一つの重要な側面として指摘しています。キーズらによれば、社会的ウェル・ビーイングは以下の五つの側面から構成されます。

1　社会的一体感（social integration）：自分を社会の一部であると感じ、自分の社会やコミュニティとの関係の質を評価すること。

2　社会的受容感（social acceptance）：他者を信頼できる勤勉な存在と見なし、そうした人々から構成される社会を受容すること。

3　社会的貢献感（social contribution）：自分の社会的価値を評価し、社会の活動的な一員であるという信念をもつこと。

4　社会的実現（期待）感（social actualization）：社会のもつポテンシャルやこれまでの歩みを評価し、将来に期待を抱くこと。

5　社会的統合感：社会的世界の質や作用について知識をもち、自分がどのような世界に生きているか、自分の周囲でどのような出来事が生じるか理解できると感じること。

さらにキーズら（二〇〇二）は、ＭＩＤＵＳ（midlife in USA）という大規模調査プロジェクトの中で、これまで取り上げてきた、感情的、心理的、社会的という三つのウェル・ビーイングに注目し、これらの側面のいずれにおいても高得点で、かつ「過去においてとりわけ落ち込むような出来事を体験していないこと」を「フラリッシュ（flourishing：活性感）」と名づけ、低得点を示す「ラングィッシュ（languishing：消耗感」と対比させた精神的健康の連続体を提唱しています。このモデルについては、精神的・身体的健康とウェル・ビーイングの関連として第一一章で論じることにします（キーズら二〇〇二、キーズとロペス二〇〇二）。

キーズ（一九九八）は、五つの下位尺度のそれぞれについて五〇項目からなる尺度を作成しています。この論文では、同時に一五項目からなる短縮版も作成され妥当性が検証されています。この尺度について、中国で行われた研究では、五因子構造の妥当性・信頼性が確認されていますが（リーら二〇一五）、本邦ではほとんど取り上げられていません。

ただ、筆者の検討によれば（堀毛 二〇〇九ａ）、どちらの尺度を用いてもキーズの提唱する五因子は得られず、概念的な再検討が必要なように思います。

●日常活動のフラリッシュ

セリグマン（二〇〇二）や、ピーターソンやセリグマンら（二〇〇五）は、感情的な側面（楽しさ（pleasure））を「悦楽的人生」、認知的な側面（意味（meaning））を「意味的人生」として区別したうえで、ウォーターマン（一九九三）によりそれらの混合的側面として位置づけられていたフロー経験（チクセントミハイ 一九九〇 第九章参照）を基盤とする側面も、ウェル・ビーイングとして重要な意味をもつことを指摘し、これを「関与的（engagement）人生」として区別し、三側面からなる「幸福への志向性（orientations to happiness）」を提唱しています。この考え方は、セリグマン本人によって「幸福理論（happiness theory）」と名づけられています。関与的な側面とは、自分が従事している活動において充実感を感じていることを意味します。サークル活動やスポーツに充実感を感じている方には、よくおわかりいただけると思います。ピーターソンら（二〇〇五）は、インターネット調査により、これら三側面を測定する尺度について検討した結果、参加者を、三つの側面がいずれも低い得点を示す「空虚な人生（empty life）」から、いずれも高い得点を示す「充実した人生（full life）」までの連続体の中に位置づけることが可能で、それによって人生満足感に相違が見られることを示しています。

セリグマン（二〇一一）は、これら三つの要素に、「達成的（accomplishment）人生」と「（ポジティブな）関係性（(positive) relationships）」を加えた五つの要素（頭文字を取ってPERMAと呼ばれます）が、ウェル・ビーイングを考えるために不可欠であるとする「ウェル・ビーイング理論（well-being theory）」を展開しています。どちらの要素もリフの心理的ウェル・ビーイングと密接な関連をもつと考えられます。「達成（achievement）と記載されることもある）」は、自分自身のために、成功や達成、勝利、習得などを追求し、それをなしとげること（達成のための達成）と定義づけられています。セリグマンは、この要素を、「幸福理論」に対する大学院生からの批判から思いついたと論じています。一方、「関係性」は、文字通り、他者とポジティブな関係を築き、それを維持することと考えられます。「関係性」がウェル・ビーイングと結びつく理由として、セリグマンは、進化心理学の論議を背景に説明を行っています。進化心理学では、人間の適応戦略が、脳の巨大化と集団生活であり、それによって、他者への気づきが促進され、他者の心を読んだり、誰がリーダーとしてふさわしいか、などといった、多様な心性が育まれていった、つまり「関係性」が複雑な脳や心を育てたと推測します（第一〇章参照）。こうした論議を考えるならば、「関係性」がわれわれのウェル・ビーイングにとって甚だ重要な意味をもつことが理解していただけるのではないかと思います。

セリグマンは、これら五つの特徴を基本とするウェル・ビーイング理論の目標は、自分自身の「フラリッシュ（活性感）」の量を増加させるとともに、地球という惑星上の「フラリッシュ（活性感）」の量を増加させることであると論じ、自らの著作にも「フラリッシュ」という表題をつけています。この考え方は、後に論じる「サスティナブル（持続的）な幸福（第一三章参照）」という考え方にも通じるものといえるでしょう。

ピーターソンら（二〇〇五）は、一八項目からなる「幸福志向性尺度（Orientations to Happiness Scale）」を開発しています。この尺度は、先にあげた、悦楽、意味、関与（没頭）という三つの人生志向性をそれぞれ六つの項目によって測定しようとするもので、妥当性・信頼性ともに検証されています。本邦では熊野（二〇一一）がこれを邦訳し、三因子構造になることを検証していますが、本来の一八項目が一〇項目になるなど問題点もあるようです。また、PERMAに関しては、カーンら（二〇一五）が、PERMAの五側面を測定する尺度（PERMA-Profiler）を考案してまとめています（バトラーとカーン二〇一六）。本邦では塩谷ら（二〇一五）がこの尺度の翻訳を行い、独自な工夫も加えた実証的な研究を進めています。

●人生の質(QOL)と人生の意味(MIL)

このように、ウェル・ビーイングもしくはSWBの概念については、さまざまな側面に関する検討が展開されています。それぞれが説得力のある論議で、内容的には納得できるのですが、多くの研究が、これらの概念をすべてSWBとして区別なく表記してしまい、それぞれの研究の中で扱われるSWBの内容に相違が見られるといった事態が生じており、混乱を招いているのも事実だと思います。加えて、先ほどのカーネマンらの指摘にあるように、個人のもつ価値観や目標課題によって、ウェル・ビーイングのとらえ方が異なることも指摘されています。こうした側面を表す概念としては、通常、「人生の質(QOL:quality of life)」とか、人生の意味「(MIL:meaning in life)」といった用語が用いられています。

このうち、QOL研究は、特に老人研究や福祉・医療領域を中心に行われてきました。たとえば、サージー(二〇一二)は、ウェル・ビーイングの客観的な指標(健康、教育、犯罪、汚染、収入など)と主観的な指標(人生満足、幸福感、社会・家族・労働などの領域的人生満足感、心理的ウェル・ビーイングなど）を区別し、こうした区別を行うことで可能になるＱＯＬの分類が重要とする論議を紹介しています（マイクロス二〇〇八）。サージー（二〇一二）はまた、主観的・心理的なＱＯＬを、「特定の人生領域への参加を通じ発達的欲求を満足させ、人生全体について価値観を担った信念を反映させること」(p.540）と定義したうえで、ハイブロン（二〇〇〇）の哲学的解説を援用し、幸福感を三つの側面に分類しています。

1　心理的幸福感（psychological happiness）：これはヘドニックあるいは感情的幸福感を意味し、本書でいう感情的ウェル・ビーイングにあたる概念と考えられます。

2　良識的幸福感（prudential happiness）：人生満足感を中心とする認知的なウェル・ビーイングを意味します。関与的な側面や次章で扱う領域的満足感が含まれます。

3　完全主義的幸福感（perfectionist happiness）：本書でいうエウダイモニアに基づく心理的ウェル・ビーイングやＭＩＬのことを意味します。

これらの内容は、これまで紹介してきたウェル・ビーイングの分類と重複しており、ＱＯＬ研究でも同様の視点が構築されていることを示すものと考えられるでしょう。

一方、人生に意味があるか、人生の目的は何か、といった問題は、年代を問わず、われわれにとって重要で挑戦的な問題と考えられます（シンとスティーガー二〇一四）。こうした「人生の意味（meaning in life）」に関する研究は、心理学ばかりでなく、哲学でも主要な課題の一つとして論じられており、スティーガーら（二〇〇六）による「人生の意味尺度」の開発や、広範な領域にわたる解説書も出版されています（ワン二〇一二）。本邦では浦田（二〇一三）が、「人生の意味」の概念を整理しつつ、心理学的研究の中で、人間性心理学や実存心理学を経て、今日ではポジティブ心理学の主要なテーマとして扱われていることを指摘しています。本書では、介入に関する第一四章で少し触れますが、紙数の関係で詳しく論じることができませんので、前掲書等をご参照ください。

●SWBに関するその他の尺度

SWBを測定する古典的な尺度としては、ノイガルテンら（一九六一）によるLSI（Life Satisfaction Index：生活満足度尺度、邦訳は古谷野ら一九八九）や、ロートン（一九七五、邦訳は前田ら一九七九）によるPGC（Philadelphia Geriatric Center）モラール・スケールが著名ですが、計量的な問題も含んでいるように思います。単極尺度としては、キャントリル（一九六五）による階梯尺度（一〇段の梯子を呈示し、現在の幸福度を何段目かということで回答させる）が著名で、ギャラップによる国際調査（第一五章参照）などで用いられています。また、リュボミアスキーとレパーズ（一九九九）による主観的幸福感尺度（Subjective Happiness Scale：ＳＨＳ）を用いた研究も数多く行われています。これは四項目からなる尺度で、日本では島井ら（二〇〇四）により訳出され、多くの研究で用いられています。また、ディーナーら（二〇一〇）は、ＳＰＡＮＥと名づけられた一二項目からなる感情的ウェル・ビーイングの尺度と、八項目からなるフラリッシュの測定尺度（ＦＡ）を提唱しており、短縮版として利用価値の高い尺度と見なすことができるでしょう。さらに、ＷＨＯ（世界保健機関）の作成した四〇項目からなる主観的幸福感尺度（ＳＵＢＩ：Subjective Well-being Inventory）（セルとナグパル一九九二）もしばしば用いられており、標準化尺度として邦訳も市販されています（大野と吉村二〇〇一）。この尺度は、ＳＷＢに関連する要因を幅広く測定するものですが、本来ＳＷＢとして考えるべき内容以外の要因（ストレス反応やソーシャル・サポートなど）が混在しているとする批判もなされています。この点に関し、伊藤ら（二〇〇三）は、ＳＷＢに関連する項目のみを取り上げた一五項目からなる尺度を提案しています。さらに、最近ＯＥＣＤが公刊したＳＷＢ測定のガイドラインに関する出版物では（ＯＥＣＤ二〇一三）、単極の生活評価尺度、感情尺度、エウダイモニア尺度の他、領域的評価（第三章参照）、経験的幸福（第四章参照）など多様な測度が紹介されています。ただ、これらの指標は大規模調査を前提としたもので、ここで紹介してきたSWBのさまざまな側面を把握する尺度に比べると、内容的にも荒さが感じられ、心理学的なウェル・ビーイングの個人差を把握する手立てとしては、やや不足が感じられるのも事実です。この他、文化心理学の発展を背景として、文化固有のウェル・ビーイングを測定しようとする試みも行われており、本邦でも複数の尺度が開発されています。これらについては文化との関連を論じる第一五章で紹介することにします。

3・ウェル・ビーイング研究へのアプローチ

●ウェル・ビーイングの背景にある理論的説明

前章では、主観的ウェル・ビーイング（SWB）の概念や測定について論じてきました。この章では、少し視点を変えて、さまざまなSWBの背景にある理論的な説明や、その根拠となる考え方について紹介していきたいと思います。ディーナーら（二〇〇九）は、SWBに関する理論が、①欲求／目標充足理論、②過程／活動理論、③遺伝やパーソナリティによる素因理論、の三つに区別されると指摘しています。[注2] このうち、欲求／目標充足

注2　ディーナーら（一九八四　一九九九）では、SWBの説明理論として、「快・不快理論」「目標理論」「活動理論」の他に、帰属等の認知的プロセスを重視する「認知理論」や、判断基準との比較によりSWBが規定されるという「判断理論」の立場が存在すると論じています。

表3　欲求と感情的ウェル・ビーイングの関連性（シェルドンら，2001）

	ポジティブ感情	ネガティブ感情	感情バランス
自尊	.43**	−.27**	.43**
自律	.31**	−.24**	.34**
有能性	.39**	−.05	.26**
関係性	.21**	−.16**	.23**
快刺激	.32**	−.02	.20**
身体活動	.34**	−.02	.20**
自己実現	.24**	.00	.13*
安全	.21**	−.01	.12*
社会的影響	.14**	.13**	−.01
金銭	.05	.21**	−.12*

*5%水準で有意　**1%水準で有意

理論では、心的緊張からの解放や欲求充足がウェル・ビーイングをもたらすと考えます。たとえば、シェルドンら（二〇〇一）は、一〇の欲求（自律、有能性、関係性、自己実現、身体活動、快刺激、金銭、安全、自尊、社会的影響）について、それぞれ三項目で測定し、これとPANASで測定したポジティブ感情、ネガティブ感情、感情バランス（ネガティブ―ポジティブ得点）との相関を求めています（第一研究）。結果を表3に示します。

ここから、自尊感情や自己決定的な動機（第八章参照）が感情的ウェル・ビーイングと関連をもつこと、安全や社会的影響性、金銭欲求は関連が低いことがわかります。また、第三研究では、もっとも満足感/不満足感の高い出来事と欲求との関連が検討され、出来事の満足感にこれらの欲求の満足/不満足が高い関連をもつことが示されています。こうした結果は、自己決定的な欲求充足が、感情的ウェル・ビーイングと関連することを実証的に明らかにしたものといえるでしょう。

一方、過程/活動理論では、前章で論じた関与的な活動に従事することがウェル・ビーイングにつながると主張します。これら二つの理論は、目標充足の程度や活動の内容によって、いいかえれば、状況的要因と個人内要因の相互作用によってウェル・ビーイングが規定されると考える立場と見なすことができます。これに対し素因理論では、遺伝的要因や、安定したパーソナリティ要因によって、ウェル・ビーイングが規定されると考えます。以下、この理論の考え方について詳しく論じていくことにしましょう。

●ウェル・ビーイングのセット・ポイント説

ディーナー(一九八四)は、心理学研究でしばしば用いられるトップ・ダウン的アプローチ(演繹的アプローチ)とボトム・アップ的アプローチ(帰納的アプローチ)の双方が、SWB研究のアプローチとして適用できることを指摘しています。後者のボトム・

アップ的なアプローチは、さまざまな領域における多くの小さな幸せを合算することで、総体的なＳＷＢが理解できるという考え方です。したがって、研究を進めるためには、さまざまな領域ごとの幸福感や充実感を検討することが重要と見なされます。この考え方についいては、本章の後半であらためて取り上げます。

一方、トップ・ダウン的アプローチは、素因理論の考え方に示されるように、人のもつある傾向性によって瞬間瞬間のウェル・ビーイングが決まるとする考え方を意味します。いいかえれば、人は遺伝的にそれぞれウェル・ビーイングの定められたポイント（セット・ポイント）をもち、状況による相違は、セット・ポイントを中心とした一定の分散として説明されることになります。ヒュパート（二〇〇五）は、この考え方を温度計に比定して説明しています。セット・ポイントの個人差は、温度の差として示されます。人によってセット・ポイントが高くウェル・ビーイングを感じやすい人もいれば、セット・ポイントが低くウェル・ビーイングを感じにくい人もいるということです。また、ウェル・ビーイングは感情の一つとして、揺らぎが大きい（振幅が大きく、周波数が高い）人もあれば、揺らぎが少ない人も見られます。揺らぎの少ない人は、状況による感情的反応性が低く、セット・ポイントが高ければ状況にかかわりなく安定した幸福感を、セット・ポイントが低ければ安定的に不幸せ感を抱くことになります。さらに環境やライフスタイルの影響により、振幅がセット・ポイントを上回ったり（セット・ポイントより上で揺らぐ）、逆境の連続によりセット・ポイントを下回ったりすることもあります。継続期間も重要なパラメータの一つで、逆境にあっても短時間でベース・ラインに戻る人と、戻れない人の違いがあることも指摘されています（ヒュパート二〇〇五）。

●セット・ポイントと遺伝

この説明によれば、ウェル・ビーイングは、セット・ポイントと状況的要因の双方の影響を受けるということになっていますが、セット・ポイントには安定した個人差があるとする考え方が背景にあることも事実です。では、こうした個人差は何によって規定されるのでしょうか。もっとも著名な研究は、遺伝子の影響によるとする見解です。具体的には、行動遺伝学的研究手法によりウェル・ビーイングの遺伝的規定率の推定を行った成果が著名です。「行動遺伝学（behavioral genetics）」は、一卵性や二卵性の双子の性格や行動特徴の相違に注目し、特定の社会的行動や感情傾向について、遺伝的要因の影響の大きさや環境要因（共有環境、非共有環境）の影響の大きさを推定しようとする学問領域です（安藤二〇一四）。一卵性の双子の遺伝子の共有率は一〇〇％、二卵性の双子の共有率は五〇％であることが知られており、これを基盤に、ある行動特徴に関する一卵性の双子の相関と二卵性の双子の相関の差を測定し、その差が大きいほど、遺伝的要因の関連が強いと推定します。たとえば著名な研究の一つとして、テレゲンら（一九八八）が行った研究では、一緒に育った一卵性の双子二一七組、二卵性の双子一一四組と、養子等で別々に育った一卵性の双子四四組、二卵性の双子二七組を対象に、それぞれのペア間のパーソナリティや感情的側面の相関を比較し、遺伝による説明率の推定（遺伝率：（一卵性ペアの平均相関－二卵性ペアの平均相関）×2）を行いました。測定にはMPQ（Multidimentional Personality Questionnaire）というパーソナリティ尺度が用いられました。これは一一の基盤次元（一つの次元としてウェル・ビーイングを含みます）と三つの高次特性を測定できるとされる尺度です。高次特性は、ポジティブ感情（外向性と関連）、ネガティブ感情（神経症傾向と関連）、そして拘束性（constraint：自己制御や罰回避傾向と関連）から構成されています。結果は、それぞれの尺度において、遺伝的要因の説明率が三九～五五％になること、また家庭環境など共有環境の影響は、〇～一九％と少なく、非共有環境（双子がそれぞれ独自に体験する環境）の大きさが、三六～五六％に及ぶことが明らかになりました。高次特性でいえば、ポジティブ感情の四〇％、ネガティブ感情の五五％、拘束性の五八％が遺伝的要因によって説明されること、一方で、共有環境の影響は、ポジティブ感情では二二％、ネガティブ感情ではわずか二％、拘束性では〇％ということも示されました。さらに、リッケンとテレゲン（一九九六）では、ミネソタ双子登録簿を用い、一九三六年から一九五五年に生まれた双子二三一〇人を用いて同様の研究を行いました。その中で一〇年を経た双子のウェル・ビーイング測定がなされていた、一卵性七九ペア、二卵性四八ペアについて、一〇年前の一方のウェル・ビーイング評定と、一〇年後のもう一方のウェル・ビーイング評定の相関を求めたところ、一卵性では・四八となったのに対し、二卵性では・〇七と大きな差が見られ、遺伝による効果が大きいことが実証されました。さらに、幼少時から別々に育てられた二六組の双子の四年半を経た相関は、・六七という高い値になりました。これらの結果を基盤に、リッケンらは、長期にわたるウェル・ビーイングに関しては、実に八〇％が遺伝的要因によって説明されるという推定を示しています。

さらに最近、ネスら（二〇〇六 二〇一三）によって行われた研究でも、六年を経た双子の追跡研究のデータをもとに、SWBや人生満足感の安定性を検討した結果、遺伝による影響が・七〇～・八〇という高い比率になることが報告されています。レイサムら（二〇一四）は、こうした研究を含め、SWBと遺伝の関連を扱った二二の研究を取り上げ、遺伝率や環境の影響性についてのメタ分析を行っています。この分析では合計八万以上の双子や家族メンバー（兄弟など）に関するデータをもとに、短期の瞬間的・感情的なSWB、一般的なSWLSの評定などを用いた期間特定的SWB、そして長期的・縦断的なSWBを区別し、それぞれの遺伝率や非共有・共有環境の説明率の比較を行っています。その結果、長期的研究（四件）では、・七二〜・九五の遺伝率が得られていること、期間特定的研究（一五件）では、・一二〜・六四、短期的研究（三件）では、・〇〇から・三六となり、長期になるほどウェル・ビーイングに関する遺伝による説明率が上昇することが示されています。また、楽観性や、ポジティブ感情、リジリエンスなどの特徴についても比較的高い遺伝率が認められること、一方で共有環境の説明率はほぼ認められず、一般的研究や短期的研究では、非共有環境の説明率が高くなることが明らかにされています。

さらに、フレドリクソンら（二〇一三）は、遺伝子がウェル・ビーイングの感じ方に影響を与える可能性について論じています。この研究では、ヘドニックなウェル・ビーイングとエウダイモニックなウェル・ビーイングのどちらかが高い八〇人の対象者の比較が行われました。顕在的な評価の段階では違いはそれほど大きなものではありませんでしたが、それぞれが高いグループの血液を採取し、遺伝子を比較したところ、ヘドニックなウェル・ビーイングの高いタイプでは、CTRAというストレス関連の炎症を高める遺伝子群の働きを促進する傾向が見られ、エウダイモニックな幸福感を重視するタイプではそれを抑制し免疫力を高める働きが強いことが明らかになりました。つまりこうした研究は、セット・ポイントの相違だけでなく、ウェル・ビーイングの感じ方そのものにも遺伝子レベルの相違が関与している可能性を示唆していると考えられます。

これらの研究結果は、ウェル・ビーイングのセット・ポイント説あるいはトップ・ダウン的アプローチの有効性を支持するものといえるでしょう。セット・ポイント説の有効性については、感情適応（hedonic adaptation）という現象も、しばしば引き合いに出されます。これは、たとえば宝くじに当たったり、事故にあったりした人の幸福感・不幸感が長続きせず、しばらくすると元のレベルに戻るという現象を指します。感情が長続きしないのは、セット・ポイントへの回帰によるものだと考えるわけです。この現象については第四章であらためて論じることにします。

●セット・ポイント説への反論

一方で、セット・ポイント説による説明に対しては、いくつかの反論がなされていることも事実です。たとえば、ルーカスら（二〇〇三）は、一五年にわたる縦断研究のデータをもとに、期間内に結婚した一七六一名を対象に、結婚前後の一年間と、結婚前、結婚後の人生満足感の変化について検討しています。その結果、結婚前後に高まった満足感が、結婚二年後には結婚前とほぼ同程度のベースラインに戻ること（一〇段階評定で＋・一二の相違）が明らかにされました。けれども一方で、その戻り方には大きな個人差が見られ、満足感が高まる人もいれば、低くなる人も多いことが明らかにされています。つまり、パートナーをはじめとする環境要因が大きな影響をもっているということになります。ただ、そうした個人差が生じる原因は明確に論じられていません。また、フジタとディーナー（二〇〇五）も、ドイツの縦断的研究のデータを用いて、一七年間にわたる人生満足感の安定性について検討しています。その結果、対象者の二四％で、最初の五年間と最後の五年間の人生満足感に有意な差があることを明らかにしています。また同時に、九％の対象者には、一〇段階評定で三段階以上の変化が見られることも示しています。ただ、こうした結果は、逆に四分の三の人々のセット・ポイントは安定しているということですから、セット・ポイント説を支持する結果と見なすこともできますし、ルーカスらの研究と同様に、この研究でも、こうした相違が生じてくる原因は特定されていません。またどちらの研究でもウェル・ビーイングの指標として、人生満足感のみが取り上げられていることにも限界を感じます。ヒュパートの示した例のように、環境要因の影響が大きければ、セット・ポイントより高い（低い）状態で幸福感が推移することも考えられるわけで、その規定因が何かを追究することが重要な課題となっているように思います。

また、遺伝子の影響という点から見れば、カスピら（二〇〇三）が、ニュージーランドで八四七人の成人を対象に行った縦断的な調査の結果も興味深いものといえるでしょう。この調査では、うつ傾向と、その抑制にかかわりをもつとされるセロトニン・トランスポーター遺伝子（5-HTT）との関連が検討されました。具体的には、二一歳の誕生日から二六歳の誕生日までの間、毎年前年に生じたストレスフルな出来事の記録を求め、その数と5-HTTの関連について検討が行われました。5-HTTは同じ遺伝子座に、対立遺伝子として長いタイプの遺伝子と短いタイプの遺伝子をもつ場合があることが明らかにされており、その組合せによって、長―長、長―短、短―短という三つの遺伝子型が区別されます。このうち、短―短の遺伝子型をもつ場合には、5-HTTのトランスポート効率が減少し、うつ的な事象への感受性を低下させると考えられています。この研究では、対象者の遺伝子を調べ、長―長タイプ（n＝265）、長―短タイプ（n＝435）、短―短タイプ（n＝147）に分類し、二一歳から二六歳までの間のストレス・イベントの数との関連を検討しましたが、遺伝子タイプによる相違は見られませんでした（F（2,846）＝0.56, n.s.）。ところが、四つ以上のストレスフルな出来事を経験した場合、短―短型の遺伝子をもったサンプルのほうが、長―長型のサンプルよりも、うつの発症率が高いと

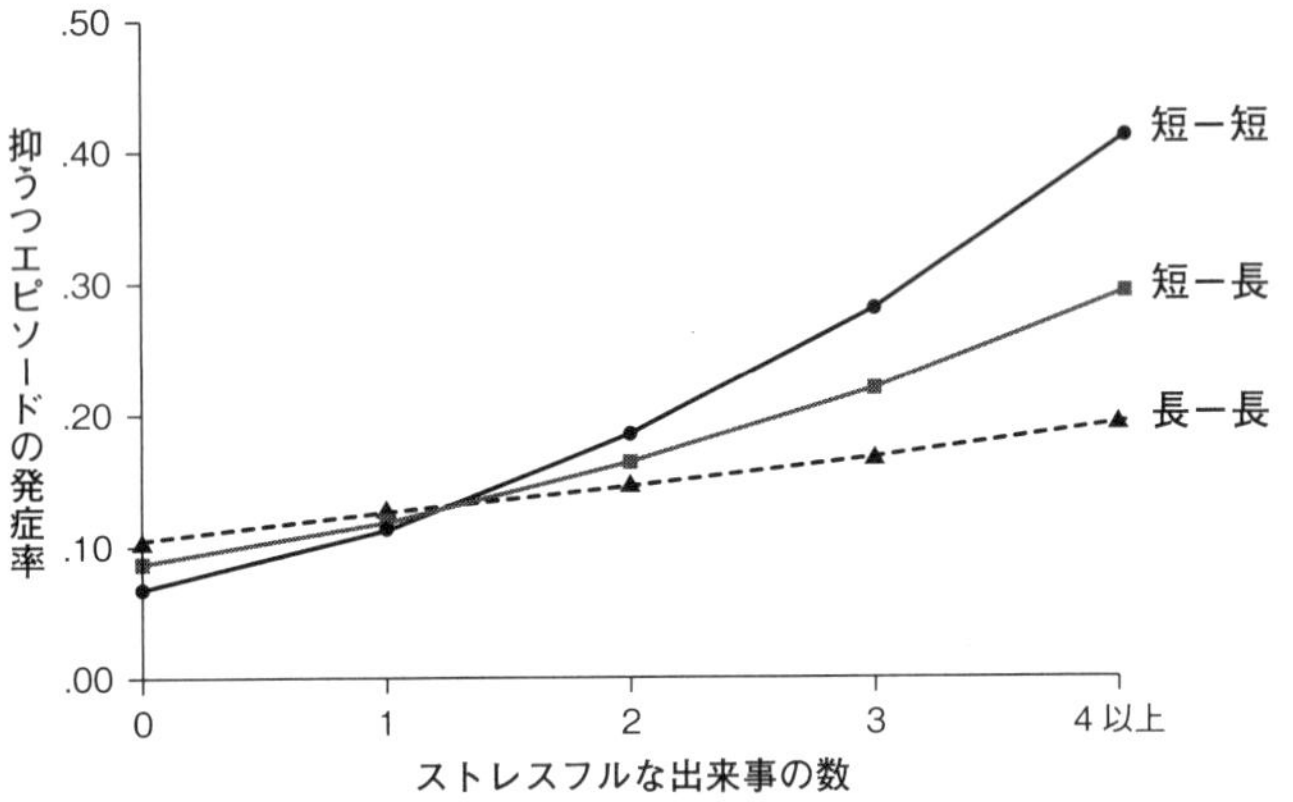

図5　遺伝子型によるストレスフルな出来事の数とうつ症状の関連の相違
（カスピら，2003）

いう遺伝―環境交互作用が存在することも明らかになったのです（図5）。つまり、このことは、うつの発症が、遺伝子や環境の単純な効果ではなく、両者の相互作用による可能性があることを示唆しています。ウェル・ビーイング研究にあてはめれば、セット・ポイントだけでウェル・ビーイングが決まるわけではなく、環境との相互作用が重要ということになります。ディーナーら（二〇〇六）は、ボトム・アップ的アプローチで示されるように、ウェル・ビーイングの種類によって複数のセット・ポイントがある可能性を指摘していますが、反論もなされています（カミンズ二〇一四）。他にもセット・ポイント説に対する反論として、行動遺伝学的研究手法に対する批判、たとえば、遺伝率の推定の根拠になっている双子の共有環境の共通性に関する疑問や、前提となるランダムな配偶に対する疑問なども提唱されています。これらに関しては、専門的な話になりますので、先に紹介した安藤（二〇一三）などの著作を参照してください。

●ボトムアップ・アプローチ

ディーナー（一九八四）が提唱した主観的ウェル・ビーイング研究へのもう一つのアプローチが、ボトム・アップ・アプローチです。トップ・ダウン的アプローチでは、セット・ポイントや背景となる遺伝子の他にも、個人の内的な変数、たとえば、パーソナリティや態度、認知、感情傾向などがウェル・ビーイングを規定すると考えることになります。これに対し、ボトム・アップ的アプローチでは、先述したように、個々の領域におけるSWBの合計により、全般的なSWBが構成されると考えるため、状況変数や環境領域を重視することになります。こうした状況・環境領域としては、収入、生活水準、結婚、友人関係、労働、健康、余暇などさまざまなものが考えられます。これらの諸領域に関する満足感と、グローバルな人生満足感や感情的ウェル・ビーイングとの相関は、古典的な社会調査でも有意な値を示すとされてきましたし（キャンベル 一九七六）、ウィルソン（一九六七）やディーナーら（一九八四）のレビューでも、ウェル・ビーイングの規定因として繰返し取り上げられてきました。こうした考え方に基づき、たとえば家族、友人、学校、生活環境、自己という五領域からなる多次元人生満足尺度（学生用）を提案している研究者もいます（ヒュブナー 一九九四）。ＯＥＣＤ（二〇一三）も領域別評価として、生活水準、健康、人間関係など一〇個の質問を設けています。けれども、ディーナーら（一九九九）は、ボトム・アップ的アプローチによるウェル・ビーイングの説明率は八〜二〇％と低い値にとどまるということを指摘しています。さらに、ピーターソン（二〇〇六）は、幸福感の規定因となる変数を表４のように整理しています。この内容を見ると、ボトム・アップ的な状況・環境的変数よりも、トップ・ダウン的な、パーソナリティや認知的変数の影響の高いことが見て取れると思います。

一方で、ボトム・アップ的アプローチが有効であるとする主張も展開されています。たとえば、ヘラーら（二〇〇四）は、ウェル・ビーイングに関するボトム・アップ的研究に関するメタ分析を行っています。その結果、グローバルな評定による人生満足感と、領域的に評定された仕事満足感との間には・四三の相関（研究数（$n=57$）、結婚満足感と

表4　幸福感の規定因（ピーターソン，2006を一部改変）

低い相関 （r＝0～.20程度）	中程度の相関 （r＝.30前後）	高い相関 （r＝.50以上）
年齢	友人の数	感謝の気持ちをもつこと
性	結婚していること	楽観性
教育	信仰をもつこと	雇用されていること
社会階層	余暇活動の質	性的交渉の頻度
収入	身体的健康	ポジティブ感情体験の割合
子どもの数	誠実性	自尊心
人種	外向性	
知能	神経症的傾向の低さ	
身体的魅力	内的統制	

は・四二（n＝13）、対人関係満足感とは・四三（n＝4）、健康満足感との間には・三七（n＝7）と、いずれも中程度の関連性が認められることが指摘されています。また一方で、四つの領域的満足感の関連は、たとえば仕事満足感と結婚満足感の関連は・一六にとどまるなど全般に低い関連にとどまることも明らかにされました。こうした結果は、領域ごとの満足感には比較的独立性があるものの、それが全般的に統合された人生満足感を構成する要素として位置づけられるというボトム・アップ的な視点の重要性を示唆しているといえるでしょう。

シマック（二〇〇八）も同様の分析を通じ、ボトム・アップ的アプローチの重要性を主張しています。この研究では、人生満足感と、領域的ウェル・ビーイング（認知的ウェル・ビーイング）、さらに「方法」という変数（自己報告か、それ以外の方法により測定が行われるか）と、「パーソナリティ」変数を加えて、これらの関係を分析しています。人生満足感と各領域の満足感の関連について検討したところ、やはり領域満足感の相関は比較的低いこと（平均すると・二八）が示されました。一方で、人生満足感と領域満足感（重要性）の相関は・九三ときわめて高いことも示されました。また、「方法」変数の説明率は低く、「パーソナリティ」変数との関連も低い値にとどまることが指摘されています。この点に関しては、シマックらの別の研究（未公刊）により、学術・娯楽・恋愛など九領域での満足感の平均値と、グローバルな人生満足感の相関は・七〇に達しますが、ここからビッグ・ファイブ（性格五因子）すなわちパーソナリティとの相関を除いた偏相関も・六四という高い値を示すことが明らかにされています（シマック 二〇〇八）。すなわち、ボトム・アップ的なアプローチでは、パーソナリティ要因の影響は認められるものの、それほど大きなものではないと判断できるとされています。こうした結果を含めて、全般に人生満足感は領域的満足によって左右される可能性が高く、トップダウン的因果も影響をもつ可能性も残されますが、少なくとも認知的にとらえられたウェル・ビーイングに関しては、ボトムアップ的因果のほうが説明として有効であるとシマックは結論づけています。

●持続的幸福感モデル

トップ・ダウン的な説明に関しては、説明の基盤となる遺伝的な要因と、環境的な要因の相互作用が重要な意味をもつことを論じてきました。ボトム・アップ的な説明は、環境的要因の重要性をとらえていますが、遺伝的な要因との相互作用については充分な論議がなされていません。こうした相互作用的視点の重要性については、すでにパーソナリティ研究の中で数十年にわたる論争が行われており（堀毛 二〇〇九b）、ウェル・ビーイング研究についても、ディーナーら（一九八四）などいくつかの研究がそうした視点を取り入れた報告を行っています。相互作用論的立場については、第六章でまた取り上げることとし、ここではセット・ポイントに関する論議や、環境要因の影響に関する統合的なモデルとして位置づけられる考え方を一つ紹介したいと思います。それは、シェルドンとリュボミアスキーら（二〇〇四、リュボミアスキーら二〇〇五）による、「持続的幸福感モデル（sustainable happiness model）」、もしくは「常同的幸福感モデル（chronic happinese model）」と呼ばれる考え方です。これらの研究ではhappinessという用語が用いられているので、ここでも幸福感という用語を用いて説明をすることにします。

リュボミアスキーら（二〇〇五）は、まず幸福感は安定したもの、変動しないものという考え方を、ポジティブな変化をもたらす介入に対する悲観主義ととらえ、こうした考え方をもたらした背景として三つの伝統をあげています。その一つは、本章で紹介してきたセット・ポイント説、もう一つは感情的適応の考え方です。また、第三の背景としてはパーソナリティの特性論があげられています。たとえば、パーソナリティ研究で著名なビッグ・ファイブ（性格五因子）には、継時的な安定性があるとされており、幸福感にも安定性があり変化しないとする考えにつながることになります。こうした考え方に依拠すれば、現実を受け入れ、それを変化させないことが安定に結びつくことになりますが、それでは新たな経験を味わい、自己を改善し、人生をより楽しいものにしていく動機づけが失われてしまうとリュボミアスキーらは論じています。その根拠になっているのは、幸福感介入が実際に効果をもつこと（第一四章参照）、ネガティブ感情の除去により幸福感が上昇することが知られていること、目標達成に関する縦断的研究でも幸福感の上昇が報告されていること、また前述したように、遺伝研究でも環境の効果によって幸福感に相違が生じることが明らかにされていることなどです。ただ一方で、幸福感のレベルが上昇することを実証的に示した研究や介入研究が少ないことも事実であると指摘されています

（リュボミアスキーら二〇〇五 p.112）。

こうした指摘をもとに、持続的幸福感モデルでは、個人内の自己評定を基盤とした幸福感や感情バランスの評定を問題として取り上げ、そのレベル（持続的幸福感レベル）を変動可能なものと見なし、上昇させるための手立てを考えることを研究目的としています。このモデルでは、持続的な幸福感のレベルの規定因として三つの側面があることを指摘しています。第一は、遺伝的に規定されるセット・ポイントあるいはセット・レンジ（範囲）、第二は環境的要因（性、年齢、雇用、収入など）、第三は意図的な活動や実践です。それぞれの説明率については、明確な論拠は呈示されていませんが、過去の研究成果を根拠に、遺伝的要因による説明率が約五〇％、環境的要因による説明率は約一〇％、活動実践による説明率が約四〇％と見なされています（図6）。要するに、行動遺伝学的研究の成果でも指摘されてきたように、説明率としては、遺伝が五〇％、環境が五〇％と考えるわけです。ただし、環境要因のうち、これまでのSWB研究で扱われてきた収入や社会的地位などの要因の説明率は、わずか八～一五％に過ぎないとする指摘がなされています（アーガイル 一九九九、ディーナーら 一九九九）。感情的適応によって、一時的に上昇した幸福感がセット・ポイントに戻ってしまうことも、こうした要因の説明率の低さにつながるとする説明もなされています。一方で、この考え方の特徴は、活動実践の説明率を高

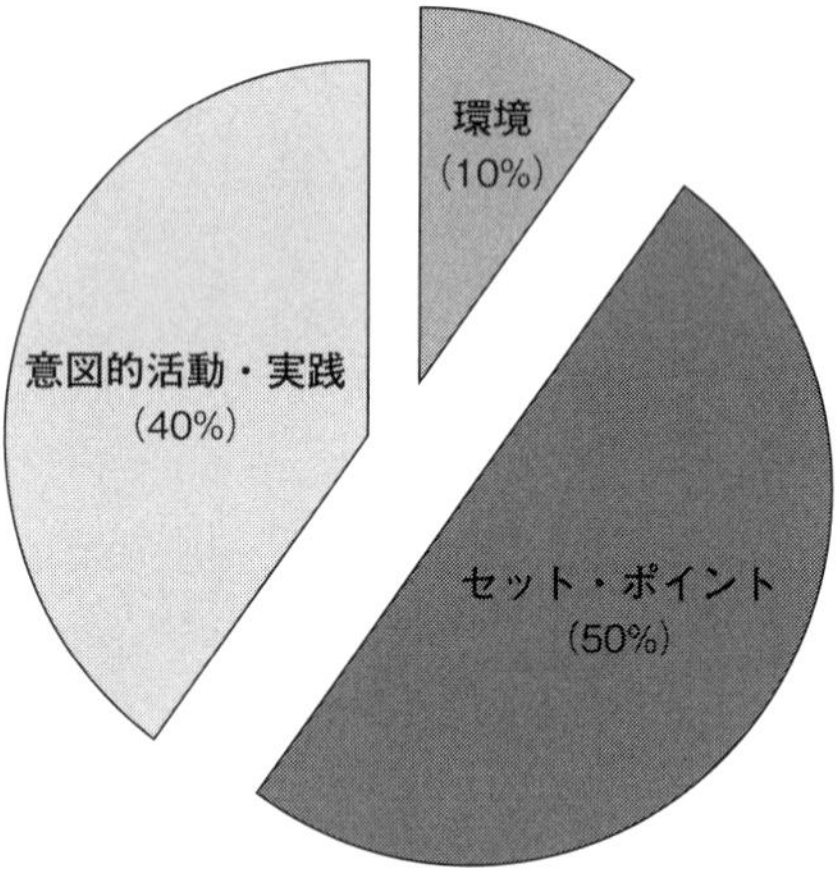

図6　SWBに影響を与える要因とその説明率
（リュボミアスキーら，2005）

く見積もっていることにあります。活動実践（意図的な活動：intentional activity）とは、人々が自分で選択し、遂行にある程度の努力を必要とするような行動を意味します。活動実践の中では、表出行動（日常的な運動、親切行動など）、認知（出来事のポジティブな解釈、満喫など）、動機づけ（目標に向けた課題遂行など）という三つが、幸福感と関連する側面として区別されており、さらにフロー体験や社会活動との関連も指摘されています（シェルドンとリュボミアスキー二〇〇四）。また、新奇な行動、認知の変化、達成のための意志という三点が重要な意味をもつということも指摘されています（リュボミアスキーとシェルドン 二〇〇五）。こうした行動に注目し、促進的に働きかけることで、セット・ポイントのレベルにかかわらず幸福感を増進できるというのが、この研究の主張です。リュボミアスキーらは、感情的な幸福感に限定した論議を展開していますが、活動実践の内容は、心理的・社会的ウェル・ビーイングとも結びつく考え方で、より広範な発展可能性をもったモデルとして、今後の展開が注目されます。[注3]

注3　本邦でも、行動遺伝学やニューロイメージングなどを用いた心身医学領域で、本章の内容と関連する研究がいくつか行われていますが、いずれもウェル・ビーイングの理論やセット・ポイント説を直接的に取り上げたものではないので、ここでは触れずにおきます。同様にボトム・アップ的アプローチに関する論文もいくつかありますが、紙数の関係もあって取り上げないことにします。

4・ウェル・ビーイングとポジティブ感情

●ネガティブ感情の強さ

この章では、ウェル・ビーイングに関する感情的な側面の研究について紹介していきたいと思います。おおまかに見れば、戦後の感情心理学研究はネガティブ感情の理解と、そこからの「癒し」につながる回復技法に関する研究が中心であったといえるでしょう。怒り、攻撃、不安、うつ、悲嘆など、われわれを悩ませ、対人関係や心身の不調をもたらすネガティブ感情は数多く存在します。心理学について多少の知識があれば、それぞれのネガティブ感情について行われてきた著名な研究成果を指摘することもできるでしょう。

進化心理学的に見れば、われわれの祖先は、適応に対する脅威となるものをネガティブな出来事と見なしていたと考えられます。多くの場合それらの出来事は、注意を引きつけ、警戒心を高めるとともに、「戦うか逃げるか」という即時の判断を必要とし、場合によっては生命にかかわるようなインパクトをもつ出来事であったことでしょう。人は、こうした事象に対し、ネガティブ感情を感じるという機制を発展させることで、より強く反応し、適応を図ろうとしてきたのかもしれません。出来事のネガティブな側面を重視するという傾向は、感情面に限らず、心理学の扱ってきたトピック全体にもあてはまるようです。たとえば、ロージンとロイズマン（二〇〇一）のレビューでは、ネガティブな事象がポジティブな事象よりインパクトが大きいという結果（ネガティビティの優勢性：**negativity dominance**）が報告されています。日常的な出来事で考えてみても、儲けたことより損したときのことのほうがより記憶に残っている、あるいは、ほめられたときよりも恥をかいたときのほうが痛烈な印象として残っているといった体験は、よくあることのように思います（心理学では「プロスペクト理論」として検討が行われています）。

●悪いことはよいことより強い

バウマイスターら（二〇〇一）は、「'*Bad is stronger than good*'（悪いことはよいことより強い）」という表題をつけた論文の中で、ネガティブな事象のインパクトの強さについいて、さまざまな研究のレビューを行っています。この研究では、印象形成や、人生の出来事、親密な人間関係など一五の生活領域が取り上げられ、それぞれの領域における、ネガティブな出来事とポジティブな出来事のインパクトの強さが検討されました。その結果、ネガティブな出来事のほうが、より劇的で持続的な効果を生じやすいこと、例外となる生活領域は一つも見いだされないことが明らかにされました（スパークスとバウマイスター 二〇〇八も参照）。一例をあげれば、リッチーら（一九七五）による印象形成の研究では、五つのGoodな特性を示す文に、一つから五つのBadな特性文が加えられた場合と、逆に五つのBadな特性を示す文に、一つから五つのGoodな特性文が加えられた場合の印象の相違が検討されました。その結果、Badな特性にGoodな特性が加わっても印象の変化はさほど生じませんが、Goodな特性にBadが特性が一つでも加わると、印象は大幅に低下することが示されました。ネガティブな評価の印象（悪印象）のほうが、ポジティブな評価の印象（好印象）よりも覆しにくく、また時間が経過しても持続しやすいという結果は、本邦における実験的研究でも明らかにされています（吉川 一九八九）。また、親密な人間関係に関する非言語コミュニケーション研究で著名なゴットマンの研究でも、親密な関係におけるポジティブな行動とネガティブな行動の比は約五対一で、ネガティブな行動はポジティブな行動の五倍のインパクトをもち、離婚などの予測に役立つと論じています（マラーノ 二〇〇四）[注4]。さらに、脳科学的な研究でも、ポジティブに記述された人にネガティブな情報を付加すると、逆の場合よりも事象関連脳電位（ERPs）の上昇が顕著であること、すなわち、期待しないネガティブ情報は脳を活性化させる可能性があることも示唆されています（バーソローら 二〇〇一）。これらの研究結果から、バウマイスターらは、bad is stronger than good原理が心理学的な真理であると結論づけています。

●ポジティブ感情とネガティブ感情

それではポジティブ感情は、われわれの生活にとってどのような意味をもつのでしょうか。古典的な感情心理学的研究では、ポジティブ感情とネガティブ感情は一つの直線の両端に位置する対比的なものであり、ネガティブ感情について研究すれば、同時にポジティブ感情についても研究することになると考えられてきました。ポジティブ感情は、喜び、

注4　ゴットマンのこの比率はmagic（relationship）ratioとしてさまざまな引用が見られますが、出典が明確ではありません。著書の翻訳も出版されていますが（ゴットマン 一九九九／松浦訳 二〇〇七）、ここでは'*Psychology Today*'誌に掲載された解説を典拠としています。なお、YouTubeでもゴットマン自身の解説を視聴することができます（magic relationship ratio で検索）。

幸福、楽しさなど限られた数しかないと見なされており、よいことをあらためて研究する必要があるのかといった考え方があったこともポジティブ感情が研究の対象とされなかった一つの原因かもしれません。[注5] これに対し、ラッセルとキャロル（一九九九）は、快・不快と、覚醒の程度による感情分類（感情の円環モデル）を提唱しています（図7）。この図によれば、ポジティブ（快）感情は、覚醒度の高い幸福感（あるいは楽しみ）や熱狂と、覚醒度の低い満足感や平穏感に分けられることがわかります。同様にネガティブ感情も覚醒度の高い動揺感や不満感と、覚醒度の低い悲しみや抑うつに分類されています。また、この軸を四五度傾けると、覚醒度の高いポジティブ感情（幸福感）の反対には覚醒度の低いネガティブ感情（悲しみ）が、覚醒度の高いネガティブ感情（動揺）の反対には覚醒度の低いポジティブ感情（平穏）が位置づけられることになります。つまり、ポジティブ感情とネガティブ感情は、独立した次元である可能性が示唆されています。ラッセル（二〇〇三）は、この二次元によって人の中に生じる感情をコア感情（core affect）と名づけ、感情の基本を構成するものと提唱しています。こうした指摘は、第二章で紹介したワトソンら（一九八八）によるPANASやその拡張版となるPANAS-Xの主張

注5　本邦では、山崎（二〇〇六）が、ポジティブ感情の機能に関する幅広いレビューを上梓しています。

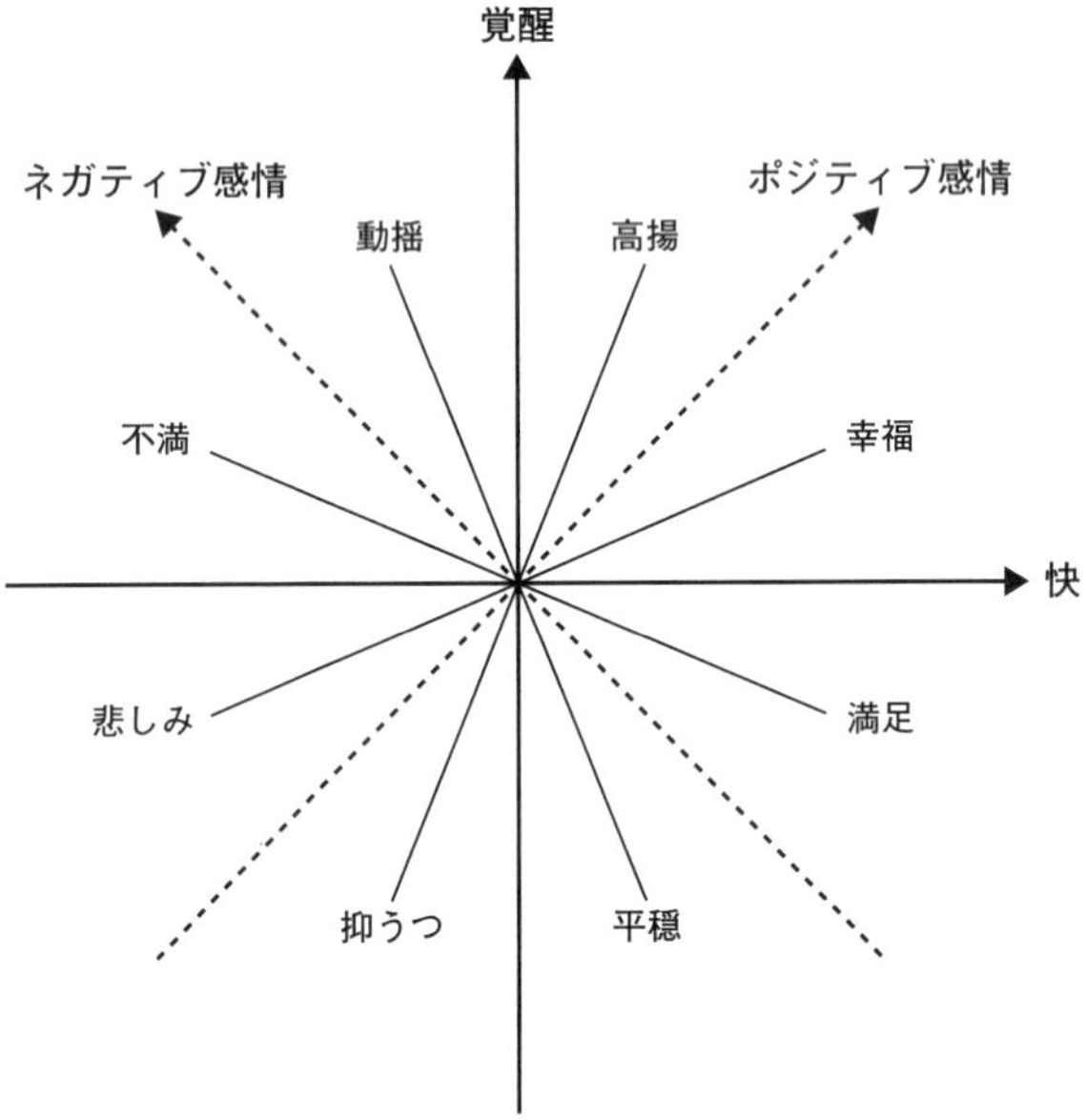

図7　感情の円環モデル（ラッセルとキャロル, 1999；モネータ, 2014, p.24 より）

の裏づけとされています。また、ギルバートら（二〇〇八）も、ポジティブ感情を、活性化感情（興奮、熱中など）、リラックス感情（リラックス、穏やか）、安心／満足感情の三つに分類できると考え、それぞれを測定する尺度を提唱しています。この研究によれば、安心／満足感の得点が、うつ感情や不安などのネガティブ感情ともっとも高い逆相関を示すことも明らかにされています。こうした研究は、ポジティブ感情にも、ネガティブ感情と対比される異なる種類の感情が存在することを意味していると考えられます。

●ポジティブ感情の機能

それではポジティブ感情はどのような機能をもつと考えられるのでしょうか。アイゼンは、この問題を系統的に論じています。たとえば、アイゼン（一九八七）では、ポジティブ感情によって、援助行動や協力行動などの社会的行動が促進されること、認知的な機能が変化し、記憶や問題解決が促進されることなどが、多数の実証的研究を論拠に報告されています。著名な研究例をあげましょう。アイゼンら（一九八七）は、ポジティブ感情と創造性の関連について研究を行いました。この研究では、四つの実験が行われ、いずれもポジティブ感情により創造的な問題解決が促進されることが明らかになりました。たとえば第一研究では、五分間のVTRにより気分誘導（ポジティブ条件、ニュートラル条件）がなされた後で、ドゥンケル（一九四五）の「ろうそく問題」を基盤にした課題への回答を一〇分以内で行うことが求められました。課題は、「テーブルの上に、マッチと画鋲の入った箱、ろうそくが置いてあります。これを使って、テーブルにろうがたれないように、壁にろうそくを立ててください」というものでした。この課題を経験したことのない方は考えてみてください。[注6] 結果は、ポジティブ気分群では、一二名中九名（七五％）が正解したのに対し、ニュートラル条件での正解者は一五名中の三名（二〇％）に過ぎませんでした。つまり、ポジティブ感情によって創造的な問題解決が促進されたということになります。

●拡張―形成理論

フレドリクソン（一九九八 二〇〇一）は、アイゼンのこうした研究を基盤に、ポジティブ感情に関する新たな理論的研究枠組みとして、「拡張―形成理論（broaden-and-build theory）」を提唱しています。この理論は、「ある種のポジティブ感情（楽しさ、関心、満

注6　正解は、「箱から画鋲を取り出し、空になった箱を画鋲を用いて壁に貼りつけ、その上にろうそくを立てて火をつける」でした。実験では統制条件として、気分誘導をしない群も設定されており、その中で、画鋲が箱に入っている群と、箱から出されている群についての比較も行われました。結果の正答率は、箱に入っている群では一三％（一五名中二名）でしたが、箱から出されている群では八三％（二三名中一九名）となりました。

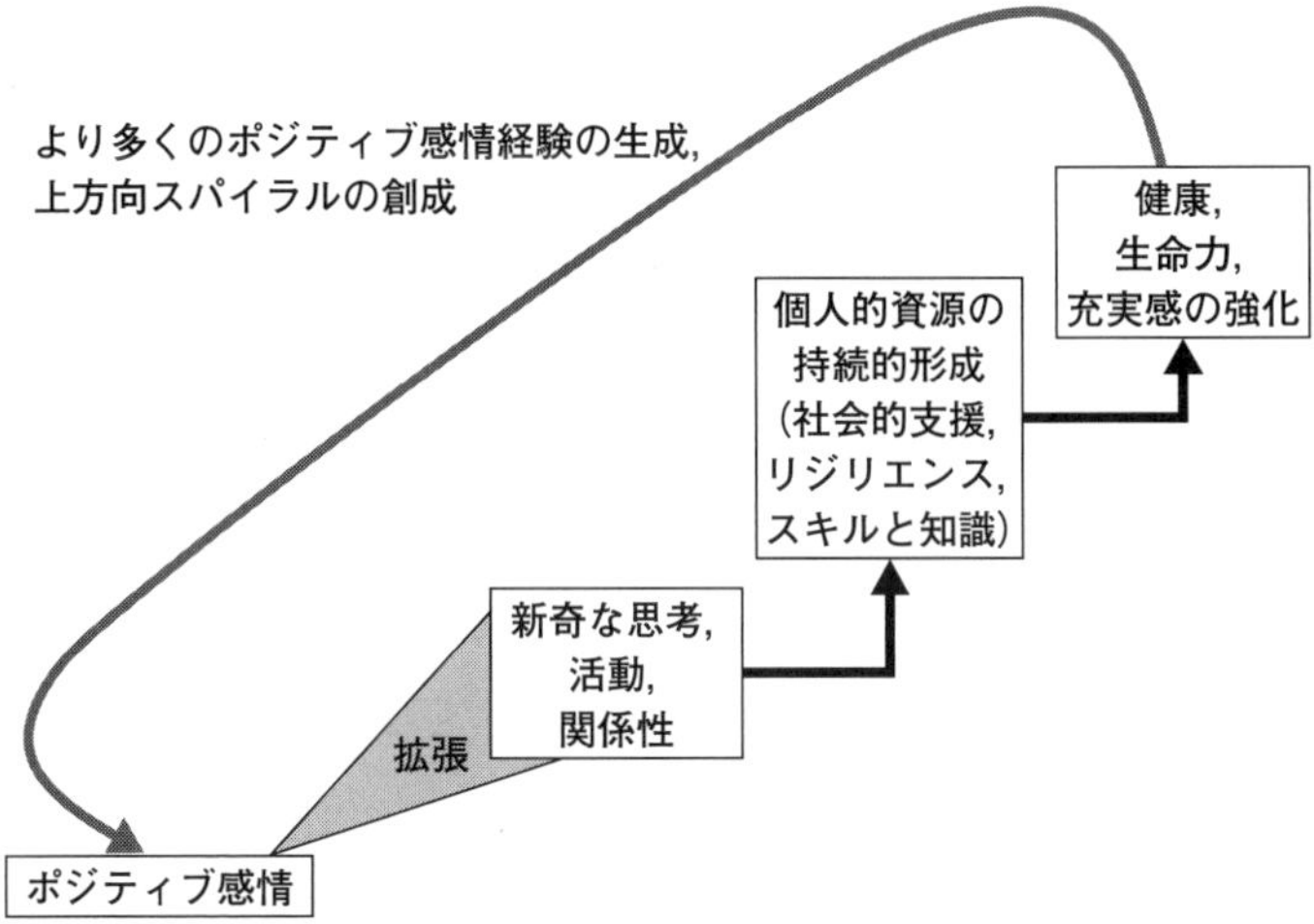

図 8　拡張・形成理論の説明図式（コーエンとフレドリクソン，2009）

足、誇り、愛を含む）は、現象としては異なるものの、すべて人々がそれを感じている瞬間の思考・行為のレパートリーを拡張し、身体的・知的な資源から社会的・心理的資源に至る長期的な個人的資源を形成する」（フレドリクソン 二〇〇一 p.219）と提唱します。この考え方を図示したのが図8です。この説明は、ポジティブ感情を感じることから始まります。たとえば、子どもが遊びに楽しさを感じれば、もっといろいろやってみたいとか、他の人のやっていることもしてみたいと考えるようになるでしょう。これが「拡張」過程で、結果的に新奇な考え方や行為、人間関係をもたらすことになります。そうすると、こうした考え方が、図に示されるように、ソーシャル・サポートやリジリエンス、スキル、知識などの長期的・持続的な資源を形作っていくことになります。これが「形成」過程です。こうして形成された資源は、健康や生存、充実感などを高め、それがまたさらなるポジティブ感情を体験させるという上方向のスパイラル（螺旋）を生み出すことにつながります。つまり、人間にとって、ポジティブ感情を体験することが、上向きの変化を生み出す大変重要な機能を果たすということになります。本邦では大竹（二〇〇六）や山崎（二〇〇六）が、このモデルを中心にポジティブ感情の機能に関する論考をまとめています。

フレドリクソンらは、ポジティブ感情による「拡張」や「形成」の数多くの例を、実証的なデータとして示しています。たとえば「拡張」については、注意の範囲の拡張、思考と行為のレパートリーの拡張、他者認知の拡張（ステレオタイプの消失、自他の重複の拡大など）、創造的思考の拡張などが確認されています（コックら二〇〇八）。一例をあげると、フレドリクソンとブラニガン（二〇〇五）の研究では、ポジティブ感情が注意の範囲に与える影響が検討されました。この研究では、一〇四人の参加者に対し、感情評定を行った後で五つのグループに分け、それぞれに気分誘導を目的とした二～三分のビデオ・

クリップを視聴させました。その内容は、ポジティブ感情の誘導として、ペンギンの集団が泳いだりよちよち歩きをする（楽しさ）、草原や山などの自然（平穏・満足感）の二つ、ネガティブ感情の誘導として、アーミッシュの通行人に対する若者のあざけり（怒り・嫌悪）、登山中の事故（不安・恐怖）、そして統制条件として棒状のものが画面を動き回るスクリーンセーバーというものでした。これらを視聴した後、参加者には、図9に例として示した三つの図形のうち、上の図形が標準刺激として呈示され、下の二つの比較刺激のどちらがそれに似ているかの判断が一つずつ求められました（実験一）。おわかりのように、比較刺激の一方は、標準刺激と同じ配置（三角、四角）となっており、もう一方は標準刺激と構成要素が同じ（三角、四角）になっています。このうち配置に注目した回答は刺激の全体をとらえた処理ということでグローバルな処理、構成要素に注目した回答は、刺激の部分に注目したローカルな処理とみなされます。こうした刺激が二四個用意され、うち一六個はフィラーで、残りの八個の処理の仕方が従属変数とされました。結果は、ポジティブ感情を誘導されたグループではグローバルな配置に注目した回答が多くなることが示されました（図9下のグラフ参照）。つまり、ポジティブ感情が注意の範囲を拡張したということになります。同様に、五分後に行われた実験二では、VTRを視聴して感じた感情を記載し、二〇答法のシートを用いて、「私は〇〇がしたい」という記述にあてはま

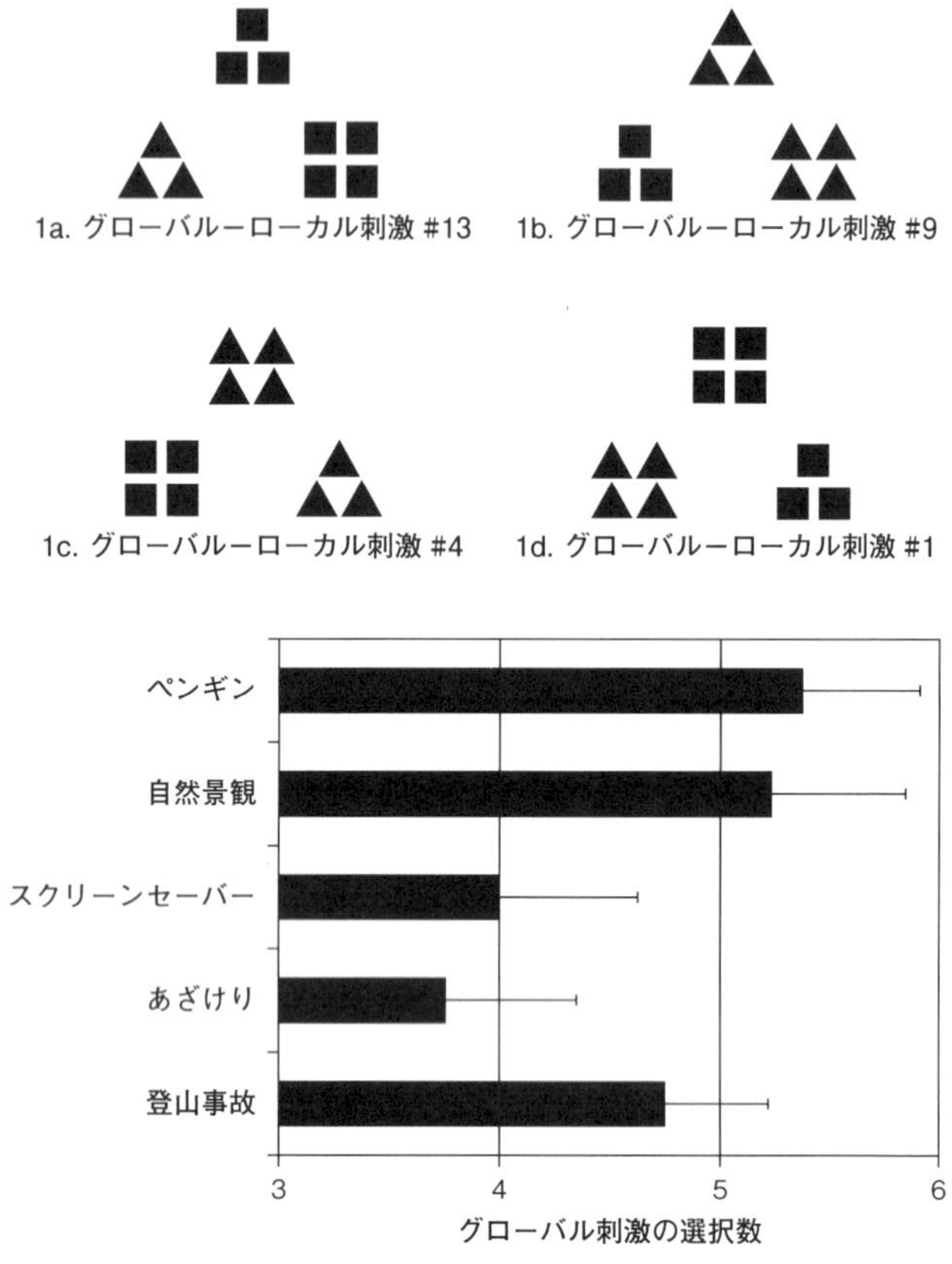

図９　ポジティブ感情の拡張機能に関する実験素材例（上）と実験結果（下）
（フレドリクソンとブラニガン，2005）

る内容を記入させたところ、やはりポジティブ感情誘導条件で記載が多くなり、ポジティブ感情が思考・行動のレパートリーを拡張する可能性が示唆されました。

「形成」についてもさまざまな研究が展開されており、コックら（二〇〇八）は、身体的資源の形成、知的資源の形成、社会的資源の形成に関する研究をまとめています。このうち身体的資源の形成に関しては、ポジティブ感情を誘導されると、「元通り効果（undoing effect）」が生じやすいことが指摘されています（フレドリクソンとレベンソン一九九八）。元通り効果とは、たとえばびっくりしたときには動悸（心拍）が速くなりますが、それが元のペースに戻ることを意味します。ポジティブ感情の誘導により、それが生じやすくなるということは、体に余計な負担をかけずに済むという意味で、身体的資源の形成につながると解釈されるわけです。フレドリクソンらの研究では、恐怖を引き起こすVTRを視聴した後に、ポジティブな感情（平穏、楽しさ）、ニュートラル、ネガティブ感情（悲しさ）を生起させるVTRをそれぞれ視聴させた群で心拍の戻り具合を比較したところ、ポジティブなVTRを視聴した群では、元通り効果が生じやすいことが示されました。また社会的資源の形成の例としては、大学一年生のポジティブ感情経験と、大学寮でのルームメイトとの結びつき感に関連があり、さらにそれが相手をよく理解できているという感覚をもたらすこと、いいかえれば、ポジティブ感情によって、より深い関係性が形成されることが明らかにされています（ウォーとフレドリクソン二〇〇六）。

●ポジティビティ比とポジティブ感情補正

さらに、フレドリクソンとロサダ（二〇〇五）は、大学一、二年生の参加者一八八人に対し、キーズら（二〇〇二）の開発したフラリッシュの尺度を施行し（第二章参照）、キーズらの判断基準に従って、フラリッシュ感が強いと判断される四五人を選定しました。そのうえで、全員に二八日間にわたり毎日、過去二四時間に、ポジティブ感情やネガティブ感情をどの程度感じていたか、二〇項目について五段階評定法による回答を求めました。そこから、二八日間のトータルなポジティブ感情得点とネガティブ感情得点の比を求めたところ、フラリッシュの高い人々では、平均するとほぼ三対一になるという結果を得ています。フレドリクソンらは、この比をポジティビティ比（positivity ratio）と呼び、介入に関するその後の著作（二〇〇九）でもその重要性を強調しています（第一四章参照）。一方、フラリッシュに該当しない人々のポジティビティ比は、平均すると二対一でした。つまり、ネガティブな体験のインパクトの強さを乗り越えるために、人は日常的にポジティブな経験を多くしていると考えられるわけですが、その比が二対一程度ではまだ不十分で、三対一まで高めることが重要な意味をもつということです。本章の最初に紹介したゴットマンの五対一という数値もほぼ同様の意味をもつことも述べられています。ただし、この比率には理論的・実証的問題があることが指摘され（ブラウン二〇一三）、フレドリクソンは（二〇一三a）、三対一を含めた比率に問題があることを認め、論文の修正に応じています。[注7]

さらに、ディーナーら（二〇一五）は、カシオッポとバーントソン（一九九四一九九九）の考え方を基盤に、「ポジティブ感情補正（positive mood offset）」と呼ばれる現象についての論考をまとめています。ポジティブ感情補正とは、特に強い感情的出来事が生起しないときには、人々は穏やかなポジティブ感情を感じているという現象のことを意味します。ディーナーらは、こうした現象が実証的な研究の中で頻繁に報告されていることを確認したうえで、進化心理学的な立場からその説明を試みています。つまり、穏やかな気分でいることは、身体的健康や、社会生活、労働環境などにおける資質の高さをも

注7　最近このモデルをめぐる論争が行われていますが（ブラウンら二〇一三、フレドリクソン二〇一三）、数学的な知識を必要とする内容なのでここでは省略しました。ただ、その中で、モデルの予測に基づく二・九という比や、上限とされる一一・六という比の算出に関しては根拠となるモデルに問題があった可能性が指摘・承認されています。

たらし、結果的に再生産（配偶と子育て）に結びつくとする主張です。ポジティブ感情が進化的な適応に有用であったとするこれらの考え方は、まだ充分に検討されていない面も多くありますが、妥当な見方と考えられ、さらなる検証が期待されます。

●ポジティブ感情の安定性

ここで論じておかなければならない問題がもう一つあります。それはウェル・ビーイングを含むポジティブ感情の安定性という問題です。すでに第三章で紹介したように（レイサム二〇一四）、長期にわたるウェル・ビーイングのレベルには高い相関があり、短期的なウェル・ビーイングの継時的相関は低いことが見いだされています。この理由の一つとしてあげられているのが、「快感情馴化（hedonic adaptation）」という問題です。ヘルソン（一九六四）はこの現象を感覚・知覚研究における感覚順応と同様の現象として、特定の刺激に対し継時的な注意を向けるのをやめると、その刺激がもっていた感情効果が消失する現象、と定義しています（シェルドンとルーカス二〇一四）。第三章では、宝くじの例をあげましたが、こうした現象は、車や住居など物を入手できたときのうれしさや、結婚など新たな人間関係を築いたときのうれしさにもあてはまる（しばらくたつと消失してしまう)、幅広い一般性をもった現象だと考えられます。もちろんネガティブな感情でもこうした現象は生起します。たとえば失恋の痛みを和らげるのは時間であるといったことが例としてあげられるでしょう。こうした現象は、ウェル・ビーイングや快楽が長続きしないという意味で、「ヘドニック・トレッドミル(hedonic treadmill)」現象と呼ばれることもあります。トレッドミルとは、トレーニング用のルームランナーを意味しており、ウェル・ビーイングの追求は、下りのエスカレーターをのぼっていくようなもので、現実の位置には変化がないということを示しています(シェルドンとルーカス二〇一四)。

この問題に関し、シェルドンとリュボミアスキー(二〇一二)は、ネガティブな出来事を忘れることには適応的な意味があるけれども、ポジティブな感情の変化はウェル・ビーイングを永続的に増進することができるか、という疑問を投げかけています。このことを説明するために、シェルドンらは、「快感情馴化防止モデル(hedonic adaptation prevention(HAP)model)」と呼ばれる考え方を提唱しています。このモデルでは、「なぜ一般的に幸福感がベースラインに戻ろうとするかということばかりでなく、どうすれば快感情馴化過程が停止でき、結果的に初期の幸福感の持続が高まるかについても説明を試みる」(p.671)としています。図10にこの考え方に関するモデル図式を示します。この図に示されるように、防止過程は「ポジティブな生活変化体験(positive life change)」から

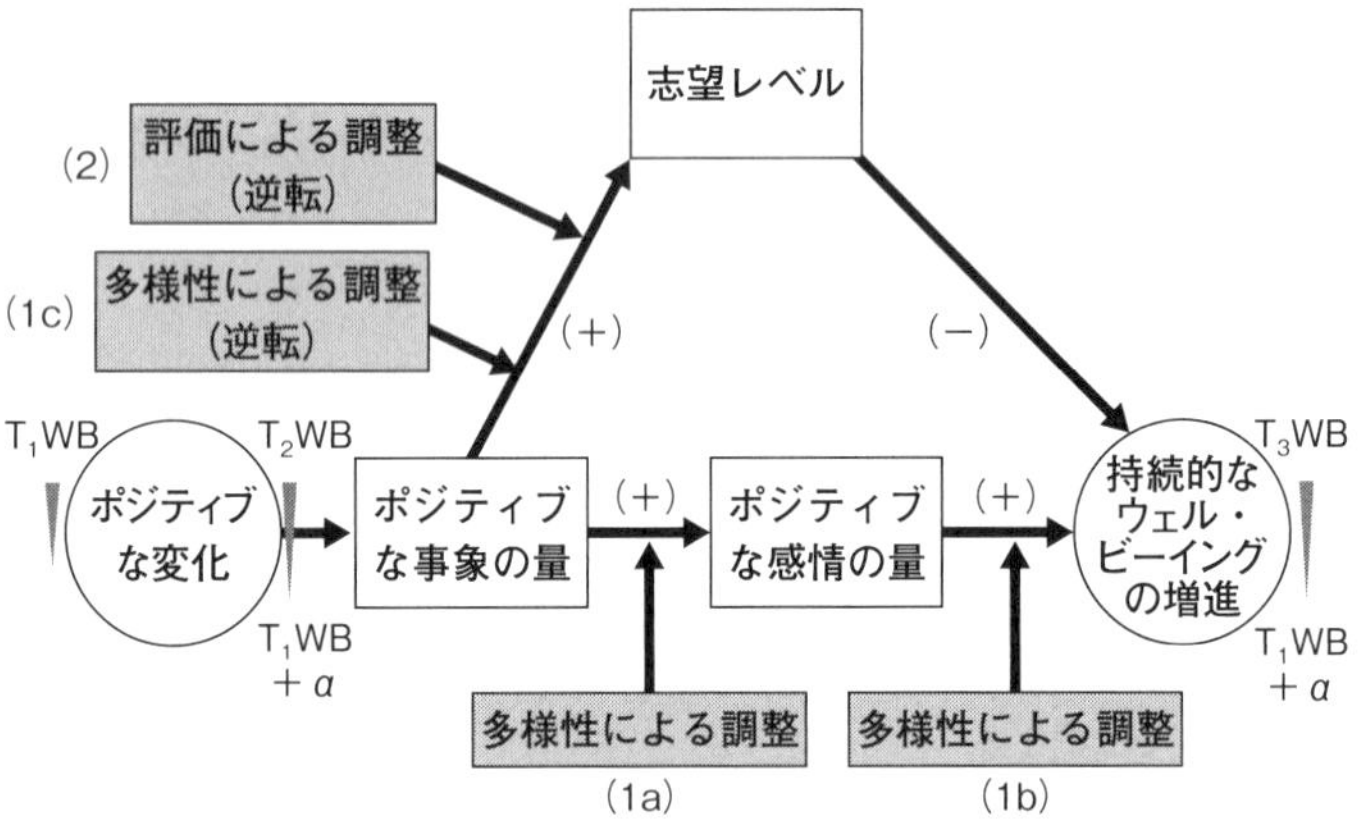

図10　快感情馴化防止（HAP）モデル
（シェルドンとリュボミアスキー，2012）

始まります。こうした変化を体験すると、ウェル・ビーイングのレベル[注8]は初期のレベル（T_1 WB）から上昇（+α）します（T_2 WB）。その後のルートは二つに分かれます。第一のルートは図の下の直線で示されるもので、ポジティブな変化を体験した後の、その内容に関連するポジティブな出来事の数や、それにともなうポジティブな感情体験が豊富にあれば、最終的にセット・ポイントによって規定された持続的なウェル・

注8　このモデルではSWLSのような人生満足と感情的WBから構成されるウェル・ビーイングを想定しています（第二章参照）。

ビーイングのレベルに戻らず幸福感が持続する（T_3 WB）と考えるルートです。この過程では、ポジティブな出来事の多様性（1a）やポジティブ感情の多様性（1b）を媒介として、それによりウェル・ビーイングの減少が妨げられる可能性のあることが示唆されています。一方で、第二のルートである図の上方に向かう矢印は、ポジティブな体験を継続しようとする適応過程を意味します。たとえば、体重が減ってうれしいという体験は、その体重を維持し、新たな基準として採用しようという気持ちにつながるでしょう。これが「志望レベル（aspiration level）」の向上ということです。けれども、志望レベルが向上してしまうと、ウェル・ビーイングは低下し、持続が妨げられることになります。ここで、ポジティブな感情体験の多様性やその評価の高さ（1c、2）は、志望レベルの向上を妨げる変数として機能します。志望レベルの向上が抑制されれば、ウェル・ビーイングの水準はそのまま保たれることになります。

シェルドンらは、このモデルの妥当性を検討するために、ＳＷＬＳによる主観的ウェル・ビーイング評定を求め、その後六週間ごとに二回にわたり、ポジティブな出来事への注目（どのような出来事が生じ、そのことによる変化にどのくらい注意を向けたか）、ポジティブ感情（その出来事によりどのくらい感情が変化したか）、多様性の評価（その出来事がどの程度生活上の多様性をもたらしたか）、体験の評価（その出来事により評価は

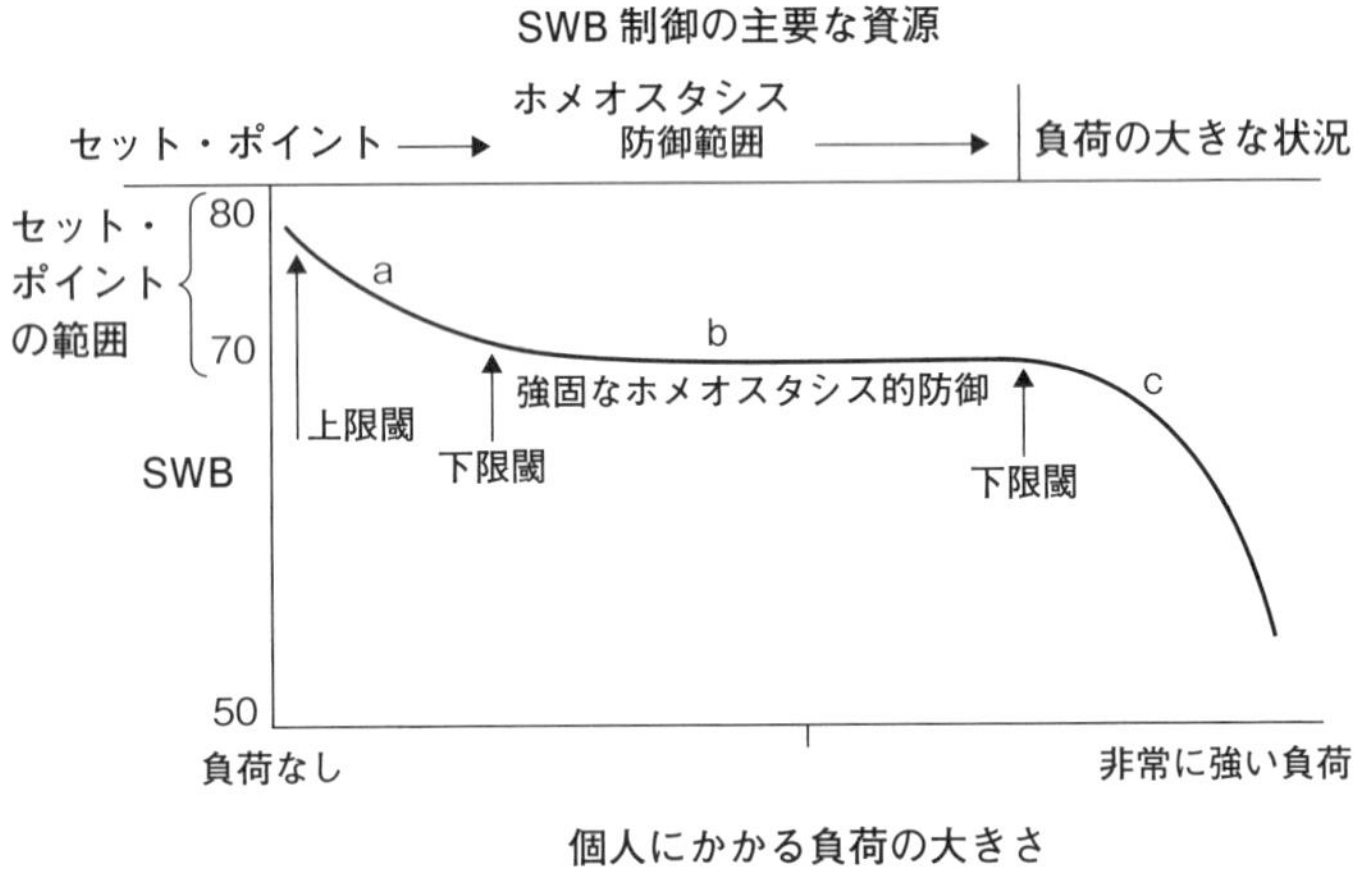

図11　主観的ウェル・ビーイング安定化モデル（カミンズ，2010）

持続したか）、志望レベルの変化に関する評価（その出来事によりもっとよい結果を求めるようになったか）を求め、第三時点での相互の関連を検討した結果、図に示されるような有意な+、－の関係性が見られることを明らかにしています。

さらに、カミンズ（二〇一〇）は、ラッセル（二〇〇三）のコア感情の考え方を基盤に、ホメオスタシス的防御感情（homeostatically protected mood：HPMood）という考え方を提唱しています。カミンズ（二〇一〇）によれば、HPMood

は、①もっとも基本的な感情経験を規定する生物学的に決定されたポジティブ感情で、②ウェル・ビーイングの主要な感情的成分となるばかりでなく、ホメオスタシス機能が守ろうとする基本的な安定状態（セット・ポイント）として機能し、③パーソナリティや記憶経験、自己過程など、すべてのより高次な過程をスムーズに環流させるもの、とされています。ダバーンやカミンズら（二〇〇七）はこれを、快・不快と活性化という二側面を含むものとして、満足（content）、幸福（happy）、興奮（excited）という三つの感情から構成されるものととらえており、ＰＷＩ[注9]で測定されたウェル・ビーイングとも高い関連をもつことを示しています。図11は、この考え方を基盤にしたウェル・ビーイングの安定性に関する解説図です（カミンズ二〇一〇）。カミンズは、オーストラリアにおいて二〇〇一年から二〇一〇年の間に実施された一六の調査をもとに、一一の評定段階から構成されるＰＷＩの平均値を七五点、標準偏差を二・五点と見なし、これをもとに七〇点から八〇点の範囲をセット・ポイントとして設定しました。図の下側の横軸は、ストレス等により個

注9　ＰＷＩ（Personal Wellbeing Index）はカミンズを中心とするThe International Wellbeing Group（2013）によって開発された尺度で、生活水準、健康、達成、人間関係など七つの領域についての満足感を〇～一〇までの一一段階で尋ねる尺度です。オプションとして、人生全体に対する満足感やスピリチュアリティについて尋ねる場合もあります。

人にかかる負荷の大きさを示します。図の上側の横軸は、負荷が生じた際に、ウェル・ビーイングの維持のために主に用いられる資源を意味します。つまり負荷が少ない場合、ウェル・ビーイングはセット・ポイント周辺の値をとりますが（曲線a）、負荷が強まるにしたがってHPMoodによるホメオスタシス的防御機能が働き、ウェル・ビーイングが下限閾で維持されます（b）。けれども負荷が一定の強さを超えると、ウェル・ビーイングが急速に低下し始める（c）とされています。ポジティブ感情の安定性に関しては、このように複数の興味深いモデルが提唱されていますが、現段階では、相互のモデルの関連性の検討を含め統合的な理解には至っていないと考えられるでしょう。[注10]

注10　とりわけ、ここで紹介したモデルでは、ネガティブな経験を乗り越えてポジティブになるという点に関する説明が不十分なように思います。

5・ウェル・ビーイングとパーソナリティ特性

●特性論的アプローチと状況論的アプローチ

本章ではパーソナリティと主観的ウェル・ビーイングの関連について考えていきます。主観的ウェル・ビーイングに関する最初のレビューを行ったウィルソン（一九六七）は、「幸福な人間は、外向的、楽観的で心配いらずであり、高い自尊心と適度な願望をもっている」（p.294）と指摘しています。ここでは、こうした具体的な関連性について論じる前に、パーソナリティ研究がこれまでどのような形で展開されてきたか、簡単に触れておきたいと思います（榎本・安藤・堀毛二〇〇九参照）。

キャプララとヴァン・ヘック（一九九二）によれば、パーソナリティ心理学が現在のような固有の領域的関心をもって成立したのは一九三〇年代のこととされています。キャプララらは、成立の背景として、①精神的な不調の分類に関する精神医学的関心、②差異心理学的な関心に基づく個人差研究のための心理検査の発展、③パーソナリティの発達や環境要因との力動的な結びつきに関する論議につながる「本能」という概念への関心、の三点をあげています。これらの動向はいずれも科学的心理学の揺籃期にあたる一八世紀後半から論議されてきた問題で、一九世紀初頭の精神分析、行動主義、ゲシュタルト学派という、いわゆる心理学の古典的な三大潮流の基礎的な理念が整備されていく中で、個人の保有する特質の研究を中心に、個人差や個人の内的一貫性に関する論議の体系化への試みがなされていったと考えられます。

こうした試みが一定の成果をあげ、パーソナリティ心理学という分野が確立されたのは一九三〇年代のこととされています。これ以降のパーソナリティ心理学の発展は、ほぼ三期に分けて考えることができます（キャプラとヴァン・ヘック 一九九二、マックアダムス 一九九七）。第一期（一九三〇〜一九五〇年ごろ）は、さまざまな理論的立場から「パーソナリティ」をとらえるための包括的な概念的システムが提唱された時代で、精神力動論、動機論、特性論、全体（場）理論、現象学・人間学的理論、役割論など、今日に至る主要な理論的立場は、ほぼすべてこの時期にその基本的な体系の構築を終えています。第二期（一九五〇〜一九七〇年ごろ）は、それぞれの理論を補強する諸概念を測定するための、特性論の考え方を基盤とする実用的な尺度が次々と開発され、使用に供された時代です。因子分析をはじめとする多変量解析的手法の発展も、こうした尺度研究の発展に拍車をかけました。その一方で、個々の検査の妥当性や信頼性、有用性について多くの論議が生じ（たとえばクロンバックとミール 一九五七）、理論的立場間の対立・葛藤をより顕在化させることになっていきました。これを受けて、ミシェル（一九六八）は、特性論や精神力動論の主張する性格概念が、行動から仮説的に構成されたものであるにもかかわらず内的実体として扱われてきたこと、質問紙法や投影法による測定結果と現実の行動評定との相関がせいぜい・二〇～・三〇しかないことを指摘し、社会的学習理論の立場から尺度研究を主体とするパーソナリティ研究に疑問を投げかけました。ミシェルの批判は、①行動の通状況的一貫性への疑問、②行動の規定因としての状況変数の軽視、③測定道具による行動予測の有用性への疑問、④特性の内的実在性への疑問、という四点を骨子としていました（パーヴィン 一九七八）。この批判をきっかけに、「人間―状況論争」あるいは「一貫性論争」と呼ばれる論争が生起し、特性概念の妥当性や、行動の決定因が「人」にあるのか「状況」にあるのか、また人の行動には状況を越えた一貫性があるのか、などといった問題について、方法論的な反省を含めた活発な論議が行われ、人と状況の相互作用を重視する新相互作用論と呼ばれる立場が重視されるなど、パーソナリティ研究の活性化をもたらしました。この論争は、約二〇年間、さまざまな立場の研究者を巻き込みながら継続され、キャプララらは、これをパーソナリティ研究の第三期（一九七〇〜一九九〇年ごろ）として位置づけています。こうした論議の中から特性論的立場を擁護する立場として、ビッグ・ファイブやその背景となる心理生物学的パーソナリティ論、行動遺伝学などの考え方が発展し、一方の社会的学習理論は社会的認知理論へと発展をとげ、認知感情システム理論が提唱され今日のパーソナリティ心理学の主流となる二つの動向として定着しています。[注11]

注11　パーソナリティの「相互作用論」とは、あまりなじみのない立場かもしれませんが、①実際の行動は、個人とその個人が直面している状況との間の連続的で多方向的な、いわゆる力動的相互作用の関数となる、②個人はこの相互作用過程に意図的かつ能動的なかかわりをもつ、③相互作用を人の側から見れば、感情的な要因も役割をもつが、行動の主たる決定因は認知的な要因である、④相互作用を状況の側から見れば、状況が個人にとってどのような心理学的意味をもつかが重要になる、とする四点を特徴とする立場とされます。人間―状況論争の詳細や、その後の展開に関心のある方は、クラーエ（一九九二／堀毛編訳　一九九六）や、堀毛（一九九六　二〇一四）をご参照ください。

●ビッグ・ファイブ研究とウェル・ビーイング（1）

こうした研究動向の中で、パーソナリティ研究としてもっとも注目を集めてきたのはビッグ・ファイブ研究だろうと思います。ビッグ・ファイブとは、ゴールドバーグ（一九八一）によって提唱された人格の五次元を意味します。ゴールドバーグは、「人間の活動に見られる個人差の重要な側面は、すべて日常使用している言語（自然言語）として記号化されている」とする基本名辞仮説を提唱しました。そのうえで、オールポートとアドバート（一九三六）が行ったウェブスターの辞典に基づく性格表現用語の再分析や、過去のパーソナリティ因子に関する因子分析結果を検討した結果、パーソナリティの主要な側面として、外向性、神経症傾向、開放性、協調性、誠実性という五つが抽出されることを示し、これをビッグ・ファイブと命名しました。辞書的な研究は、その後、ドイツ、オランダ、イタリア、フィリピン、中国などでも行われ、一部に相違はあるものの、ほぼ文化的に共通する五つの側面が抽出されることが明らかにされています。一方、コスタとマックレー（一九九二）は、高齢者研究の中で開発してきた、外向性、神経症傾向、開放性を中心とするパーソナリティ測定の質問紙（NEO）の改訂版として、ビッグ・ファイブの各側面を測定する質問紙（NEO-PI-R）を開発し、通年代的な安定性や通文化的な因子構造が見られることを明らかにしました（マックレーとコスタ 一九九七）。コスタらの研究は、辞書的な研究と区別する意味でFFV研究と呼ばれ、理論的なモデル化も図られています。NEO-PI-Rは、本邦でも下仲ら（一九九九）により訳出・標準化されています。

主観的ウェル・ビーイングとのつながりに関しては、ビッグ・ファイブのうち、外向性と神経症傾向との関連が古くから注目されており（ルーカスとディーナー 二〇〇九）、外向性はポジティブ感情と、神経症傾向はネガティブ感情と関連することが繰返し指摘されてきました（たとえばコスタとマックレー 一九八〇）。ルーカスとフジタ（二〇〇〇）は、外向性とポジティブ感情を扱った三五の研究のメタ分析を通じ、両者の間に・三七の平均的な関連性があることを示しています。また、スティールら（二〇〇八）も、二四九の研究から得られたビッグ・ファイブとウェル・ビーイングのさまざまな側面（人生満足感、幸福感、ポジティブ感情、ネガティブ感情、全般的感情、QOL）に関する二一四二の相関についてメタ分析を行っています。結果は表5の上段に示されるように、外向性に関しては、絶対値で・二三〜・五七、神経症傾向に関しては、・三五〜・七二の高い関連が示されています。ヘラーら（二〇〇四）も、ビッグ・ファイブ因子と人生満足感、お

表5　ビッグ・ファイブとSWBの関連についてのメタ分析結果
（スティールら，2008；ヘラーら，2004）

（スティールら，2008）

	人生満足		幸福感		ポジティブ感情		ネガティブ感情		感情全般		QOL	
	ρ	研究数	ρ	研究数	ρ	研究数	ρ	研究数	ρ	研究数	ρ	研究数
外向性	.35	35	.57	6	.54	53	-.23	49	.44	11	.54	4
神経症傾向	-.45	36	-.51	6	-.35	57	.64	73	-.59	15	-.72	5
開放性	.04	26	.14	5	.26	27	-.03	26	.07	7	.23	6
調和性	.19	22	.36	4	.15	23	-.26	27	.20	6	.31	4
誠実性	.27	25	.27	4	.31	24	-.26	28	.29	5	.51	4

（ヘラーら，2004）

	人生満足感		職業満足感		結婚満足感		対人関係満足感		健康満足感	
	ρ	研究数	ρ	研究数	ρ	研究数	ρ	研究数	ρ	研究数
外向性	.34	19	.25	75	.17	22	.28	4	-.42	3
神経症傾向	-.56	19	-.29	92	-.29	40	-.22	4	－	－
開放性	.10	19	.02	50	.10	5	－	－	－	－
調和性	.35	19	.17	38	.29	19	.38	1	－	－
誠実性	.36	19	.26	79	.25	6	－	－	－	－
人生満足感	－	－	.44	57	.51	13	.43	4	.35	7

よび職業満足感、結婚満足感、対人関係満足感、健康満足感という領域別の満足感の関連について、一一六の独立したサンプルから得られた三一七の相関についてメタ分析を行った結果、外向性と人生満足感の間に・三四、神経症傾向と人生満足感の間には－・五六の関連のある

ことを示しています（表5下段）。さらにシマックら（二〇〇四）は、ビッグ・ファイブの測定尺度（NEO-PI-R）において、外向性や神経症傾向を構成するそれぞれ六つの下位尺度（ファセット）ごとに人生満足感との関連を検討した結果、外向性についてはポジティブ感情下位尺度、神経症傾向に関しては抑うつ下位尺度がそれぞれ強い関連をもつことを示しています。こうした関連性については、デネーブとクーパー（一九九八）のように、外向性、神経症傾向とも、SWBとの関連は・三〇以下とする報告もありますが、スティールら（二〇〇八）はこれを方法上の混乱によると指摘しており、全般的に見れば外向性、神経症傾向とSWBの間にはかなり強い関連があると見なしてよいものと思われます（以上、堀毛二〇一〇b）。

●ビッグ・ファイブ研究とウェル・ビーイング（2）

他方、心理的ウェル・ビーイング（PWB）との関連については、シュムテとリフ（一九九七）が成人のサンプルを対象に、NEO-PI-Rを用いた検討を行っています（表6）。表から明らかなように、全体に有意な相関が見られますが、とりわけ自己受容、環境制御、そして人生目的は、誠実性と高い正の相関、神経症傾向と高い負の相関を

表6　心理的ウェル・ビーイングとビッグ・ファイブの相関
（シュムテとリフ，1997）

	心理的ウェル・ビーイング次元					
パーソナリティ次元	自己受容	環境制御	人生目的	個人的成長	積極的人間関係	自律
神経症傾向	-.70**	-.70**	-.54**	-.20*	-.45**	-.48**
外向性	.43**	.31**	.38**	.43**	.44**	.24**
開放性	.03	.04	.16*	.42**	.06	.17*
協調性	.37**	.35**	.28**	.32**	.52**	.14*
誠実性	.52**	.67**	.54**	.31**	.38**	.39**

$^{*}p < .05$, $^{**}p < .01$。$n = 215$。

示し、個人的成長は、外向性や開放性と中程度の正の相関、積極的人間関係は協調性と正の、また自律は神経症傾向と負の相関をもつことが示されています。また、キーズら（二〇〇二）は、MIDUS調査（第九章参照）のデータをもとに、SWB（ポジティブ感情六項目、ネガティブ感情六項目、人生満足感一項目）とPWB（一八項目、六領域）の得点を比較し、確証的因子分析により相互の尺度の独立性を確認したうえで、それぞれの得点を三分割し、SWB低―PWB低（$n = 585$）、SWB高―PWB高（$n = 561$）、SWB高―PWB低（$n = 127$）、SWB低―PWB高（$n = 91$）の四群について、年齢や教育段階とともに、ビッグ・ファイブ（二五項目の形容詞で測定）の得点の相違を検討しました。その結果、低―低群は神経症傾向が高く、外向性や誠実性が低いこと、高―高群は逆に、外向性や誠実性が高く、神経症傾向が低いことが示されました。また、PWBがSWBより高い群とSWBがPWBより高い群を比較した結果、前者のほうが、年齢が若く、教育程度が高い傾向を示し、さらに開放性や誠実性が高く、神経症傾向が低いことが明らかになりました。両者の関係についてのメタ分析的な研究は見あたらないようなので、結論としてはやや早計かもしれませんが、これらの研究結果から、心理的ウェル・ビーイングのほうが、他のウェル・ビーイング指標よりもパーソナリティとの関連が高く、社会的適応と密接な関連をもつと見なすことができるかもしれません（バウマイスターら二〇一三、第二章注1参照）。

ビッグ・ファイブの残る三因子のうち、誠実性に関してもウェル・ビーイングと関連があることが示されています。たとえば、ヘイズとジョセフ（二〇〇三）は、SWLSについては外向性よりも誠実性のほうがよい予測因となることを示しています。また、アルブクエルクら（二〇一二）も、ポルトガルの中年代の教師三九八名を対象とした研究において、NEO-PI-Rの外向性、神経症傾向、誠実性に関する項目とSWLSおよびPANASの関連性を検討しています。結果は、ポジティブ感情については、誠実性が一八％の説明率を（外向性二五％、神経症傾向一七％）、ネガティブ感情についても一〇％の説明率を示し（外向性一〇％、神経症傾向四二％）、ＳＷＬＳに関しても八％の説明率を有する（外向性八％、神経症傾向一五％）ことが明らかになり、誠実性がウェル・ビーイングの予測因として機能することが示されました。同様に、調和性に関してもウェル・ビーイングと比較的高い相関のあることが示されていますが（ヘラーら二〇〇四、ヴァイジャら二〇〇二）、開放性に関しては、全般に低い関連しか得られていないようです。ただし、いずれも研究数は少なく、背景にあるメカニズムの検討も含めて、今後さらなる研究が必要な領域であると指摘されています（ルーカスとディーナー二〇〇九）。

外向性・神経症傾向とウェル・ビーイングとの関連の背景には、脳の神経生理学的メカニズムの相違が仮定されています。グレイ（一九七一、ピッカリングとグレイ一九九九）は、人間のもつパーソナリティの多様性は、行動促進システム（Behavior Activation System：ＢＡＳ）、行動抑制システム（Behavior Inhibition System：ＢＩＳ）、闘争—逃走システム（Fight-Flight System：ＦＦＳ）、という三つの動機的システムによって説明されると論じています。このうち、外向性や神経症傾向と関連するとされるのは先の二つのシステムで、行動促進システムは、報酬もしくは罰のないことによる動機づけの強さを示し、行動抑制システムは、罰や無報酬を避けることによる動機づけの強さを示すと考えられています。すなわち、外向性―内向性は、ＢＡＳによる報酬への感受性や報酬を得たときのポジティブ感情の強さと、神経症傾向は、ＢＩＳによる罰に対する感受性や罰にさらされたときのネガティブ感情の強さにそれぞれ関連づけられ、ウェル・ビーイングの高低に結びつくと考えられています。

●キャラクター・ストレングス

こうしたパーソナリティ研究と並行して、ポジティブ心理学では、特性論的考え方を背景にポジティブな特性や強み（strengths）に関する研究が展開されてきました。たとえば、ピーターソンとセリグマン（二〇〇四）は、人間の「強み」や「最大限の潜在能力」という概念をどのように定義し得るか、またポジティブな青少年育成プログラムがその目標を達成したと見分けるにはどうすればよいか、といった関心をもとに、全世界の哲学書、教典、道徳・倫理基準等を参照しつつ、一〇の選択基準を設定し、人間の「キャラクター・ストレングス（character strengths）」について総合的な検討を行いました。一〇の選択基準とは、①その強みがよい人生につながる充実感をもたらす、②それ自体が精神的・道徳的に価値をもつ、③強みを発揮することが他の人を傷つけない、④反対語に望ましい性質がない、⑤実際の行動として表現される、⑥他の特性と明確に区別される、⑦規範的な人物や物語に具現化される、⑧天才的な人物がいる、⑨欠如した人物がいる、⑩それを育成するための制度や伝統がある、というものです（島井二〇〇六）。

ピーターソンらは、その結果から、精神疾患に関する診断基準であるＤＳＭと同様のポジティブな特性に関する広範な基準として、六つの人徳（vertues）とそれぞれに属する二四の強みのリストを提案しました。六つの人徳とは、①知恵と知識（創造性、好奇心、開かれた心、向学心、パースペクティブ）、②勇気（本来性、勇敢さ、忍耐、熱意）、③人間性（親切心、愛、社会的知性）、④正義（公正さ、リーダーシップ、チームワーク）、⑤節度（許容性、謙虚さ、慎重さ、自己制御）、⑥超越性（美と卓越さの認識、感謝、希望、ユーモア、敬虔さ）、です（VIA Institute on Characterによる）。下位カテゴリとなる強みの分類や名称は当初の提唱から若干変化している部分もあります。

ピーターソンらは、これらの強みを測定する二四〇項目からなる「ＶＩＡ-ＩＳ（Values in Action Inventory of Strengths）」を開発しました。この検査を受検すると、参加者には、「特徴的な強み（signature strengths）」となる五項目がフィードバックされます。ピーターソンらはこうした特徴的な強みを養育し洗練することが、本来的な幸福感につながる道であると指摘しています。この検査は日本語でも無料で試行できます。[注12] また、ルフら（二〇一四）は、この検査の短縮版を考案しています。これは「強み評定票（Character Strengths Rating Form：ＣＳＲＦ）」と名づけられており、それぞれの強みを一項目で測定する二四項目からなる尺度です。ルフらによれば、それぞれの項目は、オリジナルなＶＩＡ-ＩＳの尺度得点と・四一～・七七の相関があり、両者の得点の相関や順位相関も高く（$r=.83$, $r_s=.76$）、ＳＷＬＳとの相関もほぼ同様の値を示すことが明らかにされています。また両者の因子構造も、五因子でほぼ一致することが示されています。ただし、この研究のサンプルは二一一名と少数に過ぎず、ドイツ語で開発された尺度であり、二つの検査の施行順もカウンターバランスがとられていないなどの問題点もあり、今後の研究の進展が期待されます。

ピーターソン（二〇〇六）やパークら（二〇〇六）は、五〇以上の文化比較や、アメリカの州間比較をもとに、「強み」の中で、親切や公正さ、感謝などはどの文化でも、またアメリカで見ればどの州の人々にも保有される傾向が高く、逆に慎重さや謙虚さ、自己制御などは保有率が低いことを示しています。また、成人ではリーダーシップや審美心

注12　ペンシルバニア大学のＨＰ（https://www.authentichappiness.sas.upenn.edu/）では、二四〇項目のオリジナル尺度が、ＶＩＡ研究所（VIA Institute on Character）のＨＰ（https://www.viacharacter.org/）では、一二〇項目の短縮版尺度が体験できます。

が重視されるのに対し、若者はユーモアや熱意を重視すること、女性では感謝、親切、愛が、既婚者では許容性が高くなること、さらに、愛、希望、熱意などの強みは、年代を問わず人生満足感とより頑健な相関関係を示すことなども明らかにされています。さらに、二〇〇一年の九・一一事件後、精神性、希望、愛などの長所の得点が増加する傾向が見られること、危機を体験し乗り越えた人々では、勇気、親切、ユーモアなどの長所がストレス緩衝材として機能する可能性があることなども示唆されています。マグラス（二〇一五）は、パークらの使用したサンプルの約一〇倍にあたる一〇〇万を超えるVIA-ISに回答した七五カ国のオンライン・サンプルについて同様の分析を行い、パークらとほぼ同様の結果を得ています。また、プライヤとルフら（二〇一三二〇一五）も、「強み」が、身体的ウェル・ビーイング、疾病からの回復、心的外傷後成長、健康行動、労働におけるポジティブ経験、学業的達成などとポジティブな関連を示すとしています。一方で、ノフトルら（二〇一二）のように、VIA-ISの因子分析結果が、ピーターソンらが指摘する六つの人徳（勇気、正義、人間性と愛、節度、超越性、知恵と知識）として収束しないこと、ビッグ・ファイブの測定道具であるNEO-PI-Rとの相関を検討すると、精神性を除く二三のVIA-ISの下位尺度得点が、ビッグ・ファイブの三〇の下位尺度のいずれかと・四二〜・六三というかなり強い相関を示すことなどの知見により、VIA-ISの構成概念的独立性に疑念を投げかける立場も存在します。

●クリフトン・ストレングス・ファインダー

ギャラップ社の開発した「クリフトン・ストレングス・ファインダー（Clifton Strength Finder）」も、「強み」研究の代表例の一つと考えられます（ホッジスとクリフトン二〇〇四）。ギャラップ社はギャラップによって創設された調査会社で、一九三六年のアメリカ大統領選でルーズベルトの勝利を予測するなどして著名になった会社です。ギャラップの逝去後、新たにオーナーとなった教育心理学者のクリフトンは、それまでの所有会社（Selection Research Incorporated）で蓄積した資料を基盤に、さまざまな企業で傑出した業績をあげた二〇〇万人以上の人々への三〇年以上にわたる面接記録を用い、「強み（strengths）」として保有している側面に高い成長性があるとする考えのもと、コミュニケーション、共感性、責任性など三四の側面からなるストレングス・ファインダー（Strength Finder、後にClifton Strength Finderと改名）と呼ばれる測度を考案しました。この調査は五〇〇〇以上の項目から選択された一八〇項目からなる自己評定式の検査として構成され（二〇〇七年にリリースされた二・〇版は一七七項目）、本邦でもウェブで体験できます（有料または書籍を購入（ラス二〇〇七／古屋訳二〇一七 https://www.gallupstrengthscenter.com/）。回答者には、五つの「強み」がフィードバックされます。また青少年向けのユース・ストレングス・エクスプロラーも開発されており、クリフトンの逝去（二〇〇三）後、ギャラップ社のチームにより開発が続けられ、七八項目の検査で一二の強みが測定され、トップ三がフィードバックされるようなシステムが構築されています。

●強み介入

最近のポジティブ心理学研究の中で発展の著しい領域が介入研究です。介入研究の発展については第一四章で紹介しますが、ここでは「強み（strengths）介入」に焦点をあてて紹介します。強み介入は、基本的にStrength FinderやVIA-ISなどのツールを用いて強みを特定し、その強みを使って何ができるか考えるという「同定-使用（identify-use）」アプローチを用います（ビスワス・ディーナーら二〇一一）。たとえば、ルイスとロペス（二〇一四）は、主として教育場面における強み介入の成果を紹介しています。それによると、強み介入を経験した学生は統制群に比べ、GPAが高いなど学業達成にポジティブな影響が見られること、学業的な自信や関係構築能力が高くなること、リーダシップ実践力が高まることなどの成果が得られることが示され、こうした影響性は、職業研究や臨床研究でも明確に見られることも指摘されています。さらに強み介入がウェル・ビーイングの上昇やうつ症状の低減と関連することも指摘されています（ハルツァーとルフ二〇一五）。

また、ニーミック（二〇一七）は、強み介入に関するさまざまな研究をふまえたうえで、六段階からなる強み介入技法を提唱しています。それによると、介入はまず、①自分自身の強みを認識し、ラベルづけ、確認することから始まります。次に、②強みのもつ社会的性質を理解すること：他者のもつ強みをラベルづけ、説明し、理解すること、③強みを行動と関連づけること：自分のもつ強みを家族場面や労働場面などでの活動と関連づけること、④強み基盤の実践モデルを用いること：気づき・探求・応用モデル（AEAモデル）に沿って、VIAにより自分の強みに気づき、過去の成功・達成体験からこれらの強みの関連性を探求し、日常生活における目標にこれらの強みがどう応用できるか考える、という順番で介入が進められます。続く第五、六段階は、実践家を対象とした発展段階で、第五段階はセラピストの背景にある心理療法（精神分析、人間性心理学、認知行動療法など）の中に強みをどう組み込むかという問題、第六段階は、介入セッションやミーティングの中で強みをどう利用するかという考え方が解説されています。またこの本では、二四の強みのそれぞれについて、詳細な解説が示されており、クライエントばかりでなく実践家や研究者にとっても、重要な手がかりとなる情報が多様な側面から呈示されています。

一方、ビスワス・ディーナーら（二〇一一）は、強みが特性的に把握されてきたことを批判し、ミシェルらの主張する力動的な個人内アプローチ（第六章参照）による理解を深めるべきと主張しています。そのために、時間や場所による強みの変化を理解し、①関心や熱意による変化、②個々人の中での強みの関連性の相違、③盲点になっている強みへの注目、④利用に失敗した場合の感受性や脆弱性の理解、⑤他者からの評価などに見られる社会的コスト、などにも目を向けるべきと主張しています。[注13] こうした批判を取り込んだ研究が介入研究でも進展していくことを期待したいと思います。

●人間のもつポジティビティ

さらに、キャプララら（二〇一二、二〇一七）は、「人生や経験をポジティブな観点から見る傾向」を「ポジティビティ（positivity：ＰＯＳ）」と名づけ、自尊心や人生満足、気質的な楽観性などに共通する潜在的な要因であると主張しています。ＰＯＳは、人生の逆境や失敗、喪失に対処する生物学的機能をもった基本的な特性と考えられており、持続的な成長や活性感をもたらすものとされています。ウェル・ビーイングの背景には、物事全般をポジティブにとらえる特性が存在するとする考え方と見なすことができるでしょう。キャプララら（二〇一二）では、既存の尺度の中から、ＰＯＳを測定していると考えられる二六項目を選定し、二一歳から六三歳の参加者三二二名に評定を求めた結果の主成分分析結果から、八項目からなる「ポジティビティ尺度（Positivity Scale）」を提唱しています。内容的には、①自分に関する自信（項目五、七、八）、②将来への自信（項目一、

注13　相互作用論的立場に立ったＳＷＢ研究も、アプローチとして重要な意味をもつと考えられます。一例として、エモンズら（一九八六）は、状況選択モデルと状況一致性モデルを基盤にＳＷＢとの関連を検討しています。状況選択モデルでは、人は自分の特性に合った状況を選択する傾向をもち、そうした選択が可能なほどＳＷＢが増進されると考えます。また状況一致性モデルでは、特性と合致した状況を体験するほど、ポジティブな感情が増進され、ネガティブな感情が減衰すると考えます。エモンズらは、これら二つのモデルを力動的な相互作用モデルとして位置づけ、三〇日間にわたる日誌法研究により、日々の二〇状況の選択および一二の感情傾向とパーソナリティとの関連を検討し、これらのモデルを支持するデータを得ています。また、ブランドシュテッター（一九九四）は、同じく三〇日間の日誌法によるデータをもとに、相互作用状況および個人の動機と感情バランスとの関連を検討した結果、状況と動機の整合性（person-environment fit）が感情バランスの有効な説明因となることを明らかにしています。

四、六)、③他者とのよい関係(項目三)、④人生への満足感(項目二)となっており、確認的因子分析でも一因子構造が確認されています。項目内容からおわかりの通り、①は自尊心、②は気質的楽観性、④は人生満足尺度(SWLS)から援用されたものを用いています。キャプララらは、この尺度の構成概念妥当性や再検査信頼性の高さ、また通文化的な共通性も高いことを示しています。また、二〇一七年に発表された研究(キャプララら二〇一七)では、一五歳から二三歳に至る四時点での縦断研究から、先行する時点でのPOSが、次の時点のPOSやポジティブ感情を予測することを示し、POSの経時的な安定性や予測的妥当性を明らかにしたと主張しています。ただし、この研究で用いられている尺度は、ポジティビティ尺度として開発されたものと、自尊心、楽観性、人生満足感から項目が構成されているという点ではほぼ同一ですが、項目内容や項目数(七項目)が異なっており、なぜそうした相違が生じているのか明確な説明がなく、やや混乱を招く結果になっています。

6・ポジティブな認知様式（1）
──符号化方略と期待・楽観性

●認知論的パーソナリティと主観的ウェル・ビーイング

前章では、パーソナリティ特性論の考え方を背景に、ヒューマン・ストレングスに代表されるポジティブな特性に関する研究の紹介を行ってきました。ただ、パーソナリティに関しては、先述したように特性論的立場の他にも、多様なとらえ方が提唱されています。本章と次章では、主観的ウェル・ビーイング研究と密接な関連をもつと考えられる認知論的立場を中心に、ポジティブな認知様式の特徴やその個人差について考えていきたいと思います。

認知論的パーソナリティ論の代表としては、ケリー（一九五五）の「個人的構成体理論（personal constructs theory）」や、ロッター（一九六六）の期待─価値理論（expectancy-value theory）、バンデューラ（一九七七）による「社会的学習理論（social learning theory）」などがあります。このうちケリーの理論は、「人間は皆科学者」と考え、人は独自な認知体系に基づき、周囲の世界を理解し予測しようとするとし、その認知的なユニークさをパーソナリティと見なすと主張します。これは主観的ウェル・ビーイングの相違を、個人の認知の仕方の相違としてとらえる基本にある考え方として位置づけることができるでしょう。また、バンデューラの考え方は、観察や模倣による「社会的学習」の重要性を強調する立場で、後に「社会的認知理論（social cognitive theory）」と呼称されるようになり（バンデューラ 一九八九）、個人が自分自身の経験をどのように秩序立てていくか、またそうした枠組みをもとに自己の行動をどのような形で調整するかという、自己効力を中心とした認知的・経験的・能動的な側面の重要性に、パーソナリティ心理学の関心を移行させた考え方とされています（この考え方については第八章で扱います）。

これらの考え方を基盤に、ミシェルとショウダ（一九九五）が提唱した「認知―感情システム理論（cognitive-affective system theory）」は、最近もっとも影響力のある考え方（メイヤーとカールスミス 一九九七）として評価の高い認知的パーソナリティ理論です。認知―感情システム理論では、人がある状況に遭遇すると、その状況に特有な認知や感情が活性化され、個人が保有する認知的・感情的変数の関連づけのパターンに従って、個人

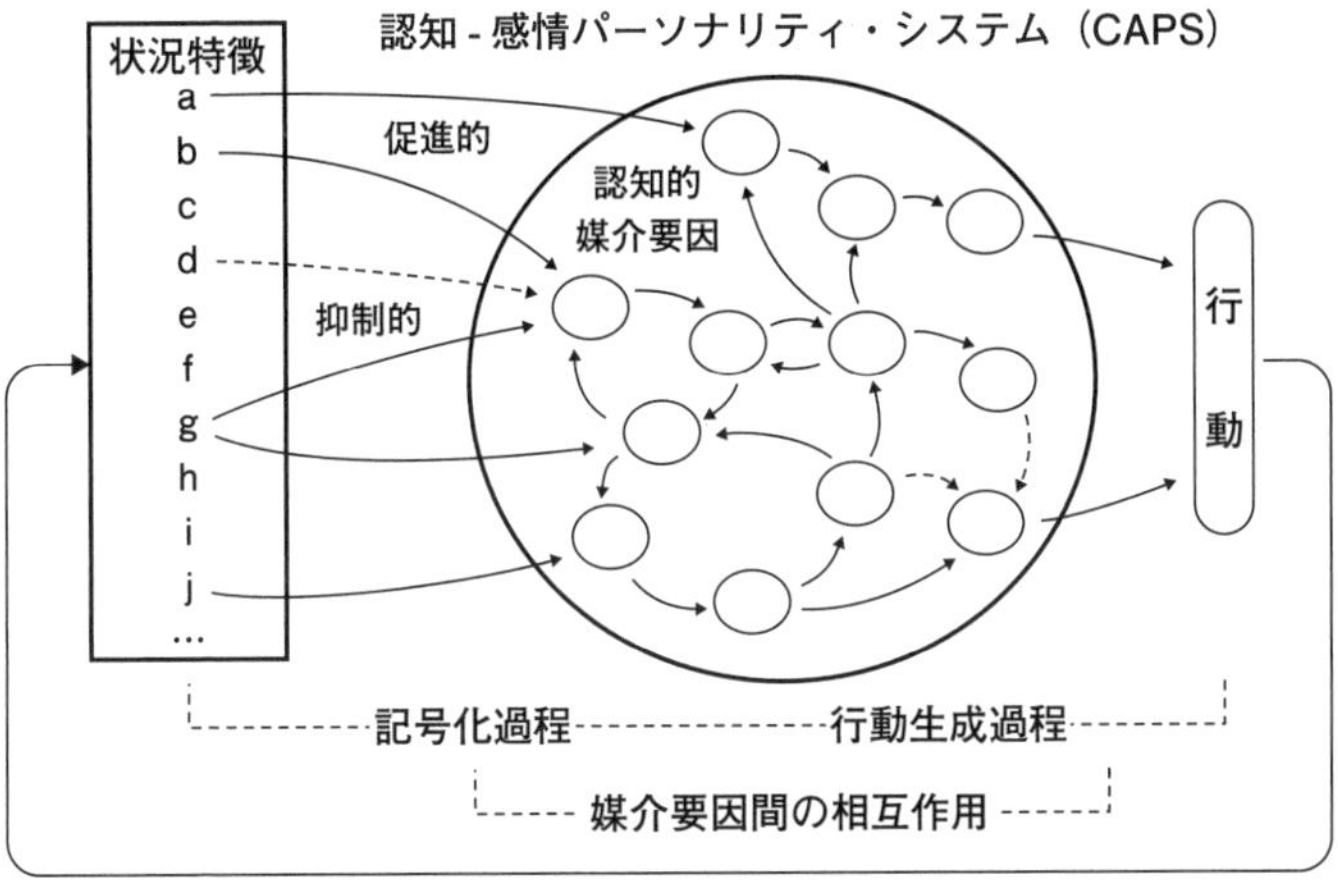

図12　認知ー感情システム理論によるパーソナリティの考え方のモデル
（ミシェルとショウダ，1995；堀毛，2009b）

が保有するネットワーク内に拡散していくと考えます。関連づけのパターンには、符号化、期待・信念、感情、目標・価値、行動スクリプトなどが含まれ、これらがWindowsの表示が次々と流れるように展開し、具体的な行動へと結びついていくと仮定されています（図12）。

ミシェルは、この図に示される認知的媒介要因として、五つの要因を指摘しています。一九七三年の論文（ミシェル 一九七三）では、①構成能力：特定の認知や行動を構成していく能力、②コード化の方略：外界の事象をとらえるために個人が保有するカテゴリの個人差、③特定の状況における行動と結果、刺激と結果についての期待や信念：「もし…ならば、…だろう（if-then）」という特定の状況で起こりやすい反応に関する期待に見られる個人差、④主観的な刺激価：刺激についての好悪・価値づけに見られる個人差、⑤自己調整システムとプラン：自分自身で定めた目標や基準に向けて行われる自己調整やプランニング、という五つが指摘されていました。それが、一九九五年のミシェルとショウダ（一九九五）の論文では、「社会認知的個人差変数」として、①と②が一緒になって「符号化の方略（encoding strategy）」となり、③は「期待と信念（expectancies and values）」、④が「感情反応（affective responses）」と「目標と価値（goals and values）」に分けられています。また⑤は「コンピテンスと自己制御戦略（competencies and self-regulation strategy）」と表記されるようになっています。このように若干の変化はありますが、認知的変数として主張されている内容はほぼ同一と考えられます。ミシェル自身はポジティブ心理学者ではありませんし、特性論を基盤とした「強み」研究などに対しては批判的な見解も示していますが、ポジティブな認知様式を検討するための枠組みとしては有用性が高いと考えますので、ここでは、こうした社会的認知変数について、順次解説を進めていきたいと思います。

●符号化方略の個人差――ケリーの個人的構成体理論

まず、ミシェルの指摘する第一の認知的変数である「符号化の方略」の個人差について考えていきましょう。先に紹介したケリー（一九五五）の「個人的構成体理論」では、個人を取り巻く世界や社会的状況の理解が、個人の認知的な解釈によってさまざまに異なると主張します。ケリーはミシェルのメンターでもあり、同時期にオハイオ大学の教授であったロッターとともに、考え方に大きな影響を受けたと述べられています（ミシェル二〇〇七）。符号化の方略を、社会認知的変数の一つとして重視するという考え方は、明らかにケリーの影響を受けたものといえるでしょう。ケリーは、科学の究極の目的が、事象の予測と統制にあるのと同様に、個々の人間も、自分を取り巻く環境に生じる事象を解釈し、予見し、統制しようと試みていると考えました。こうした事象の解釈や予見・統制の基本となる要素を、ケリーは「コンストラクト（construct）」と名づけています。コンストラクトとは、人々が世界を知るために作り上げた「透過パターンあるいは眼鏡のようなもの（ケリー 一九五五）」で、それぞれが個人に固有な性質をもつとされています。したがって、それらが体系化された「コンストラクト・システム」も個人に独自な性質をもつことになります。現実に生じるさまざまな事象の解釈や予見・統制は、こうしたシステムを通じて行われるため、同じ事象を観察しても、その解釈や予見は、個人ごとに異なる内容になります。このような「解釈の独自性」を強調する考え方を、ケリーは自らの理論の中核をなす前提として、「コンストラクティブ・オルタナティヴィズム（constructive alternativism）」と名づけています。ケリーの主張する個人的構成体理論の体系は、基本公準と一一の規定系から構成されており、ケリーは個々人の性格の相違や日常生活における個人差の原因を、コンストラクト・システムの独自性や関係性、いいかえれば自他の行為の解釈・予測・統制の仕方の特質に求めています（以上、堀毛二〇〇九cによる）。ケリーの理論の詳細は辻（二〇一六）による翻訳が参考になります。

●符号化方略の共有性（1）——ポジティブ幻想

人々がどのように自分を取り巻く環境や状況を符号化し、理解しようとするかについては、ケリーの理論に示されるように大きな個人差があると考えられますが、一方で人々に共有される認知的な傾向性も存在します。その中で、ポジティブ心理学との関連で著名なものの一つは「ポジティブ幻想（postive illusion）」と呼ばれる傾向性です。この考え方は、テイラーとブラウン（一九八八）によって提唱されたものです。テイラーらは、帰属や社会的認知に関する研究を通じ、人が、素朴な科学者としての合理的な推論よりも、自己奉仕バイアス（self-serving bias）をはじめとする、自分自身に都合のよい枠組みにしたがってさまざまな事象を解釈していることが明らかにされてきたと指摘したうえで、精神的に健康な人は、自尊心を高め、個人的な有能性に関する信念を維持し、将来に関する楽観的な視点を促進させるように現実を歪めてとらえる能力を有する（テイラー 一九八九）と論じています。テイラーらは、こうした能力や傾向性は、単なる一時的な誤謬や見方の偏り（バイアス）ではなく、より一般的・持続的な傾向性であるという意味で、これを「ポジティブ幻想」と名づけました。

テイラーとブラウン（一九八八）によれば、ポジティブ幻想には、互いに重複する三つの側面が含まれるとされています。それは、①自己に対する非現実的なポジティブ視、②個人的コントロールに関する誇張された知覚、③非現実的な楽観主義という三つです。このうち、①自己に対する非現実的なポジティブ視としては、特性の望ましさが高いほど、その特性は、平均的な人よりも自分自身が有していると考えられやすいこと、さらに、望ましさの高い特性では、自分自身によるコントロール可能性の評定が高いと考えられる特性ほど、平均的な人に比べて自分が保有すると認知されやすいという「平均以上効果

（better than average effect）」（アリックら 一九九五）などがその例とされています。②のコントロール知覚に関しては、ランガー（一九七五）によって指摘された、「個人的な成功に関する期待が、客観的に保証される蓋然性を不適切に上回ること」とする「コントロール幻想（illusion of control）」がその例とされています。また③の非現実的な楽観主義（unrealistic optimism）については、ポジティブな結果は自分に生じやすく、ネガティブな結果は他者よりも生じにくいと見なす認知的なバイアスが取り上げられています。前者をポジティブ・バイアス、後者をネガティブ・バイアスと呼んで区別する場合もあります。ワインシュタイン（一九八〇）は、よい仕事につく、自分の家をもつなど一八のポジティブな出来事と、心臓病になる、離婚するなど二四のネガティブな出来事について、自分自身に生じる比率と他者に生じる比率の評定を参加者に求め、その差を検討した結果、こうしたポジティブ（ネガティブ）バイアスが顕著に見られることを示しています（以上、堀毛二〇〇六による）。

また最近、シェパードやワインシュタインら（二〇一三二〇一五）は、これまで三〇年間の非現実的楽観主義に関する研究成果をまとめ、非現実的楽観主義を、絶対的なものと相対的なものに分類し、さらに個人レベルと集団レベルを区別した四つの視点から整理しています。絶対的なレベルとは、適切な客観的レベルのリスクをより低く見積もる傾向性を意味し、個人でいえば、平均的なリスクが三〇％あると考えられるのに、自分のリスクは二〇％と考えること、集団でいえば、集団としてのリスクのベースレートが三〇％であるのに対し、自分の属する集団のリスクは二〇％と考える現象とされています。相対的なレベルとは、他者や他の集団との比較において、自分や自分の属する集団のリスクが平均的な個人・集団より低いと考える傾向を意味します。シェパードらは、こうした整理枠をポジティブ幻想ばかりでなく、次項に示すようなポジティブ・バイアス全体に適用できるものと主張していますが、今後多角的な検討が必要なように思います。

●符号化方略の共有性（2）──ポジティブ・バイアス

ポジティブ幻想研究に限らず、われわれが周囲の世界や出来事をポジティブにとらえる傾向性があることは、さまざまな研究で繰返し指摘されてきました。たとえば、ポジティブな経験をネガティブな経験より正確に覚えているという現象は、すでに一九三〇年代の研究で指摘されており（ヤシルド 一九三一）、「記憶の楽観性」と名づけられています（大石 二〇〇二）。また、マトリンとスタング（一九七八）は、「ポリアンナ原則（Polyanna principle）」としてこのようなポジティブな認知的傾向性について紹介しています。ポリアンナ（パレアナ）は、アメリカの児童小説の主人公で、極端に明るく楽観的で、そうした見方によって苦難を乗り越えていく少女のことです。本邦でもアニメ化されたので、思いあたる方もおられるかもしれません。マトリンらは、ネガティブな考え方よりポジティブな考え方をする傾向が強いこと、ポジティブな出来事をより想起しやすいことなどを例として取り上げ、誰にも共通するポジティブな認知的傾向性（ポジティブ・バイアス）と指摘しています（ディーナーとディーナー 一九九六）。また、ウォーカーら（二〇〇三）も、過去の記憶についてポジティブ・バイアスがあることを指摘し、その理由として、過去の出来事をより楽しいものと認知する傾向があること、そして、ネガティブな出来事に関する感情は速やかに減衰される傾向があること（**fading affect bias**：感情減衰バイアス）を指摘しています。

さらに、リュボミアスキーら（一九九八 二〇〇一）は、幸福な人とそうでない人の、ライフ・イベントや日常的出来事に対する認知方略を比較し、幸福な人のほうが、同じ出来事をよりポジティブに認知・解釈することを明らかにしています。たとえば、幸福な傾向の強い人は、ポジティブな出来事を「純粋に楽しみ、深く分析しない」、あるいは「鮮やかにイメージし、どのように生起したか考える」という方略をとりやすく、ネガティブな出来事については、「ユーモア感覚でそのイベントを見る」「そのイベントを思い出したときには、今の状況がそれよりずっとよいと考える」といった方略で対処することが示されています。他方で、カミンズとニスティコ（二〇〇二）は、ポジティブ・バイアスの背景に「自己に関する満足感」があることを指摘し、それにつながる個人差変数として、自分自身に価値があるとする自尊感情、自分の望み通りに環境を変えられるとするコントロール感、そして未来を志向する楽観性という三つの変数の重要性を指摘しています。ポジティブ幻想研究の指摘とも共通点があり、多くの研究でこれらの変数と人生満足感の相関がいずれも・五〇以上になることが明らかにされています。さらに、ロビンソンとコンプトン（二〇〇八）も、ウェル・ビーイングを規定する可能性のある認知的要因として、①ポジティブな刺激への選択的注意、②ポジティブなカテゴリ化傾向、③ポジティブな刺激によるプライミング、④潜在的自尊心の高さ、⑤認知レベルと無意識的動機レベルの葛藤の低さ、⑥自己制御能力の高さ、という六つの要因の関連性を指摘しています。こうした指摘も、ポジティブな認知方略やポジティブ・バイアスの個人差をとらえることの重要性を示唆する考え方として今後の発展が期待される考え方といえるでしょう。

●期待—価値理論

ミシェルの指摘する二番目の変数は、「期待」やそれに基づく「信念」に関するものです。ミシェルのもう一人のメンターでもあるロッター（一九六六）は、従来の学習理論の考え方の中から、学習を通じてどのような成果が得られるかという「期待」や、学習を促進させる強化子として何を重視するかという「価値」に個人差があるという考え方を基盤とする「期待—価値理論」を提唱しています。その中でもロッターは、「一般化された期待」もしくは汎化期待と呼ばれる、状況を通じた「期待」を重視しています。一般的な期待の代表ともいえる側面として、ロッターは、「統制の所在（locus of control）」と呼ばれる汎化期待を重視しています。この概念は、事象の統制（コントロール）が基本的に自分の努力や能力によって可能であると見なす「内的」統制型の期待と、基本的に自分自身ではコントロールできない運や機会に依存すると見なす「外的」統制型を区別します。この概念は測定尺度（Internal-External Scale）の開発とともに、多くの研究で利用されてきました。結果から、内定統制型は、社会活動への参加の程度が高く、適応的かつ知的で、現実に見合った行動をとること、外的統制型は、不安や攻撃性が高く、自信や洞察力に欠けるとともに、空想傾向や同調傾向が強いことなどが明らかにされています（水口一九八五、次良丸一九八五）。一方で、こうした期待が個々人の中で状況領域により異なることも明らかにされてきました。人間関係に関しては内的統制傾向をもつ人が、学業に関しては外的統制傾向が強いといったことは、日常的に見てもあり得ることだと思います。そうした意味で、この概念は汎化期待というよりは特殊期待として扱うべきだという主張もあります（以上、堀毛二〇〇九による）。

●期待・信念の個人差（1）――If-Thenの考え方

ミシェルの指摘する認知的変数の中で、もっともユニークでかつその後の研究に影響を与えている概念が、**If-Then**（もし…ならば、…だろう）という期待・信念のパターンに関する考え方です。ミシェルは、一九六八年に発表した『パーソナリティと評価（*Personality and Assesment*）』という著作の中で、特性論的なパーソナリティ研究を批判し、状況的要因を考慮することの重要性を主張しました。外向性の高い人はどのような状況でも外向的かと考えれば、たとえばお葬式やお見舞いなどの状況では、振る舞い方が異なると考えるのが一般的だろうと思います。こうした例はわれわれのまわりに多数存在し、他者の行動に状況を越えた一貫性が存在すると見なす一方で実際の行動には一貫性が見られないという「一貫性のパラドックス」(ベムとアレン 一九七四)として知られています。

ミシェルとショウダ(一九九五)は、こうした問題への回答の一つとして、状況と行動の結びつきのパターンを問題にし、先述したCAPSモデルをもとに、人の行動は状況によって異なるけれども、より広範な視点からその結びつきを分析すれば、そこには一貫したパターン(コヒアランス(coherence):首尾一貫性)があると主張し、それをIf-Thenという「行動指紋(behavioral signature)」として理解することが重要であるという指摘を行っています。たとえば、ショウダら(一九九四)の小学生を対象とするフィールド研究では、数週間にわたる合宿の間、攻撃性を喚起するような五つの状況(Ifs)が抽出され、それらの状況における五つの行動反応(Thens)が記録され、子どもごとに行動指紋(If-Thenプロフィール)が作成されました。五つの状況とは、①仲間とのポジティブな社会的接触の開始、②仲間のからかい・挑発・脅し、③大人の言葉による賞賛、④大人による警告、⑤大人によるTime out(数分間じっとしている)のペナルティ(罰)、また、五つの行動反応とは、①言語的攻撃、②身体的攻撃、③幼児返り行動、④服従、⑤向社会的会話を意味します。

こうした分析手法に基づき、一人の子どもについて五つの行動指紋のグラフが作成され

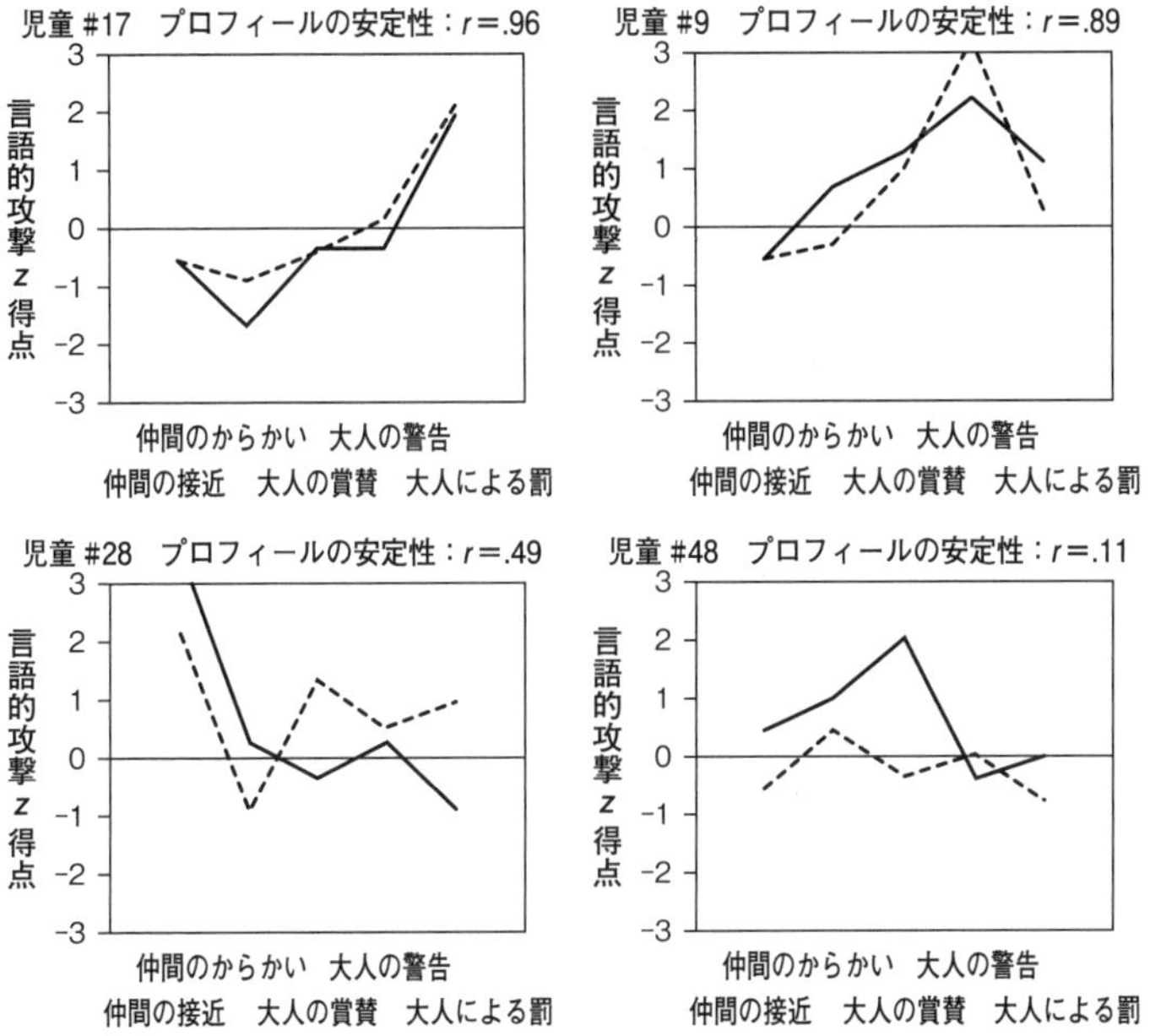

図 13　状況による言語的攻撃反応の行動指紋の安定性（ショウダら，1994）

ました。結果の一部を図13に示します。この図は、言語的攻撃反応が、五つの状況によりどのように異なるかについて示したものです。ナンバー一七の子どものパターンは、この子が大人からTime outのペナルティを受けると、他の子どもに比べて攻撃性が高まることを示していま す。またナンバー九の子どもは大人からの警告によって、またナンバー二八の子どもは仲間が近づいてくると攻撃的になることが示されています。こうしたパターンは、時点の異なる二つのデータ・セットに分けて比較をしても一貫性の高いことが相関値として示されています。右下のナンバー四八の子どもは、相関値がもっとも低いケースですが、ここでも行動指紋には類似性が見られます。ミシェルらは、さまざまな特性・対象者について、こうした分析を繰り返した結果、特定の人物に関するIf-Thenの結びつきを知ることにより、その人物の行動予測を高めることができると結論づけています（二〇〇七 二〇一四）。

●期待・信念の個人差（2）――気質的楽観性

ポジティブ心理学と関連の深い期待・信念の個人差としては、楽観性や自己効力感があげられるでしょう。ここでは楽観性研究に焦点をあてて簡単に紹介します。楽観性研究に関しては二つの主要な研究の流れが存在します。一つはシャイアーとカーバー（一九八五）による気質的楽観性（dispositional optimism）に関する研究で、楽観性は、将来において好ましい結果の生起を期待する一般的な傾向性、と定義されています（コンプトンとホフマン 二〇一三）。これは、未来はよいことに満ちあふれているという「一般的期待」をもつ傾向性ととらえることもできるでしょう（バームガードナーとクローザー二〇一四）。逆に、悪いことが起こるとする予測をもちやすい傾向性のことを（気質的）悲観性（pessimism）と呼びます。シャイアーら（一九八五）は、こうした一般的期待を直接測定する尺度として、LOT（Life Orientation Test）と呼ばれる測定道具を開発しています。現在では、この改訂版としてLOT-R（シャイアーら一九九四）が使用されることが多いようです（坂本と田中訳二〇〇二）。カーバーら（二〇〇九）は、気質的楽観性に関する数多くの研究のまとめについて論じており、うつの低さ・予防など精神的健康・身体的健康と密接な関連をもつこと、病気などの際にポジティブな対処方略やプロアクティブ（能動的）な対処方略をとること、逆に悲観性は健康悪化行動と関連をもつことなどが指摘されています。[注14] さらに多くの研究で、気質的楽観性はウェル・ビーイングやポジティブな適応指標と、・五〇以上の比較的高い相関を示すことも報告されています（バームガー

注14　たとえば、カーバーら（一九九三）は、肺がんの患者を対象とした術前・術後および一年間にわたるフォロー・アップ研究で、気質的楽観性がストレスの低さを予測すること、初期のストレスの低さだけでなく予後のストレスの低さも予測することを明らかにしています。同様の傾向は、心臓手術やＨＩＶ患者などにも適用できること、また別領域として、入試や育児、逆境からのサバイバルなどにもあてはまることが示されています。

ドナーとクローザー二〇一四)。

●期待・信念の個人差(3)——説明スタイル

気質的楽観性は、文字通り特性の一つとして位置づけられるものでもありますが、もう一つ認知的側面として考えることのできる楽観性研究の流れが存在します。それは、「説明スタイル(explanatory style)」と呼ばれる一連の研究です。この概念のルーツは、アブラムソンら(一九八九)の「絶望感理論(hopeless theory)」と呼ばれる考え方にあります。アブラムソンら(一九七八)は、セリグマンら(一九六八)の提唱した「学習性無気力(learned helplessness)」について再検討する中で、「帰属スタイル(attributional style)」という考え方を提唱しました。これは、個々人の帰属の仕方の特徴を表すもので、内的(internal)か外的(external)か、安定的(stable)か不安定(unstable)か、全体的(global)か特定的(specific)かという三つの次元による帰属の特徴の相違を示すものです。自分に生じた悪い出来事の原因を、自分に責任があり(内的)、長期にわたる安定的なもので(安定的)、さまざまな領域にまたがるもの(全体的)と考えるほど絶望感が高まるという説明です。ピーターソンら(一九八二)は、こうした帰属スタイルを測定する質問紙（帰属スタイル質問紙：ＡＳＱ（Attributional Style Questionnaire））を開発しています。これは失敗や成功にかかわる一二の場面を呈示し、それぞれの出来事が生じた主要な原因を記載したうえで、先の三次元に沿って、その原因を七件法で評定させるものです。

セリグマン（一九九〇）は、こうした発想をもとに、「学習的楽観性（learned optimism）」の概念を提唱しました。これは、自分に生じたよい出来事を内的、永続的（permanent）・安定的、普遍的（universal）・全体的に帰属し、悪い出来事を外的、一時的（temporary）、特定的に帰属する仕方を「楽観的説明スタイル」としてそのメリットを強調する考え方です。これと逆のとらえ方をする場合を「悲観的な説明スタイル」と見なします。こうした相違は、特性ではなく学習されたスキル・期待・信念としての楽観性を意味することになり、ミシェルの考え方とも整合します。セリグマンは、楽観的説明スタイルをもつことのメリットをいくつかの研究で実証的に示していますが、測定に用いられるＡＳＱの信頼性係数が低いことなどが影響し、気質的楽観性研究に比べると、その成果はやや進展に乏しいのも事実だと思います。

●防衛的悲観主義と非現実的楽観主義

これらの研究では一貫して悲観的なスタイルよりも楽観的なスタイルのほうがよい適応に結びつくとされてきましたが、この点に疑問を投げかける研究も存在します。たとえば、ノーレムとキャンター（一九八六）は、「防衛的悲観主義（defensive pessimism）」という考え方を提唱しています。これは、過去の類似した状況でよい遂行や成果をあげているにもかかわらず、来たるべき遂行において低い期待しかもたない、という認知的方略を意味します。いいかえれば、楽観性の中でも用心深い認知的方略と見なすことができるでしょう。ノーレムとチャン（二〇〇二）は、防衛的悲観主義者が、学術的によい結果を収め、支援的なネットワークをもち、目標達成も順当であるという適応性を示すことを明らかにしています。本邦では、外山ら（二〇〇五–二〇一五）が、この問題について多くの研究を展開し、測定のための尺度も考案しています。

また、楽観的なスタイルの非適応性についても研究が進められています。たとえば、ピーターソンとディアビラ（一九九五）は、一一の健康上のリスクと説明スタイルの関連を検討しました。その結果、楽観的説明スタイルの持ち主は、自分にそのようなリスクが生じる可能性を低く見積もる傾向があり、いわゆる「非現実的楽観主義」が強いことが示されました。ピーターソン（二〇〇六）は、これを例外的な結果と見なしていますが、いわゆる「計画錯誤（planning fallacy）」（ビューラーら 一九九七）と呼ばれる現象等で知られるように、楽観的な見方をもつことが、そのうちなんとかなるという考え方につながり、期限のある課題に向き合わないなどの行動をもたらす可能性も指摘されています。シェパードら（二〇一三二〇一五）は、先述したように、こうした現象を「非現実的楽観主義」として総括し、そのリスクについて論じています。

7・ポジティブな認知様式（2）
――目標・価値、自己制御

●目標の個人差

前章では、ミシェルの指摘する五つの認知的変数のうち、「符号化」と「期待・信念」という二つの側面を中心に、ポジティブな認知様式の個人差について考えてきました。ミシェルの指摘する認知的変数のうち、三番目の「感情」に関しては、すでに第四章で取り上げたので、本章では、残りの「目標と価値」、および「自己制御」の個人差とポジティブ心理学との関連を中心に解説したいと思います。

パーソナリティ心理学では、マレー（一九三八）やマズロー（一九五四）の理論に示されるように、「欲求（need）」あるいは「動機づけ（motivation）」の個人差がパーソナリティの相違を説明する要因として重視されてきました。[注15] 研究の進展とともに、こうした欲求の個人差は、特性と同様に人間行動を高次のレベルでとらえており、具体的な状況における行動予測には具体性を欠くという指摘がなされるようになりました。そうした中で、注目されたのが、「目標（goal）」という概念です。オースチンとバンクーバー（一九九六）によれば、「目標」とは、「望ましい状態の内的表象であり、結果、事象、過程として広範に概念化されるもの」（p.338）と定義されています。ただしオースチンらは、目標に関連する概念は三〇以上にのぼり、広範な内容を含むことも指摘しています。目標に基づいて人の行動を説明しようとする試みは「目標理論（goal theory）」と呼ばれています（パーヴィン一九八九）。目標理論は、一九八〇年代の終わりから一九九〇年代にかけて次々と類似の考え方が展開され、それぞれ欲求や動機に代わる概念として、人々のもつ個人的な目標を探索することが個人差理解につながるという主張が展開されました。たとえば、リトル（一九八三）は、人々が行うさまざまな活動のまとまりを「個人的プロジェクト（personal project）」と名づけ、それを抽出・分類・評価し、階層的な体系として理解する

注15　マレーは、欲求について分類を行う一方で、環境からの「圧力（press）」についての分類も行っています。それは、獲得、喪失、義務、敵意、危機、親密さなどに分類されており、特にマレーの考案したＴＡＴ（絵画統覚検査）では、欲求と圧力の関係を示す主題の分析が、パーソナリティの理解につながるとされています。

ことの重要性を指摘しています。またキャンターとキールストローム（一九八七）は、社会的知能の一端として「人生課題（life task）」の分析を重視し、これを「人々にとって存在が明確に意識され、注意が向けられており、自分の目標をめぐる日常の行為に秩序を与えるような課題」（キャンターとラングストン 一九八九 p.130）としています。個人的プロジェクトとの相違は、人生課題研究は、取り扱う問題解決方略のつながりに焦点をあてていることにあるとされています（クラーエ 一九九二）。前章で取り上げた「防衛的楽観主義」は、こうした方略の一つとして注目された概念としても知られています。

●個人的課題とウェル・ビーイング

さらにエモンズ（一九八六）は、「人がその人らしいやり方で実現しようとしている一連の固有の目標」（p.1059）を「個人的課題（personal strivings）」と名づけ、より広範な欲求や動機、あるいは特殊な課題目標よりも、両者をつなぐミドル・レベルに位置づけられるような目標の検討が重要であることを強調しています。エモンズは、こうした課題を検討するための手立てとして、課題の内容の分類（一二カテゴリ）や、課題の重要性、達成可能性などからなる一八の目標評価項目を設定し、課題の内容とともに、課題についての認識の程度が個人差として重要な意味をもつことを示しています。評価項目は、因子分析の結果、「関与の程度」「達成可能性」「達成にかかわる困難」という三側面にまとまることが明らかにされました。さらにエモンズは、これらの目標と日常の感情的ウェル・ビーイングとの関連を検討した結果、目標の重要性や道具性は人生満足感（SWLS）と、目標の価値や努力の程度は日常のポジティブな気分と、葛藤やあいまいさなど目標が達成できないときの不幸感は日常のネガティブな気分と関連することを示し、目標に関する認知的な側面が、主観的ウェル・ビーイングのそれぞれの側面と独自の関連をもつことを明らかにしています（堀毛 二〇〇九d参照）。

こうした「目標」の個人差とウェル・ビーイングとの関連を検討した研究としては、他にもディーナーとフジタ（一九九五）の研究がよく知られています。ディーナーらは、人のもつさまざまな資源や目標とウェル・ビーイングの関連を検討する目的で、二二二名の学生を対象に、二一個のさまざまな資源の保有の程度（知能などの個人的能力、活動的などの性格特性、親友などのソーシャル・サポート、お金や物の所有などの物質的ウェル・ビーイングなど）に関する評価とともに、人生満足感（SWLS）、感情的WBなど複数のウェル・ビーイング尺度に回答を求め、さらに対象者ごとに個人的課題を一五個自由記述させました。数週間後に、これらの課題と、さまざまな資源との関連性（課題の進展に有用な程度）について評定を求めた結果、資源の保有とウェル・ビーイング（人生満足感）との間に、平均すると・五〇を超える相関が見られ、また、対象者ごとに分析すると、個人的課題を促進するような資源をもつほど、ウェル・ビーイングが高まる（r = .23）ことが示されました。ディーナーらはさらに、これらの知見が個性記述的な分析でもあてはまることを、ケース研究として二人の学生を例にとって明らかにしています。こうした目標と、個人の欲求・価値・資源等がうまく合致するとウェル・ビーイングが高まる現象は「マッチング仮説（matching hypothesis）」と呼ばれ、多くの研究の対象となっています（リュボミアスキーら二〇〇五、バウムガードナーとクローザー二〇一四）。

●希望理論

ポジティブ心理学では、目標や期待と関連する概念として、「希望（hope）」が注目されてきました。たとえば、スナイダー（一九八九）は、ミスや失敗からの距離の取り方について検討を行う中で、人がやりたいこと、望むこと、すなわち「目標」をもっとよく理解する理論が必要だと考えるようになり、希望理論（hope theory）を考案しました（ランドとチーブンス二〇〇九）。スナイダーは、まず、人は自分の目標について語るときに、目標に至る経路と、その経路を用いる動機という二つの側面について論じると主張し、前者を経路（pathway）、後者を作用（agency）と名づけました。「経路（思考）」とは、望ましい未来を実現するためにイメージされた、未来と現在を結びつけるルートを生成する能力を意味します。また「作用（思考）」とは、望ましい目標への経路を使用する知覚された能力と定義されています。「希望的思考（hopeful thinking）」は、これらの概念を用いて、「望ましい目標に到達する経路を見いだすことができるという信念、そしてその経路を用いる動機づけを奮い起こすことができるという信念を抱くこと」（スナイダー二〇〇二 p.249）と定義づけられています。いいかえれば、「希望」とは、知覚された動機的状態であり、①作用（目標志向的エネルギー）と、②経路（目標をかなえるためのプランニング）がどちらもうまくいっているという相互作用感覚によってもたらされるものということになります。経路と作用の関係は双方向的（加算的であり反復的）で、目標追求の途上にある場合、経路思考は作用思考を増加させ、それがまた経路思考を増やすことになると指摘されています（ランドとチーブンス二〇〇九）。

スナイダーは、こうした過程を、時系列的なモデル（full hope model：希望の完全モデル）にまとめています（図14、ランドとチーブンス二〇〇九による）。このモデルでは、目標志向的な思考から目標追求に至る三つの相を想定します。第一の相は個人のもつ学

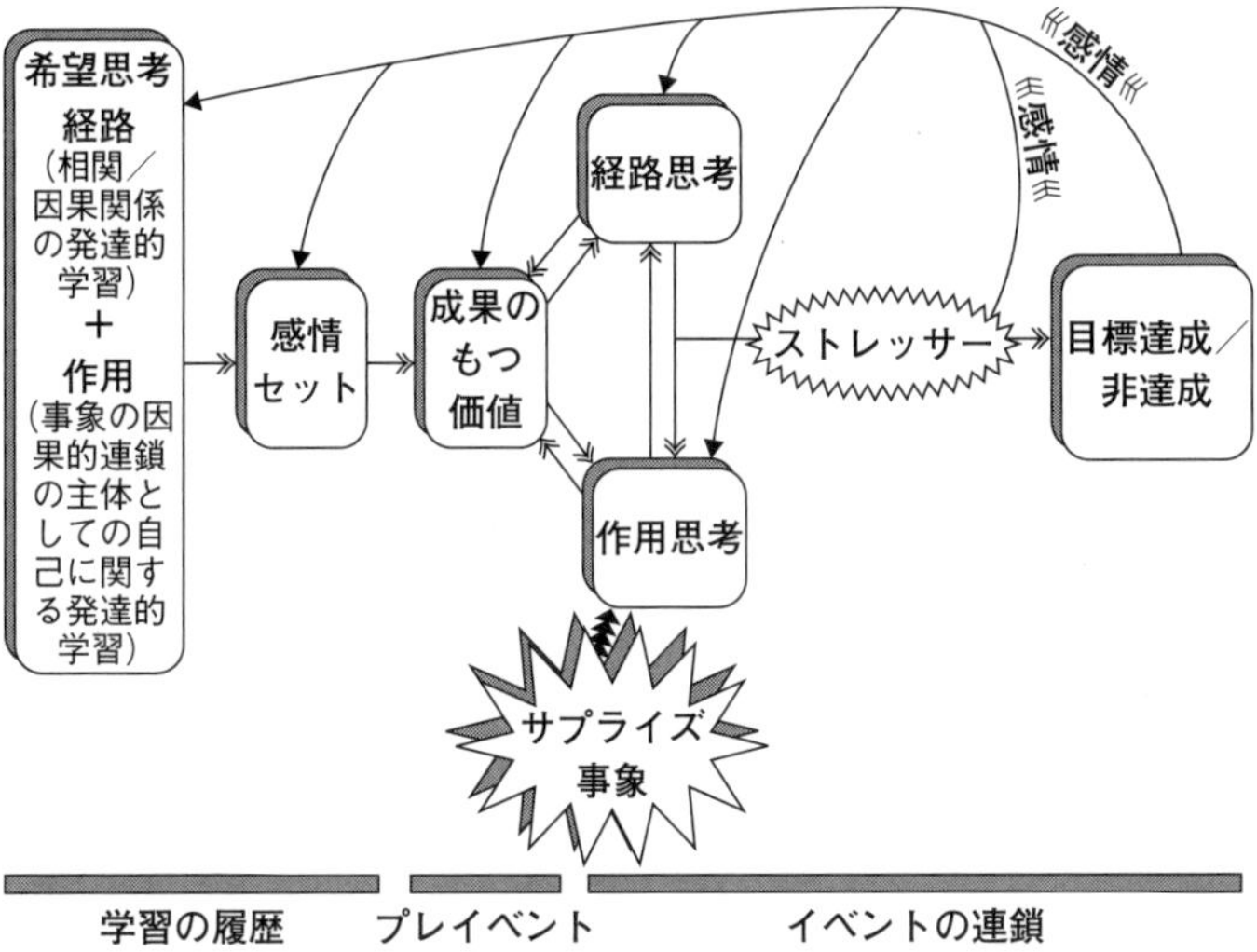

図 14　希望の完全モデル（ランドとチーブンス，2009）

習の履歴で、幼少期に形成される事象の生起に関する関連づけから始まるとされています。子どもは一～二歳ごろに、自分自身が一連の事象連鎖の因果的主体になることを理解します。これが作用思考の原点になると考えられています。その後の目標追求体験の中で、経路と作用思考が蓄積され、障害が克服されればポジティブ感情が生起します。これが日常的な自信や楽しさを含む感情セットとなり、高い希望をもつこと（high-hope）につながると考えます。第二の相は、プレイベント相で、ここではまず生じた事象に関する目標のもつ価値が分析されます。価値があると判断されれば、それに向けた遂行に移行しようとする経路思考と作用思考の相互作用が繰返し生起し、価値分析が継続されることになります。そして第三相となるイベント連鎖相では、目標追求の遂行が行われ、結果の成功・失敗が評価されるとともに、関連する感情が生起します。スナイダーは、これら三つの相のいずれでも、ストレッサーにより目標達成が阻害される可能性があることも指摘しています。ここで高希望者（high-hope）者は、それを挑戦と受け止める傾向が強いとされます。また、目標追求の文脈から外れたところで生起するサプライズ事象があることも指摘されています。こうした事象は、作用思考にポジティブ・ネガティブな影響を与えるとされます（ランドとチーブンス二〇〇九）。

スナイダーら（一九九一―一九九六）は、「希望」を測定する尺度として、特性希望尺度と状態希望尺度を開発しています。特性希望尺度は、経路に関する四項目、作用に関する四項目と緩衝項目四項目からなり、邦訳も行われています（加藤とスナイダー二〇〇五）。この尺度を用いた研究では、希望の高さ（high-hope）が、学術的な遂行の高さや、身体的なウェル・ビーイング、精神的ウェル・ビーイング、対人関係のよさ、他者の視点取得などと関連をもつことが示されています。たとえば日誌法を用いた検討では、特性希望は、ポジティブ感情と正、ネガティブ感情と負の関連をもつことが明らかにされています（スナイダーら 一九九一）。

●価値の個人差

ミシェルが目標と対にして重視した概念が「価値（value）」です。ミシェルら（二〇〇七）は、「目標は価値づけに影響を与え、価値は行動に影響を与える」（黒沢と原島監訳 p.451）と論じ、目標とともに価値づけによって個人の満足感が異なる可能性を指摘しています。「価値」については古くから多様な考え方が展開されてきましたが（オールポートら 一九六〇など、ローハン 二〇〇〇の展望も参照）、この問題にあらためて注目したのがシュワルツ（一九九二）です。シュワルツとビルスキー（一九八七）は、価値を、①生物学的欲求、②対人的な協調のための相互作用欲求、③集団の福祉や生存のための社会的欲求、という三つの普遍的な前提条件に基づく認知的表象ととらえ、価値の普遍的類型基準を提唱しました。さらに、シュワルツ（一九九四）では、価値を「ある個人や他の社会的存在の生活の原理を導く役目を果たし、重要性を変化させる、状況を越えた望ましい目標」（p.21）と定義したうえで、一〇の個人的価値（personal values）を提唱していま

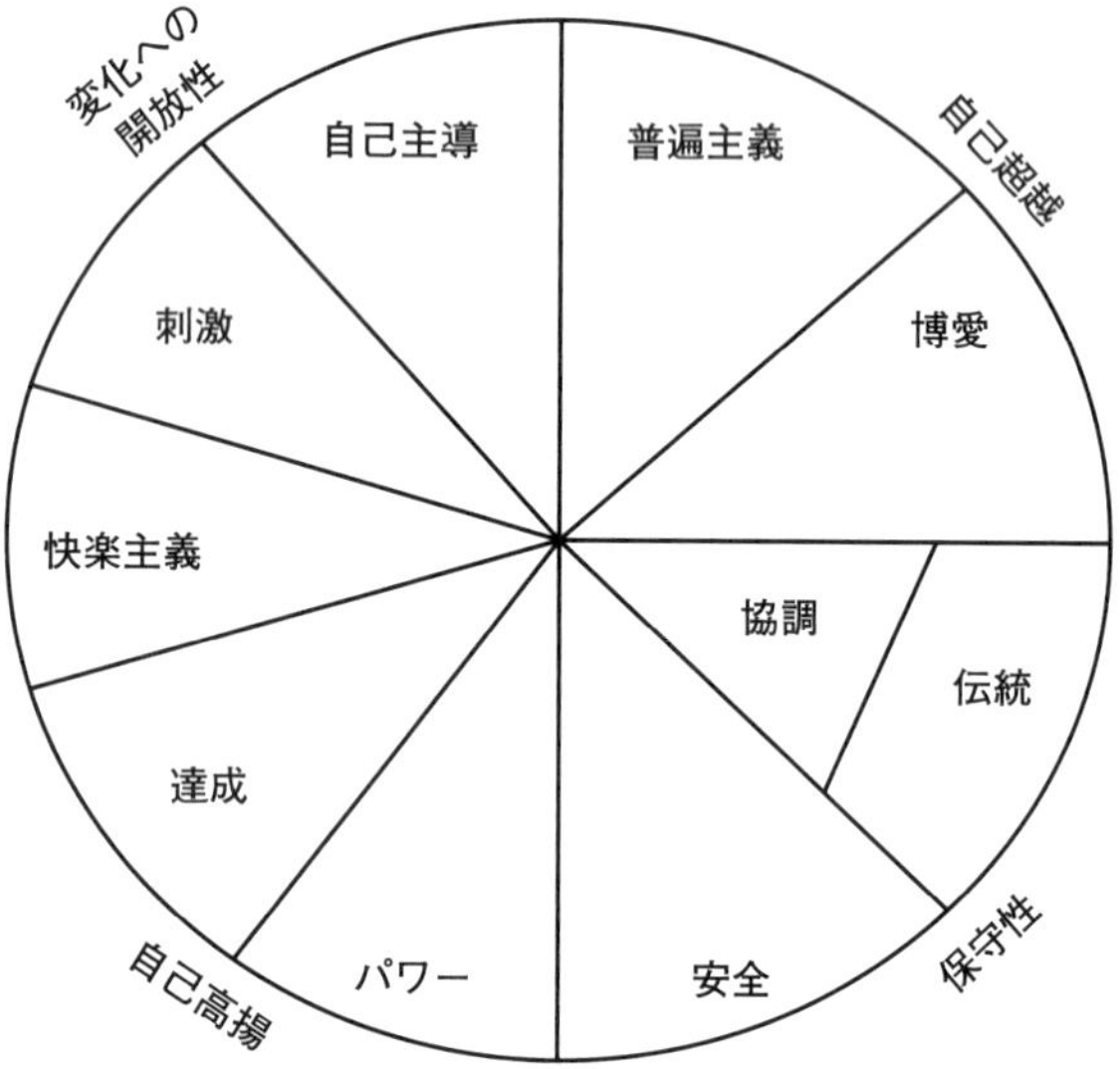

図15　シュワルツの個人的価値構造のモデル（シュワルツ，1994）

す。これらの価値は図15に示されるように、自己高揚vs自己超越と、変化への開放性vs保守性という二次元のもとに整理されるとされています。図中、対極にある価値、たとえば刺激価値と安全価値の追求は、葛藤を生じやすいことも指摘されています。表7には、価値と目標の関連について整理された結果を示します（バウムガルトナーとクローザーズ二〇一四）。

シュワルツ（二〇〇二）

表7　10の個人的価値の説明と目標との関連
（バウムガルトナーとクローザーズ，2014）

価値 （動機のタイプ）	説明	目標
パワー （power）	社会的地位と特権，人や資源に関する統制や支配	社会的パワー，権威，富
達成 （achievement）	社会的基準に従った能力を有することを示す個人的成功	成功，能力，影響力，勤勉，有能，目標達成
快楽主義 （hedonism）	自分自身に関する楽しみと感覚的満足	食，セックス，余暇などの喜び，楽しみ
刺激 （stimulation）	人生における興奮，新奇さ，挑戦	冒険，リスク・テイキング，変化への欲求，新奇体験，興奮体験
自己主導 （self-direction）	自律的思考・行為・選択，創造と探求	創造，自由，自律，好奇心，自分自身の目標の選択
普遍主義 （universalism）	すべての人間と自然に関する理解，認識，忍耐，保護	広範な視点，知恵の探求，社会的正義，公正さ，世界の平和，美，自然との統一感，環境の安全管理
博愛 （benevolence）	頻繁に接触する人々（家族，友人，職場の同僚など）の幸福の保護と強化	助けになること，正直，誠実，生粋さ，寛容，他者への忠誠，責任，信頼性，確実性
伝統 （tradition）	伝統的な文化や宗教が自分にもたらす慣習や理念への尊敬，関与と受容	謙遜，謙譲，節度，人生環境の受容，宗教的信仰や信念の信奉堅持，由緒ある伝統の尊敬
協調 （conformity）	他者に危害を加えたり，社会的規範や期待に反するような行為や衝動を自制すること	丁寧さ，礼儀正しさ，義務の忠実な遂行，自制，両親や老人への尊敬
安全 （safety）	社会，関係性，自己の安全，調和，安定性	愛する人々の安全，国家的安全，社会秩序，清潔さ，整然さ，好意の返報，負債の回避

は、これらの価値を測定する五八項目からなる価値尺度を開発しています。その内容は一〇項目にまとめられ世界価値調査（World Value Survey）でも使用されています。ウェル・ビーイングとの関連については、サギブとシュワルツ（二〇〇〇）が、イスラエルと東西ドイツの学生・成人一二六一名を対象に、一〇の価値と感情的・認知的ウェル・ビーイングとの関連について検討しています。結果は、サンプルの国や年代にかかわらず、達成、自己主導、刺激価値は感情的WBと弱い正の相関を、伝統、協調、安全価値は、感情的WBと弱い負の相関を示したと報告されています。一方、人生満足感（SWLS）と価値の間には有意な相関は見られなかったことも指摘されています。

●自己制御――ホットなシステムとクールなシステム

目標を達成し、自分の重視する価値を実現するためには、目標志向的な行動をさまざまな形で遂行することが重要になりますが、ただ闇雲に行動すればいいわけでもありません。目標を達成するまでの経路は、多くの場合複雑に入り組んだものですから、たえず自己の行動を管理し、コントロールする、オンラインの制御的なプロセスが重要な意味をもつことになります。こうしたプロセスは「自己制御（self-regulation）過程」と呼ばれています。ミシェルは、これを潜在的な行動や行い得るスクリプト・行動を組織化する方略や計画、結果や自らの行動および内的状態に影響を及ぼす方略や計画と見なし、第五の認知的変数として重視しています。その背景には、ミシェル自身が継続してきた「マシュマロ・テスト」と命名された実験的研究によるデータの蓄積があります（ミシェル 二〇一四）。[注16]これは、実験者が不在の時間に、マシュマロを食べずに我慢できるかという「満足の遅延（delay of gratification）」という意志力・克己心を調べる実験的研究とされています。ミシェルらは、その後こうした意志力を「先延ばし」につながる自己制御能力と見なし、我慢できた子とできなかった子について追跡研究を行いました（ミシェルら 一九八八など）。その結果、我慢できた子は、青年期において自制心が強く、問題行動も少ないと評価され

注16　ミシェルは、一九六〇年代から、四、五歳の幼稚園児を対象に単純な実験を行いました。園児は実験者とともに部屋につれてこられ、そこで一個のマシュマロ（子どもの好みによってクッキーなどに変えることもある）を見せられ、すぐに食べたければ食べてしまってもよい、ただし実験者が戻るまで食べずに待っていればもう一個マシュマロをあげるという教示を受けます。実験者は約一五分後に戻ってきますが、その間にマシュマロを食べてしまうかどうかが従属変数となります。前章で紹介した合宿研究と同様に、ミシェルは子どもたちの待ち時間の行動の様子を、個性記述的に生き生きと描写しています（ミシェル 二〇一四）。

ており、成績も優秀なこと、また社会人になっても長期的な目標の追求や達成が得意で、適応性が高いことが示されました。ミシェルはこうした自己制御能力を、クールな認知システムによるホットな情動システムの制御として説明しています（ミシェル二〇一四）。[注17]

自己制御に関する研究は、一九八〇年代以降、急速に注目を集めるようになりました。バウマイスターとボーズ（二〇〇四 p.198）は、この理由について「現代社会では数多くの選択や意思決定場面に直面することが多く、その分自己制御も重視されることになるため（選択の過酷さ：tyranny of choice）」（シュワルツ二〇〇〇）と論じています。[注18]バウマ

注17　ミシェルは、また両システムの相違は、脳の機能とも関連づけられており、クールなシステムは前頭前野による情動や行動の調整と、ホットなシステムは扁桃体や大脳辺縁系による衝動的活動と結びつけた説明がなされています（ミシェル二〇一四、ミシェルら二〇〇八）。

注18　バウマイスターら（二〇〇三）は、「自己制御（self-regulation）」「自己統制（self-control）」「自制（self-discipline）」という類似の概念について、「自己制御」はもっとも広い意味で用いられ、意識的・無意識的、双方の過程を含むこと、「自己統制」は、より慎重で意識的な過程を指し、望ましくない反応を抑制するという意味で用いられることもあるとし、「自制」はさらに狭い意味で用いられ、文化的規範に整合するように、自分自身を改善するプランとしての意味をもつとして、概念的な区別を提唱しています。ただし、こうした区別が一般的に受け入れられているとはいえず、研究者によって、使い方に差が見られるのも事実だと思います。

イスターらはまた、自己制御過程が三つの要素に分解できるということも主張しています。それは、①目標や望ましい結果・基準を確立すること、②実現にふさわしい行動に従事するパワーや動機づけを有すること、③目標の進展の程度をモニターすること、という三つです。こうした考え方は、このあと説明するいくつかの理論やモデルでも、自己制御過程の基本として取り入れられているように思います。

●コントロール理論

カーバーとシャイアー（一九八一 一九九八、カーバー 二〇〇五）は、「コントロール理論（control theory）」もしくは「ＴＯＴＥモデル」と呼ばれる一連の考え方の中で、自己制御過程に関する考え方を提唱しています。この過程の主要な要素は、①入力機能、②参照価値、③比較子、④出力機能の四つです。①入力機能はいわゆる知覚過程で、外部環境から情報を取り込む機能を意味します。②参照価値とは、生体がもつ目標や基準を意味し、③比較子は、入力された情報と参照価値を比較検討し、差異の大きさを測定する機能を指します。最後に、④出力機能は、比較の結果が行動として表される過程を意味し、差異が小さいか、あるいは全くなければ、出力もなく現在の行動が維持され、差異が大きい場合には行動に変化が生じると考えられています。ＴＯＴＥと呼ばれるのは、①〜③の過程で現在の状況と望ましい状況を比較し（Test）、差異が知覚されると④により望ましい状態にむけた行為が生じ（Operate）、フィードバック過程によりその進展が再び検査され（Test）、落差がなくなれば終結する（Exit）という過程として自己制御を説明していることによります。カーバーらは、フィードバック過程に二つの種類を設定し、制御過程としての重要な意味をもたせています。一つは差異低減フィードバック・ループ（ネガティブ・フィードバックとも呼ばれることがあります）で、出力された行動により、入力と参照価値の差異が低減され、目標の達成や、基準との一致が生じることになります。もう一つは、差異拡大（ポジティブ）・フィードバック・ループで、出力された行動が、参照価値との差異を広げ、反目的的に機能する場合を意味します。たとえば、今までの自分とは異なる、新しい自分の可能性を見いだしたいと考えるときには、こうしたフィードバックが重要な機能をもつことになります。目標や基準間の関連も、フィードバック過程を通じて階層化されており、目標達成過程に障害があるときは、上位目標から下位目標に切り替えて自己制御が行われることなども指摘されています（堀毛二〇〇九参照）。

さらにゴルビッツァー（一九九九）は、ＴＯＴＥシステムのOperate過程に注目し、「行動を始められる」という実行意図（implementation intention）が、目標追求のための自己制御に重要な意味をもつとする「実行意図理論」を提唱しています。実行意図とは、目標達成のための行動を、具体的にどのように展開するかの意図で、Xをなしとげたいという行動意図について、ミシェルの考え方と同様に、「もしZという状況が生じたら（if：いつ、どこで）、まずYという行動を行おう（then：どのように）」とするプランニングであるとされています。ゴルビッツァーは、実行意図が目標達成行動の始発点になると論じており、これを意識させることにより困難な目標の遂行率が、約三倍に上昇することを実証的に明らかにしています（ゴルビッツァーとブランドシュテッター 一九九七）。

●自己資源枯渇モデル

自己制御は常に成功するわけではありません。われわれの日常生活には、自己制御を妨害するさまざまな要因が存在します。たとえばダイエットを志しているとき、甘い食べ物は誘惑として、自己制御を妨害するものとなります。バウマイスターら（一九九八 二〇〇七）は、自己制御の失敗に着目し、それが自己制御資源の枯渇によるとする「自己資源枯渇（ego depletion）モデル」を提唱しています。これは、自己制御を行うには本人の保有する資源（たとえばグルコースなど）が用いられ、強い衝動に対する自己制御や、連続的な自己制御が行われると、保有する身体資源が枯渇し、自己制御の遂行が悪化するという考え方です。バウマイスターらは、こうした現象を実験室的な状況で確認しています。通常の手続きは、二段階に分かれており、最初に資源操作課題が行われます。これはたとえば、ダイエットを志している人の前でキャンディを見せるという操作ですが、すぐ隣に座って見せる場合と、少し離れた席で見せる条件を設けます。当然近くに座って見せられるほうが、自己制御を必要とすると考えます。次に認知的課題を行い、課題に取り組む時間や正答数をチェックします。そうすると、資源操作課題で自己制御を必要としたほうが、認知的課題の成績が悪くなることが明らかにされました。また、ホフマンやバウマイスターら（二〇一二）は、七〇〇〇人以上を用いた経験サンプリング法により、この問題に関する調査を行いました。二〇五名の参加者は、一週間の間、毎日七回、合図に従って、直前の三〇分にどのような願望をもっていたか、一五種類（食べ物、飲み物、睡眠、メディア接触など）の中から選択するよう求められました。さらに、その望みの強さや持続時間をチェックしたうえで、願望に抵抗しようとしたか、願望に結びつく行為を行ったか、自分のもつ他の目標との葛藤が生じたか、などの質問にも回答しました。結果は、収集されたデータの三分の一が、衝動のコントロールを必要とする自己制御的なもので、人々が一日のうち五〜六時間は願望や衝動と戦っていることが明らかになりました。

また、同時に自己制御を行うと資源の枯渇が生じること、資源の枯渇が生じると自己制御が困難になることも示されました。

●自己制御方略の個人差――制御焦点

ヒギンズ（一九九七 一九九九）は、こうした自己制御過程の個人差につながる「制御焦点（regulatory focus）」という考え方を明らかにしています。ヒギンズは、自己制御過程には、「予測制御（regulatory anticipation）」と、「参照制御（regulatory reference）」、「制御焦点」という三つの側面があると論じています。「予測制御」は自己制御によって快―不快のどちらの状態が得られるかという予測を示します。快をもたらす対象には接近し、不快をもたらす対象は回避するという古典的な行動原理を意味するものです。「参照制御」は、自己制御が望ましい結果を準拠点とするか、望ましくない結果を準拠点とするかの違いを意味します。試験に合格することを考えて自己制御を行う場合と、試験に不合格になることを考えて自己制御を行う場合との違いということになるでしょう。さらに「制御焦点」は、望ましい結果を獲得できるかできないかに焦点を合わせる「促進焦点（promotion focus）」制御と、望ましくない結果が避けられるか否かに焦点を合わせる「予防焦点（prevention focus）」制御の相違を意味します。ヒギンズらは、この中で、特に制御焦点を重要な過程ととらえ、個人差に関する数多くの研究を展開しています。たとえば、促進焦点制御が優先する人は、感情的なバリエーションが豊かで、目標達成により幸福感や満足感を感じやすいのに対し、予防焦点制御が優先する人は、感情的に平穏で、目標達成により安心感や開放感を感じやすいことが示されています（ヒギンズら 一九九七）。ヒギンズは、こうした個人差は、特性とは異なり、状況的特質により相違が見られることも指摘しています。制御焦点を測定する尺度も考案されており、本邦でも翻訳され（尾崎と唐沢 二〇一一）多くの研究で使用されています（堀毛 二〇〇九ｃより）。

これとは別に、自己制御の個人差を、特性の一つとして理解・説明しようとする概念も存在します。行動抑制・促進システム（BIS：Behavior Inhibition System／BAS：Behavior Activation System）（グレイ 一九七〇 本書第五章参照）の考え方や、EC（Efforftul Control）（ロスバートら 二〇〇〇）、特性的コントロール（タングニィら 二〇〇四）などがその代表といえるでしょう。このうち、ECは、ロスバートら（二〇〇〇）により提唱された「実行注意（executive attention）の効率を表す概念で、顕現して継続中の反応を抑制し、非顕在的な反応を開始したり、計画を立てたり、誤りを検出したりするための能力」（山形ら 二〇〇五）とされています。一方、タングニィら

（二〇〇四）は、三六項目からなる特性的自己コントロール尺度（Self-Control Scale）を考案し、自己コントロールが、学業成績や社会的適応、対人関係や社会的スキルの高さなど、多様な指標と関連をもつことを示しています。[注19]

●自己制御とSWB

自己制御とウェル・ビーイングの関連についての検討も増加しつつあります。たとえばデ・リダーら（二〇一二）は、メタ分析により、特性的自己制御とウェル・ビーイングやポジティブな適応との関連を扱った一六の研究において、・三三の関連があると報告しています。ただし、適応という指標の中には、ウェル・ビーイングだけでなく、自尊感情なども含まれており、ラフな関連としてとらえておいたほうがよいと思います。また、モールデンら（二〇〇九）は、夫婦関係では促進焦点・予防焦点とも、ウェル・ビーイングの予測因になりますが、恋愛関係では促進焦点の高さのみがウェル・ビーイングの規定因になることを示していますし、チュンら（二〇一四）は、特性的コントロールの高い人の

注19　BIS／BASについては、高橋ら（二〇〇七）、ECについては山形ら（二〇〇五）、特性的コントロールに関しては宮崎ら（二〇〇七）により邦訳された尺度が報告されています。

ほうが幸福感が高く、それが、促進焦点の高さ、および予防焦点の低さによって媒介されていることを示しています。さらにオゥヤンら（二〇一五）も、促進焦点が高いほうが、目標追求過程において幸福感を感じやすいことを示しています。本邦でも浅野・吉田（二〇一四）が、制御焦点理論に基づく目標サポート尺度の妥当性検討の中で、伊藤らの主観的幸福感尺度と促進・予防焦点目標サポートとの間に有意な関連性を見いだしています。また、堀毛（二〇〇九d）も、制御焦点がSWBと中程度の相関を示し、SWBの認知的規定因として重要な意味をもつと指摘しています。このように最近の研究は、自己制御とウェル・ビーイングの関連について検討を始めていますが、今後文化差も含めた広範な研究が必要になると思います。

8・ポジティブな自己
――自尊感情、自己効力感と自己決定理論

●パーソナリティと自己

第六、七章では、ミシェルの認知的変数の考え方をもとに、ポジティブな認知様式の特質について考えてきました。こうした過程は、パーソナリティの個人差を説明するモデルとして提唱されていますが、ミシェル自身も認めるように（ミシェルとモーフ 二〇〇三）、自己過程として理解することも可能です。ただ、「パーソナリティ」と「自己」の相違を明確に説明し、多くの研究者に受け入れられている論考は、筆者の知る限り存在しないように思います。[注20]

自己研究は、今日の心理学的研究の中心の一つであり、心理学論文の七分の一が、なんらかの形で「自己」にかかわりをもつとする指摘もあります（セディキデスとスコウロン

スキー 二〇〇三)。ポジティブ心理学でも、強みのような特性論的アプローチと区別して、「ポジティブな自己」を章として紹介している教科書が複数見られます(カー 二〇〇四、モネータ 二〇一四など)。そこでは、前章で論じた自己制御とともに、自尊感情、自己効力感、自己決定理論などが取り上げられています。本章でも、これらの考え方に焦点をあてて説明したいと思います。

●自尊感情へのアプローチ

自尊感情(self-esteem)は、第六章で取り上げた楽観性や、第七章で解説した自己統制・自己制御と並んで、ポジティブな適応にとってきわめて重要な変数となることが繰返し指摘されてきた認知的変数です(アスピンウォールとテイラー 一九九二、カミンズとニストロ 二〇〇二、テイラーとブラウン 一九八八など)。自尊感情に焦点をあてた研究は

注20 ミシェルらも「自己研究の大部分は、パーソナリティという力動的な過程システムと関連づけられてこなかった。一方で、ビッグ・ファイブに代表されるパーソナリティ特性の研究では自己関連過程を無視してきた」(ミシェルとモーフ 二〇〇三 p.20.)と論じ、「二つの概念は密接に関連するものであり、相互補完的に研究すべきものである」(同 p.22)と主張しています。

膨大な数にのぼりますが、その定義や意味づけは多様です。ムルク（二〇〇六）は、これを、伝統的な理論的アプローチと、現代的な実証基盤のアプローチに分けています。伝統的なアプローチとしては、①古典的なジェームズ学派の伝統：歴史・文化・家族・関心・環境等の中で形作られるさまざまな自己と、そうした状況から寄せられる期待にどの程度応えられるかというコンピテンス（能力）によって形成されるもの、②社会的学習理論の伝統：ローゼンバーグ（一九六五）やクーパースミス（一九六七）の考え方に代表される、自尊感情を社会的学習を通じて形成される自己に対するポジティブ・ネガティブな態度や自己価値観と見なすもの、③人間性心理学的伝統：マズロー（一九五四）や、ロジャーズ（一九六二）の考え方に示されるように、自尊感情を人間の基本的な動機の一つととらえ、健全な人間の機能にとって不可欠なものと見なす考え方、という三つが紹介されています。

一方、現代的なアプローチとしては、以下の四つの考え方が取り上げられています。①認知実験的自己理論：エプスタイン（一九八〇）の考え方で、自尊感情を、自己を「愛するに値するもの（loveworthy）」と見なす基本的な動機づけと定義し、自己に関するさまざまな情報をどのように体制化し、システムとしての表象を作り出し、発展させていくかという自己理論を重視する考え方。②発達心理学的アプローチ：ハーター（一九九九）の考え方に代表される、発達的プロセスの中で成熟していくコンピテンスと社会的承認の双方、またその相互作用から自尊心が形成されるとする考え方。古典的学派の①と②を融合した考え方で、後述する自尊感情の二要因モデルの基盤にもなっています。③恐怖管理（存在脅威管理）理論：ピジンスキーら（二〇〇四）に代表される考え方で、人間には生きたいという動機づけと、死すべき運命が待ち構えているという葛藤の中で、死すべき運命であるという存在論的な恐怖を乗り越える手段として用意された手段の一つを自尊感情と見なす考え方。自尊感情は、文化的世界観の妥当性を保証し、その一部として生活しているという信念をもたらすことにより、自分が有意味な世界に価値ある貢献をしているという感覚を生じさせることになると主張します。④進化心理的アプローチ：リアリーとマクドナルド（二〇〇三）による「ソシオメーター（sociometer）論」に代表される考え方。人間の社会的・文化的活動を「他者に対する自分の関係価値をモニターした結果を表す進化的適応システム」（同 p.403）と考え、日常生活で他者から高い価値を与えられていることが、サポート供与や再生産につながる資質として重要であり、そうした関係価値をモニターする装置として自尊感情を位置づけることができるとする考え方。自尊感情の低さは、ネガティブ感情や同調傾向の強さ、不適応行動等と関連することが示されてきましたが、自尊感情を他者からの価値づけを意味する社会的な測定道具として理解することが、こうした知見をより的確に説明できると論じます。

●自尊感情の二要因モデル

ムルク（二〇〇六）は、上記のような論点の整理を基盤に、自尊感情の二次元モデルを提唱しています。このモデルでは、古典的モデルの主張する「コンピテンス」と「価値（worthiness）」という二つの次元により、自尊感情を四つのタイプに分類しています（図16）。図に示されるように横軸はコンピテンスの次元です。これは特定の課題やスキル・活動が、自尊感情の高さを示す優れたよい遂行につながるか（＋）、自尊感情の低さを示す状態不良な遂行につながるか（－）を示します。一方、縦軸は価値の程度を示し、価値を認められ周囲に受け入れられるか（＋）、常同的に自己嫌悪状態に陥るか（－）、を意味します。これら両軸の程度により、自尊感情は、高自尊感情、低自尊感情、価値基盤の自尊感情、コンピテンス基盤の自尊感情の四つの類型に分けられます。それぞれのタイプの特徴については、図に示された「一般的なタイプ」の内容を参照してください。さらに各類型の中でレベルが中程度（コンピテンス・自己価値ともに＋－七以下）の場合と高レベル（どちらかが＋－七以上）の場合とが区別されています。こうした分類は興味深いものですが、この考え方を基盤とした実証的な研究は残念ながらあまり行われていないように

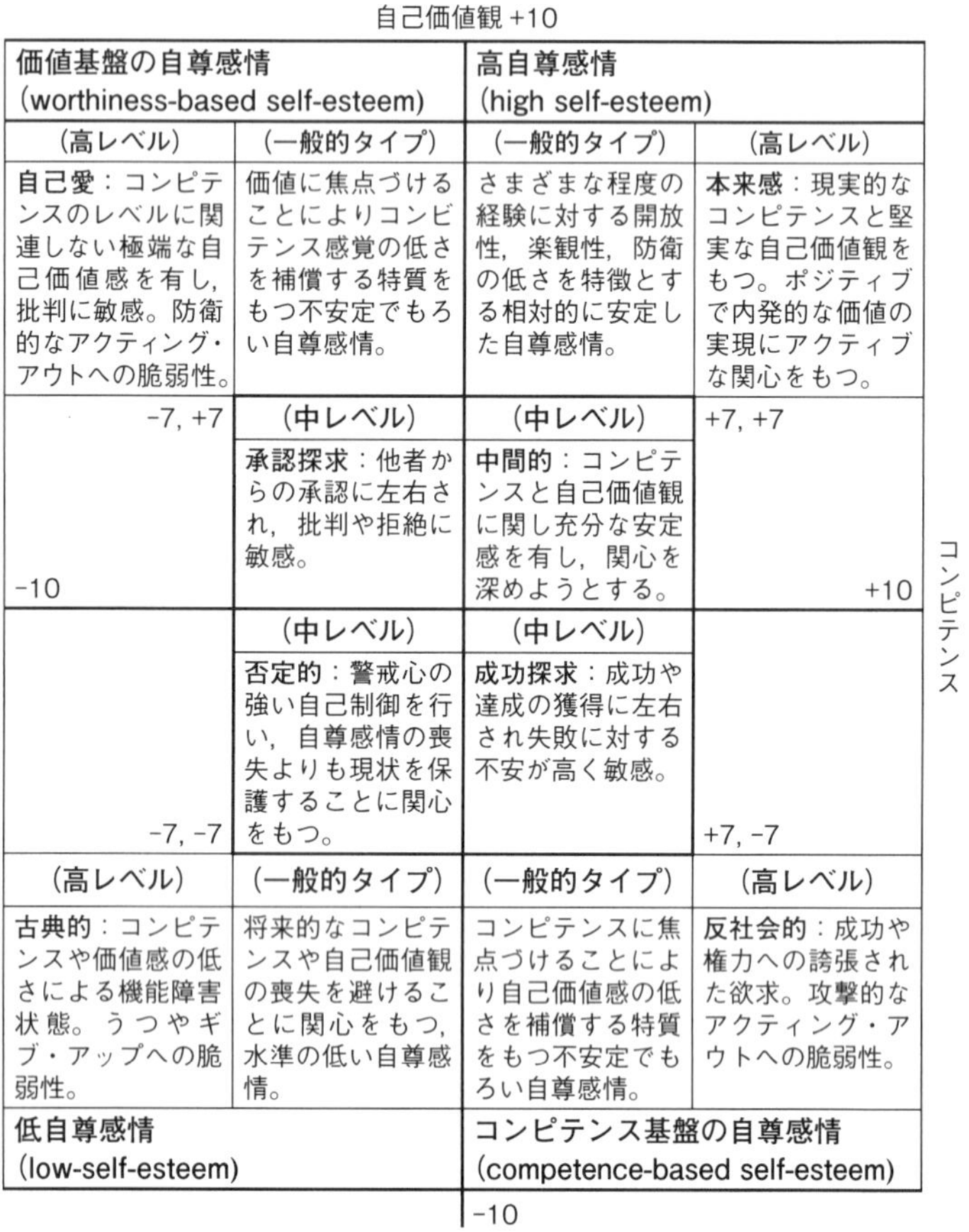

自己価値観 +10

価値基盤の自尊感情 (worthiness-based self-esteem)		高自尊感情 (high self-esteem)	
(高レベル)	(一般的タイプ)	(一般的タイプ)	(高レベル)
自己愛：コンピテンスのレベルに関連しない極端な自己価値感を有し，批判に敏感。防衛的なアクティング・アウトへの脆弱性。	価値に焦点づけることによりコンピテンス感覚の低さを補償する特質をもつ不安定でもろい自尊感情。	さまざまな程度の経験に対する開放性，楽観性，防衛の低さを特徴とする相対的に安定した自尊感情。	本来感：現実的なコンピテンスと堅実な自己価値観をもつ。ポジティブで内発的な価値の実現にアクティブな関心をもつ。
−7, +7	(中レベル)	(中レベル)	+7, +7
−10	承認探求：他者からの承認に左右され，批判や拒絶に敏感。	中間的：コンピテンスと自己価値観に関し充分な安定感を有し，関心を深めようとする。	+10
	(中レベル)	(中レベル)	
−7, −7	否定的：警戒心の強い自己制御を行い，自尊感情の喪失よりも現状を保護することに関心をもつ。	成功探求：成功や達成の獲得に左右され失敗に対する不安が高く敏感。	+7, −7
(高レベル)	(一般的タイプ)	(一般的タイプ)	(高レベル)
古典的：コンピテンスや価値感の低さによる機能障害状態。うつやギブ・アップへの脆弱性。	将来的なコンピテンスや自己価値観の喪失を避けることに関心をもつ，水準の低い自尊感情。	コンピテンスに焦点づけることにより自己価値感の低さを補償する特質をもつ不安定でもろい自尊感情。	反社会的：成功や権力への誇張された欲求。攻撃的なアクティング・アウトへの脆弱性。
低自尊感情 (low-self-esteem)		コンピテンス基盤の自尊感情 (competence-based self-esteem)	

コンピテンス

図 16　自尊感情の分類と基本的なタイプ（ムルク，2013 をもとに作成）

思います。ムルクは、自尊感情を高めるための介入プログラムも提案し、強みの中に自尊感情が含まれていないこと、ハンドブックでも紹介が乏しいことなどを批判し、ポジティブ心理学と自尊感情との関連研究の重要性を主張していますが（ムルク 二〇一三）、評価は今後の研究の進展に依拠することになると思います。[注21] 自尊感情の分類については他の考え方もあります。このうち、ブラウンとマーシャル（二〇〇六）による考え方を注に示しておきます。[注22]

注21 ムルクの自尊感情研究に関する著作は、第三版（ムルク 二〇〇六）でポジティブ心理学的観点とのつながりを解説した章を取り入れ、第四版（ムルク 二〇一三）では表題を「自尊感情とポジティブ心理学」に変更しています。また、図16に示される分類の基準も、第三版までは＋－五とされていましたが、第四版では＋－七に修正されています。

注22 ブラウンとマーシャル（二〇〇六）は、自尊感情が三つに分類できることを指摘しています。①グローバル（特性的）自尊感情（**global self-esteem**）：自分自身に関する一般的な感じ方を表すパーソナリティ変数として用いられる場合を指します。②自己価値観（**feeling of self-worth**）：状況的自尊感情で、誘発された事象に応じた自己評価的感情反応として生起する場合を意味します。③自己評価（**self-evaluation**）：領域特定的な自尊感情を意味し、たとえば学術領域であれば学術的自尊感情と呼ばれることになり、この後に述べる自己効力感と同様の意味をもちます。

●自尊感情の測定

自尊感情の測定については、グローバルな自尊感情に関する自己報告尺度だけでも、著名なローゼンバーグ（一九六五）の自尊感情尺度をはじめとして、クーパースミス（一九六七）の自尊感情尺度、ジャニスとフィールド（一九五九）の不適切感情尺度などがあります。これらの具体的な内容に関しては、本邦でも遠藤ら（一九九二）による紹介がなされていますので参照してください。また、比較的最近の尺度としては、多次元自尊心尺度（オブライエンとエプスタイン 一九八八）、自己知覚プロフィール（ハーター 一九八五）、状態的自尊心尺度（ヘザートンとポリヴィ 一九九一）、自己好意と自己コンピテンス尺度（タファロディとスワン 二〇〇一）などが提案され、本邦でも関連する研究が進められています（阿部と今野 二〇〇七、眞榮城ら 二〇〇七、村上と中原 二〇一六）。オブライエンらの多次元自尊心尺度は、自尊感情を、コンピテンスに関連する四つの下位尺度と、自己価値観に関する四つの下位尺度、およびグローバル自尊感情、アイデンティティ統合、防衛性という一一の側面から測定するもので、ムルクの介入技法でも用いられていますが、本邦では関連研究が見られないように思います。

「潜在的な自尊感情（implicit self-esteem）」も最近注目を集めている概念です。これは、上記のような自己報告尺度で測定される自尊感情は、本人が意識している顕在的な自尊感情で、これとは別に本人が意識していない潜在的な自尊感情が存在するとする考え方です。グリーンバルドとバナジ（一九九五）は、これを「内省的に確認できない（あるいは確認が不確実な）自己態度が、自己と関連・非関連対象の評価に及ぼす影響」（p.11）と定義しています。潜在的自尊感情の測定には、通常IAT（潜在的連合テスト：グリーンバルドら 一九九八）や、ネームレター課題（ナッティン 一九八五）が用いられますが、ここでは詳細は省略します。関心のある方は本ライブラリの別書（潮村 二〇一六）をご参照ください。

●高自尊感情の問題点

自尊感情研究では、特に欧米を中心に、自尊感情は高いほどよいといった考え方を前提に研究が展開されてきましたが、そうした前提を疑問とする主張もなされています。たとえば、バウマイスターら（一九八九 一九九六）は、自尊感情の高さは自己呈示に過ぎないと指摘し、自尊心の低さが攻撃行動と関連するという従来の概念に対し、自尊心の高さが、自分に関するポジティブな見方を脅かす他者に対する攻撃として顕現する可能性があることなどを報告しています。また、二〇〇三年の展望論文（バウマイスターら二〇〇三）では、学業領域、職業領域、対人関係、攻撃性、幸福感など、幅広い領域での自尊感情研究のレビューを行い、①自尊感情とこれらの領域で研究されている行動・感情との因果関係が不明確であること、②測定道具が自己評定法に偏っていること、③高自尊感情が特に自己愛傾向などと結びつくことにより、不適応行動と関連する可能性があること、を指摘しています。これらの指摘を基盤にカーニス（二〇〇三）は、安定した最適な（optimal）自尊感情と、壊れやすい高自尊感情を区別し、前者を本来の安定した高自尊感情と見なし、後者を防衛的で条件により変動し、不安定で潜在的な自尊感情と落差がある自尊感情としています。

●自尊感情とSWB

自尊感情とSWBとの関連は頑健であるとされていますが、一方で明確な文化的な相違があり、西欧では強い関連が見られますが、東洋では関連性が低くなることも指摘されています。たとえば、ディーナーとディーナー（一九九五）は、三一カ国の一万三〇〇〇人以上のサンプルを用い、自尊感情（自己満足感として扱われています）と領域的満足感（家族、友人、金銭）やグローバルな人生満足感との相関を求めています。その結果、自尊感情と人生満足感の間には・四七の相関が見られ、重回帰分析でも人生満足感のもっとも有効な説明因となることが報告されています（β ＝.32）。また、個人主義的な国々では、この相関が男女とも・五三に上昇することも指摘されています（ちなみに日本のデータに関しては男性が・三四、女性が・四四となっています）。大石とサリバン（二〇〇五）はこれを、親の期待に関する認知が東洋と西洋で異なり、それが自尊感情やウェル・ビーイングに関連をもつことが原因の一つと指摘しています。つまり、東洋では親の期待が細部にわたって認知され、それが自尊感情の低さやウェル・ビーイングの低さをもたらす一方で、西欧では親は細かいことに口を出さないため、結果的におおまかな期待に応えられたとする認知により自尊感情やウェル・ビーイングが向上する可能性が指摘されています。

●自己効力感の概念

バンデューラ（一九七七 一九九七）によって提唱された「自己効力感（self-efficacy）」も、自尊感情や自己制御、楽観性などと幅広く関連する重要な概念として知られています。

バンデューラは、ロッターらの提唱した行動の結果に関する期待（結果期待：outcome expectancy）だけでなく、そうした行動を適切に遂行できるかどうかという「効力期待（efficacy beliefs）」が、行動の遂行にとって重要な意味をもつと指摘しました。行動することによってよい結果がもたらされるとしても、自分がその行動を行い得るという期待や信念が低ければ行動は生じないという指摘です。効力期待は基本的に状況・領域特定的なものとされており、領域ごとに、その水準（どこまでできるか）、強度（どの程度自信があるか）、般化可能性（どの程度適用を広げられるか）、という三つの側面から期待信念（どの程度できるか）が評価され、行動の遂行につながると考えられています。そして、生起した行動がもたらす、ポジティブあるいはネガティブな身体的・感覚的な経験、社会的な評価経験、そして自己評価経験に基づく結果期待（よい結果につながるか）が、全般的な結果の評価につながると考えられています。

自己効力感の考え方は、バンデューラの提唱する「社会的認知理論（social cognitive theory）」を基盤としています（一九八六 一九九七）。バンデューラは、まず、効力期待、すなわち「知覚された自己効力感（perceived self-efficacy）」を「所与の達成を生成するために必要とされる一連の行為を秩序立てて実行する個人の能力に関する信念」（バンデューラ 一九九七 p.3）と定義しています。つまり自己効力感とは、特定の状況で必要な行動を生み出す力があるかという信念、いいかえれば、状況Xで行動Yを行うことができるか（モネータ 二〇一四）、というIf-Thenに関する信念と考えられるでしょう。こうした考え方の背景には、「自分自身の行為によって望ましい効果を生成できるとする人々の信念は、人々の行動選択や障害や挑戦に直面したときにどの程度やり抜こうとするかを決める重要な決定因となる」（マダックス 二〇〇九 a p.335）という考え方があります。そして、この考え方は以下の四つの前提に立つとされています（マダックスとゴスリン 二〇一二）。①人間はパワフルな認知的象徴能力を有し、内的な経験モデルを創造する。②環境事象、個人要因（認知や感情、生物学的事象など）、そして行動は相互に影響し合う（「相互決定主義（reciprocal determinism）」と呼ばれます）。③自己やアイデンティティは社会的に組み入れられたもので、相互作用の中で誕生し、相互作用を通じて変容する。④人は環境に反応するだけでなく、目標を選択し、それを追求するために自己制御を行う。その中核は、事象を予見し期待を発展させる能力であり、環境に働きかけ変化させようとする能力である。

バンデューラはまた、自己効力感は、以下の四つの源泉に基づく情報を持続的に統合し、生涯にわたり発達し続けると論じています（マダックス 二〇〇九 a）[注23]。①遂行経験：特定の状況における過去の直接的な成功・失敗体験、②代理経験：同様の状況における他者の成功・失敗の観察、③言語的説得経験：できる・できないに関する他者からの説得、④生理的・感情的経験：成功や失敗にともなう満足感や嫌悪感。この中で、直接の遂行経験が、効力感の形成・発達・維持にもっとも影響力が大きいとされています。

●自己効力感の測定

自己効力感は、本来領域特定的なものとされています。バンデューラ（一九九七）は、「効力期待は、活動領域によって異なるものとして、所与の領域内における課題のレベルの相違や、状況的環境条件の相違に応じた能力の相違に関する特定の判断として測定されるべきである」（p.42）と論じ、自己効力感の測定は領域特定的に行われるべきと主張しています。こうした指摘に応じて、キャリア意思決定に関するキャリア効力感尺度（ベッツとルッツォ 一九九六）や、状況特定的なコーピング効力感尺度（シュヴァルツァーとレンナー 二〇〇〇）、禁酒効力感尺度（マッカーナンら 二〇一一）などが開発されてきました。一方で、こうした考え方には反するものとなりますが、自己効力感を特性的に

注23　想像経験（イメージによる経験）を加え、五つとする場合もありますが、バンデューラ（一九九七）では、この四つに整理されています。

解釈し、一般的な自己効力感（general self-efficacy）を測定しようとする二三項目からなる特性的自己効力感尺度も開発されており（シェーラーら一九八二、一〇項目や八項目の短縮版も提唱されています（シュヴァルツァーとイェルサレム一九九五、チェンら二〇〇一）。本邦でも、成田ら（一九九五）がこの尺度の邦訳版を作成していますし、坂野・東條（一九八六）による一般的セルフエフィカシー尺度や、三好（二〇〇三）による人格特性的自己効力感尺度などオリジナルな尺度も考案されています。

これらの尺度が、自己効力感研究を発展させる一助になったことは事実だと思います。ここではマダックス（二〇〇九a）の指摘に添って、これまでの研究で明らかになっていることを列挙してみましょう。①心理的適応：自己効力感は多様な心理的問題への対処に有効で、抑鬱的な人は自己効力が低い。②身体的健康：自己効力感は健康行動の採択、不健康行動の休止に影響を与える。また身体的健康に関連する生理学的反応や免疫システムにポジティブな影響をもつ。③自己制御：自己効力感は、目標の設定を高め、忍耐強い努力をもたらし、複雑な意思決定を「問題対処的」に行わせるなどの点で自己制御を促進させる。④心理療法：先の四つの源泉に基づくアドバイスによる自己効力感の強化は、特定の問題に対する対処力を増進し、幅広い問題解決力やスキルの養成につながる。

さらに、バンデューラ（一九九七）やマダックス（二〇〇九a）は、自己効力感が個人内にとどまらず、集団や組織・社会にとって重要な目標の達成に関連をもつことを指摘しています。このような概念は「集団的効力感（collective self-efficacy）」と呼ばれています。集団的効力感とは「所与のレベルの達成を生み出すのに必要な一連の行為を組織化し遂行する共同能力に関する、集団で共有された信念」（バンデューラ 一九九七 p.477）と定義されています。こうした考え方は、パートナー同士、家庭、教育、スポーツ、組織、文化など幅広い適用可能性をもっていると考えられますが、測定尺度に関してはそれぞれ検討段階にあると見なすことができるでしょう。

●自己決定理論

ポジティブ心理学に関する研究と関連の深い自己研究として、しばしば登場する考え方の一つに「自己決定理論（SDT：self-determination theory）」（デシとライアン 一九八五）があります。ライアンとデシ（二〇〇〇 二〇〇二）は、人間の最適な機能やウェル・ビーイングを理解するためには、人間行動の作動的（agentic）な性質を考慮する必要があると主張しています。作動的な性質とは、好奇心、活力、自己動機づけなどに基づく内発的・自律的な性質で、「何かを学ぼうとしたり、自分を拡張しようとしたり、新しいスキルを獲得しようとしたり、自分の能力に応じた反応を行おうとしたりする」（ライアンとデシ 二〇〇〇 p.68）傾向性を意味します。自己決定理論は、こうした作動的な人間行動に関する理論と見なすことができます。自己決定理論では、作動性につながる三つの動機が重視されています（ライアンとデシ 二〇〇二）。

1 コンピテンス動機：ホワイト（一九五九）のエフェクタンス動機に基づく考え方で、社会的環境との継時的な相互作用や、実行中の経験機会を効率的にこなし、能力があることを示したいという欲求を意味し、人々に挑戦や行為の持続、スキルの強化などをもたらすとされます。

2 関係性動機：他者との絆を保ちたいという動機で、他者との相互的な配慮、集団やコミュニティへの所属欲求を意味します。エンジェルの他律傾向に原点をもち、他者との絆や受容により、安定したコミュニティへの帰属や生活の統合性を保ちたいとする動機を意味します。

3 自律動機：自分自身の行動の原点や起源が自分自身にあることを感じていたいとする動機で、エンジェルの自律傾向に原点をもち、自己の関心や価値を重視して行動しようとする内発的な傾向性を意味します。

こうした三つの動機の測定に関しては、シェルドンら（二〇〇一）がそれぞれ三項目で測定する尺度を提案しています。すでに第三章でも紹介しましたが、シェルドンらは全部で一〇の欲求を測定し、その相対的な比較結果から、自尊感情と並んで、これら三つの自己決定動機が人々に重要であると判断されること、またそうした重要性評価と感情的なウェル・ビーイングが高い関連をもつことを明らかにしています。さらに、シェルドンとガンツ（二〇〇九）では、ネガティブな評定項目を三項目ずつ加えた一八項目からなる尺度を構成し、動機の充足度を評価するとともに、別にそれぞれ三項目からなる尺度で動機づけの強さを評定し、両者の関連性を検討しています。結果は、それぞれ対応する動機の充足度と動機づけの強さの間に負の有意な相関が見られ、充足感を感じていないと動機づけが高まることを示しています。

●自律動機の重要性

自己決定理論では、作動的な性質の原点を内的なエネルギーとしての作動的・内発的動機づけに求めています。したがって自律動機は、三つの動機の中でももっとも重視すべき動機として位置づけられることになります。デシとライアン（一九八五）は、自己決定理論の一部として位置づけられる認知的評価理論（cognitive evaluation theory）[注24]の中で、コンピテンス動機や関係性動機が作動的・内発的な動機づけをもたらすには、自律動機の媒介（ある程度充足されること）を必要とするとする考え方を展開しています（モネータ 二〇一四）。また同じく下位理論の一つである有機体統合理論（organismic integration theory）では、人々が自分のまわりで生じている出来事に関心を向け、内在化しようとするという考え方に基づき、その過程を連続体として理解しようとするモデルを呈示しています。その過程は、自己から生じる自律的な動機の程度による相違として表現されており、「非動機づけ（amotivation）段階」は、行為への意図に欠ける段階で、行為を全く行わないか、意図せず受動的に行動を行う段階とされています。対極には、内発的な関心や固有の満足感や楽しさを求める自律的な行為を行おうとする、自己決定的な「内発的動機づけ

注24　自己決定理論は、四つの下位理論（sub-theory）をもつとされています。認知的評価理論（cognitive evaluation theory）は内発的動機づけに関する社会的文脈の効果を論じるものです。有機体統合理論（organismic integration theory）は、価値や制御の内在化や統合に関心をもち、外発的な動機づけから内発的動機づけに至るプロセスやその発達に関心をもちます。因果志向理論（causality orientation theory）は、自律性や行動制御を支援する社会的環境への志向性の個人差を説明しようとする理論です。そして基本欲求理論（basic need theory）は、動機づけと健康やウェル・ビーイングにつながる目標との関連を検討する理論とされています（ライアンとデシ 二〇〇二）。

（intrinsic motivation）段階」が位置づけられています。その間の四段階は、外発的な動機づけのタイプが異なる段階として位置づけられており、①外的制御（external regulation）段階：自律性のもっとも低い、直接的な報酬と罰によって行動が制御される段階、②取り込み的（introjection regulation）制御段階：罪や恥になることを避け、自己高揚や自己価値を高めることを目指した制御が行われる段階、③同一化制御（identified regulation）段階：個人的な重要性に基づいて目標に向けた意識的な行動の制御が行われるが、自己に関する統合的な視点を欠くコンパートメント化された制御にとどまる段階、④統合的制御（integrated regulation）段階：統合的な視点を有しながら意図的に行われる行動制御段階だが、内発的な関心や楽しさよりも、個人的に重要な結果の達成を目指し外発的な制御が行われる段階、とされています（ライアンとデシ二〇〇二）。

ライアンとコンネル（一九八九）は、これらの段階を測定する尺度を提案し、達成動機や向社会的行動との関連を検討し、段階を追って達成動機や向社会的行動との相関が高まることを明らかにしています。この尺度は、ヘルスケアや親密な人間関係など、多領域に応用されていますが、統合的段階の測定があいまいなことなど問題点もあることが指摘されています。本邦では岡田（二〇〇五）によって日本語版が作成されています。

●自己決定理論とSWB

自己決定理論では、三つの動機（コンピテンス、関係性、自律）が同時に満たされることがウェル・ビーイングにとって重要であることが主張されています（ライアンとデシ二〇〇二、シェルドンとシューラー二〇一一）。たとえば、目標達成をコンピテントにしとげたとしても、そのことによって関係性が悪くなったり、自律的な遂行に障害が出たりすれば、ウェル・ビーイングは下がってしまうということです。三つの動機の中で、自律動機は、第二章で紹介したリフ（一九八九）の心理的ウェル・ビーイングの構成要素の一つになっていることからも明らかなように、ウェル・ビーイングと密接な関連をもつと考えられます。他の二つの動機もウェル・ビーイングと関連のあることが多くの研究で示されています。たとえば、ライスら（二〇〇〇）は、七六名の大学生（年齢は一七歳から六八歳）を対象に、三つの動機を特性レベルで測定するとともに、二週間にわたる日誌法を用い、三つの動機の状態レベルの測定とウェル・ビーイングの測定を行いました。まず、特性レベルの動機として、自律動機については、自己決定的な選択肢と非自己決定的な選択肢のどちらが自分にあてはまるかを尋ねる形で測定されました。コンピテンス動機の測定には、多次元自尊感情尺度、関係性動機の測定については愛着スタイル尺度と孤独感尺度が使用されました。一方、日誌法による状態レベルの動機測定では、それぞれの日に時間を割いた三つの行動を記述させ、自律動機に関しては、外的・取り入り的・同一化的・内発的な理由があてはまるかを尋ねた四項目の評定値に、自発＋二、同一化＋一などのウエイトをかけて得点が算出されました。コンピテンス動機については、同じ行動について、どの程度効力感をもって行えたか、関係性動機については、その日に時間を割いた三つの社会的関係を想定してもらい、どの程度親密さや絆を感じたか評定を求めました。ウェル・ビーイングの測定には、感情バランス得点が用いられています。

結果は、特性レベルの三つの動機、状態レベルの三つの動機のいずれも、相互に関連するとともに、ウェル・ビーイングと・三二〜・五八の相関を示すことが明らかになりました。つまり、三つの動機が充足されるとウェル・ビーイングが高まるということです。さらに状態レベルの動機が、一週間の中でどのように変動するか検討した結果、いずれの得点も週末に上昇しており、自己決定的な活動が可能になる週末には、気分も上昇することが示されました。

9・日常的活動とフロー

●日常的活動・余暇活動とウェル・ビーイング

第二章で取り上げたように、ピーターソンやセリグマンら（二〇〇五）は、自分が従事している活動において充実感を感じていること（関与的人生）も、ウェル・ビーイングの重要な側面の一つになるとして、その重要性を指摘しています。ただ、人の活動は多岐にわたり、ウェル・ビーイングとのかかわりも個人差が大きいことが容易に推察されます（ピーターソン二〇〇六）。この点に関し、タカクとリュボミアスキー（二〇〇六）は、人がウェル・ビーイングの水準を維持・増進するために日ごろどのような活動を行っているか調査を行いました。タカクらは、予備調査として七〇名の学生に、そうした活動を自由記述させ、内容を六六項目に整理しました。これらの項目について、五〇〇名の学生を対象に活動頻度を評定させ、因子分析を行ったところ八つの因子が抽出されました。平均値を見ると、社会的親和活動（$m=5.38$）や道具的目標追求活動（$m=5.18$）の得点が高くなっていますが、消極的余暇活動（$m=4.78$）、積極的余暇活動（$m=4.50$）もこれらに次ぐ得点を示していることが注目されます。[注25]

また、アンガーとカーナン（一九八三）は、余暇活動の中に、少なくとも六つの主観的な側面が含まれると指摘しています。それは、①内的な満足感、②自由という知覚、③関与の高さ、④活性化・興奮状態、⑤熟達・統制感、そして⑥自発性、の六つです。アンガーらは、このうち①～③の三つは、状況的文脈にかかわらず不変な性質をもつ一方、④～⑥の三つは、行動特定的で、個人差や状況との相互作用によって変化すると示唆し、それぞれの側面を測定する尺度についても論じています。

余暇活動とウェル・ビーイングやQOLとの関連の強さは、一九七〇年代以降繰返し指摘されてきました（コンプトンとホフマン二〇一三、サージー二〇一二）。余暇に関する満足感が人生満足感の重要な予測因となること、休暇で充分リラックスできた人々は、日

注25　他の四因子の得点は、宗教的行為（$m=4.48$）、直接試行（$m=4.53$）、パーティ・クラブ（$m=3.56$）、自己統制（$m=3.47$）でした。また、親和活動や宗教活動は女性、積極的余暇活動の得点は男性の得点が高いことも示されています。

常に戻ってからも幸福感が高いこと、また、青年期の余暇活動への参加が、成人期の人生満足感の高さにつながることなどが明らかにされていますが、余暇に割く時間があればウェル・ビーイングが高くなるという単純な関係ではないことも指摘されています（コンプトンとホフマン二〇一三）。多様な活動に能動的に従事しているほどウェル・ビーイングは高くなりますが、だらだらとTVを見る時間は、ウェル・ビーイングと関連をもたないということです。少なくとも老年期においては、個人的に意味のある、いいかえれば個々のアイデンティティにつながる余暇活動（personal styleと呼ばれます）が、ウェル・ビーイングの高さにつながりやすいことが指摘されています（オギルヴィー一九八七）。

では、なぜ余暇はウェル・ビーイングをもたらすのでしょうか。カッサーとシェルドン（二〇〇九）は、巷でよくいわれるように、「時間的ゆとり（time affluence）」をもつことが、個人的な幸福感や職業的な倫理実践において重要であることを明らかにするとともに、時間的ゆとりを測定する尺度を開発し、その妥当性・信頼性を検証しています。また、アーガイル（一九八七）によれば、カバノフ（一九八二）は、余暇にいそしむ理由として、①自分が有意味だと思う事柄をすること、②家族生活を楽しむこと、③息抜きをしてくつろげる（リラックスできる）こと、④日常的なルーチンからの気分転換を図る機会になること、などの項目の平均点が高くなることを指摘しています。これはイギリス・アデレード市での調査結果ですが、おそらく文化にかかわらない共通点であり、自己決定性（第八章参照）が、余暇においても重要な意味をもつことを示唆しているでしょう。アーガイルはこれを次節で論じる「フロー」研究と結びつけ、「多大な努力とエネルギーを要するが、人を魅了してやまぬ活動に深く没頭している人」（石田訳 一九九四 p.91）の内発的動機づけが著しいと指摘しています。

●フロー理論

チクセントミハイ（一九七五 二〇〇〇）は、ロック・クライマー、作曲家、モダン・ダンサー、チェスのプレイヤーなど、一七三人の対象者に、それぞれが行っている活動が楽しい理由として八つの項目の順位づけを行わせました。その結果、「経験や技能を用いることによる楽しさ」や「活動それ自体」とする内発的な側面が理由の上位にあげられることを見いだしました。チクセントミハイは、さらにこれらの人々に対する面接結果から、「全人的に行為に没入しているときに人が感じる包括的な感覚」（今村訳 一九七九 p.66）を「フロー（flow）」と名づけました。フローという命名は、そうした感覚が面接において「流れているような感じ」「流れに運ばれた」と表現されたことによるとされています

（浅川 二〇〇六）。チクセントミハイは、フロー経験の要素として以下の六つをあげています。①行為と意識の融合、②限定された刺激領域（その瞬間にしていること）への注意集中、③（内省的）自我意識の喪失、④自分自身の行為や環境を支配しコントロールしているという感覚、⑤首尾一貫した矛盾のない行為と、行為に対する明瞭・明確なフィードバック、⑥自己目的的（autotelic）な性質（今村訳 一九七九）。最後の自己目的的とは、他に目的や報酬を必要としない、その活動を行うこと自体が動機づけになることを意味します。また、チクセントミハイ（一九九〇）やナカムラら（二〇〇二）では、①スキルを要する挑戦的な課題、自分の能力に適合した水準で挑戦しているという感覚、および、②明確な目的をもった行為と、進行中の出来事に関する直後のフィードバック、という二つをフロー生起の前提とし、上記の①～④および⑥に、通常と異なる時間経過感覚（時間が早く過ぎるように感じること）を加えた六つの主観的状態をフローとしています。

チクセントミハイ（一九七五）は、フローの生起モデルとして図17（a）のようなモデルを提案しています。このモデルでは、知覚された行為の機会（挑戦の水準）と、知覚された行為の可能性（能力の水準）が釣り合っているところにフローが生じると考えます。挑戦水準より能力が高すぎると退屈になり、能力より挑戦水準が高すぎると不安が生じるという説明です。ただ、このモデルによれば、低い能力と低い挑戦が釣り合ったところで

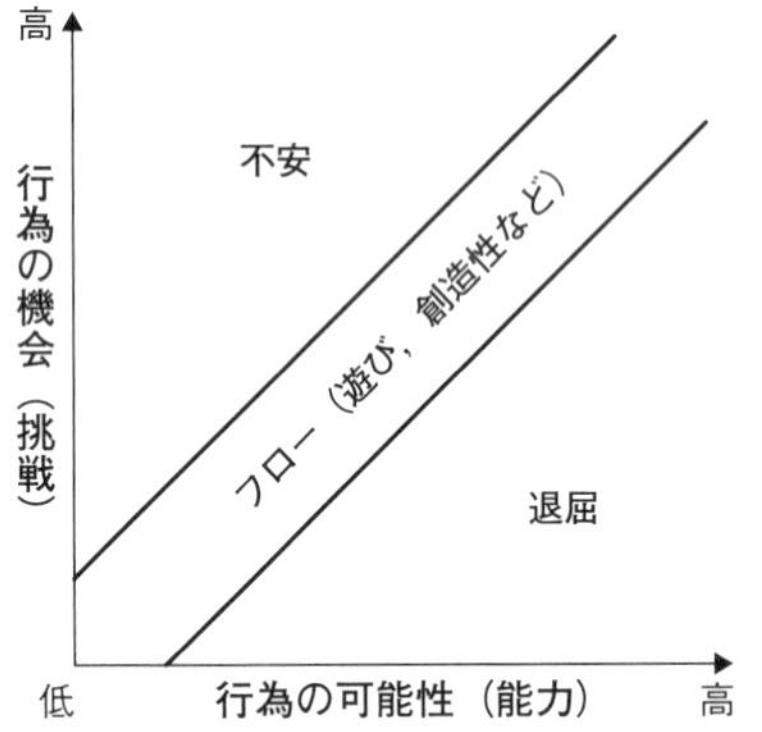

図 17（a） フローの初期モデル
（チクセントミハイとナカムラ，2003）

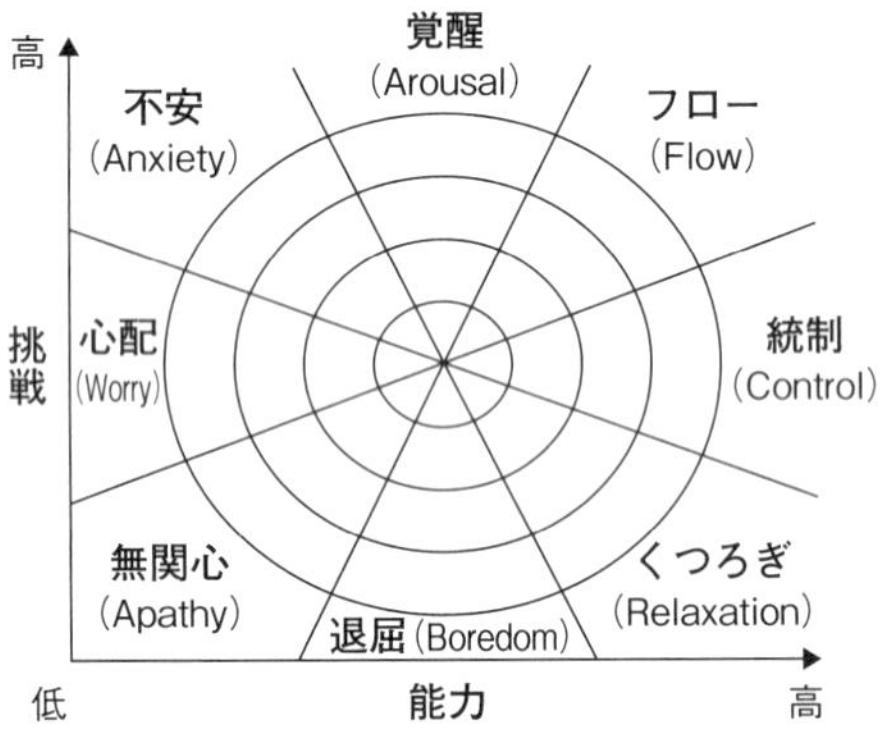

図 17（b） フローの修正モデル
（チクセントミハイとナカムラ，2003）

もフローが生じることになりますが、現実にはこうした事態ではフローが生じないことが指摘されました。そこで、マッスィミーニやチクセントミハイら（一九八七、チクセントミハイ 一九九七）では、このモデルを図17（b）のように修正しました。挑戦の水準と能力の水準が釣り合ったところにフローが生じるという考え方は同一ですが、それらは個人の平均（図の中央）以上であることが必要で、同心円で示される中点からの距離が大きいほどフロー経験も強くなるという考え方です。一方、低レベルの組合せは無関心につながるとされています（チクセントミハイとナカムラ 二〇〇三）。

●フローの測定

チクセントミハイら（一九八八、モネータ 二〇一四）は、フローを測定する「フロー質問紙」も開発しています。この質問紙では、最初に三つの質問について、似たような体験があるかどうかを、はい・いいえで尋ねます。①私の心は放浪していない。私は何か別のことを考えていない…（中略）…私は自分の意識や自分の問題に注意を向けていない（自意識の喪失）、②私は呼吸と同様に集中している。そのことを全く考えていない…（以下略）…（注意の集中）、③私は今していることに没頭しており、そのことと自分を切り離してみることができない（行為と意識の融合）。つまり、経験の要素として取り上げた最初の三つに関する質問です。これらの質問をもとに、参加者をフロー経験があるタイプ（flow-ers）と経験のないタイプ（non flow-ers）に分類します。経験者には、どのような活動でフローが生じたかを尋ね、内容分類を行います。複数の経験をもつ人にはベストな経験を選んでもらい、それについて「どの程度うまくできているか直接の手がかりを得ている」「その経験を楽しんでおり、自分のスキルを利用している」などの尺度で評定を求めるというものです（モネータ二〇一四）。デレ・ファベとマッスィミーニ（二〇〇三）は、この質問紙をさまざまな職業人に施行し、フロー体験は個人の発達や人生選択に関連をもち、介入プログラムとしても有用なことを示しています。またモネータ（二〇一二）もこの質問紙を用い、労働場面において、内発的な動機づけが高く、創造性を発揮する機会があるほど、フロー経験の可能性が高まることを明らかにしています。

また、ジャクソンとエクランド（二〇〇二）も、フロー状態尺度（Flow-State-Scale-2）や特性的フロー尺度（Dispositional Flow-Scale-2）を提唱しています。これらはいずれも三六項目からなる質問紙で、「挑戦とスキルのバランス」など九因子にまとまるとされています。本邦では、石村（二〇一四）が、一〇項目からなるフロー体験尺度を考案し、「能力への自信」「肯定的感情と没入による意識経験」「目標への挑戦」という三因子にまとまることを報告しています。

●経験サンプリング法

一方で、こうした質問紙は、過去の経験の回想的再構成に依存すること、また多くの経験の平均的評価に基づいた評価になるという限界があることが指摘されています（チクセントミハイとナカムラ 二〇〇三）。そこでチクセントミハイとラーソンら（一九七七 一九八七）により新たに考案された研究技法が「経験サンプリング法（Experience Sampling Method：ＥＳＭ）」と呼ばれる手法です。これは一九七〇年代から用いられ始めた手法で、昔はポケベル、現代では携帯電話・スマートフォン等のメディアを用いて、あらかじめ定められた時間にシグナルを送り、その瞬間の状況について用意された質問に回答させるという技法です。合図は一般的に一日数回とされていますが、特定の事象が生起したときに報告するイベント法も用いられています。尾崎（二〇一四）は、この技法の詳細について解説するとともに、心理学各領域での活用について紹介しています。

チクセントミハイとハンター（二〇〇三）はこの技法を用いて八二八人の小中学生を対

象に一日一回、八週間にわたる調査を行いました。行っていた行為に関する自由記述は、学校、積極的余暇、消極的余暇などのカテゴリに分類され、それぞれの行為に関する挑戦とスキルのレベルについて九段階の評定が求められました。また、幸福感など、そのときの感情に関する評定や、「自分に満足している」など一〇項目の評定についても回答を求めました。結果から、曜日については週末、時間に関しては午後の幸福感が高いこと、行為についてはTVを見たり、友達とおしゃべりをしているときの幸福感が高いことが示されました。また、挑戦とスキルの平均値による四分割モデル（平均の上下により、フロー、不安、退屈、アパシーに分類）をフローの指標として、他の変数とともに幸福感を従属変数とする重回帰分析を行ったところ、フロー変数の説明率が一二・五％となり、他の変数よりも高い説明率を示すことが明らかになりました。

浅川（二〇〇三─二〇〇六）も、同様にESM法を用いて日本の大学生を対象に行った研究の結果について報告しています。この調査では、一週間にわたり、一日八回のシグナルを送り、一人平均四〇～四五のESMデータを得ています。質問の内容は、シグナルが鳴ったときにいた場所や行っていた行為に関する自由記述、フロー経験に関する九つの質問、そのときの気分（一〇項目）、一緒にいた人間、活動に関する挑戦や能力のレベルなどから構成されています（浅川 二〇〇三 pp.182-185を参照）。浅川は、チクセントミハイらと同様に、挑戦や能力のレベルに関する質問の平均値による四分割モデルを用い、フロー群では幸福感やコントロール感が高く、アパシー群では低くなることを示し、フローの考え方がアジア文化圏にも適用できるとする結論を得ています。

フロー経験が文化を越えた普遍性を有するとしても、経験の質に個人差が存在することは事実です。チクセントミハイ（一九七五二〇〇〇）は、こうした個人差を自己目的的パーソナリティ（autotelic personality）と名づけ、「後の外的な目的の達成のためよりも、自分自身のために何かをしようとする傾向性」（一九九七 p.117）と説明し、フローに入りやすく、とどまりやすいメタ・スキルをもつと論じています。こうしたメタ・スキルには「人生に対する一般的な好奇心や関心、持続性、自己中心性の低さなどが包含されており、内発的な報酬に動機づけられる能力となる」（ナカムラとチクセントミハイ二〇〇二 p.197）とされています。自己目的的パーソナリティの測定に関しては、EMSデータでフローと判断されるものの数を個人間で比較する方法が一般的とされています。[注26]

●リバーサル理論

フローと関連する理論として、アプター（一九八九二〇〇一）は、リバーサル（反転）

理論と呼ばれる考え方を提唱しています。この章の導入部では、余暇に関する説明を行いましたが、余暇にいそしむか、仕事をするかという選択はなかなか難しいものです。リバーサル理論では、どのような瞬間にも、外的な目標達成に動機づけられ活性化を回避する場合と、フローや余暇のように内的な動機づけにより活性化を追求する状態が、メタ・レベルでは混在していると主張します。アプターは、前者をテリック（telic）な状態、後者をパラテリック（paratelic）な状態と名づけています。テリックな状態では勤勉さや達成が重視され、目標達成に動機づけられた行動が主となります。パラテリックな状態では楽しさが重視され、自分のための内発的な行動が主となります。図18に示されるように、テリックな状態では、活性化（activation）が低ければリラックスを感じますが、活性化

注26　フロー経験や自己目的的パーソナリティは、創造性やスポーツ・労働・学術的な成果などとポジティブな関連を示すことが報告されています（モネータ 二〇一四）。また、アサカワ（二〇一〇）は、日本の大学生を対象としたフロー質問紙を用いた研究で、フロー経験は平均的に見れば年に数回とする報告が多いこと、自尊心や不安の低さと弱い正の相関をもつこと（どちらも・一四）、生きがい観（近藤と鎌田 一九九八）やSWLS、充実感とも弱い正の相関を示すこと（・二〇～・三四）を明らかにしています。また、フローの背景にある神経心理学的特質についても研究が進められており（リッチ 二〇一三）、今後の発展が期待されます。

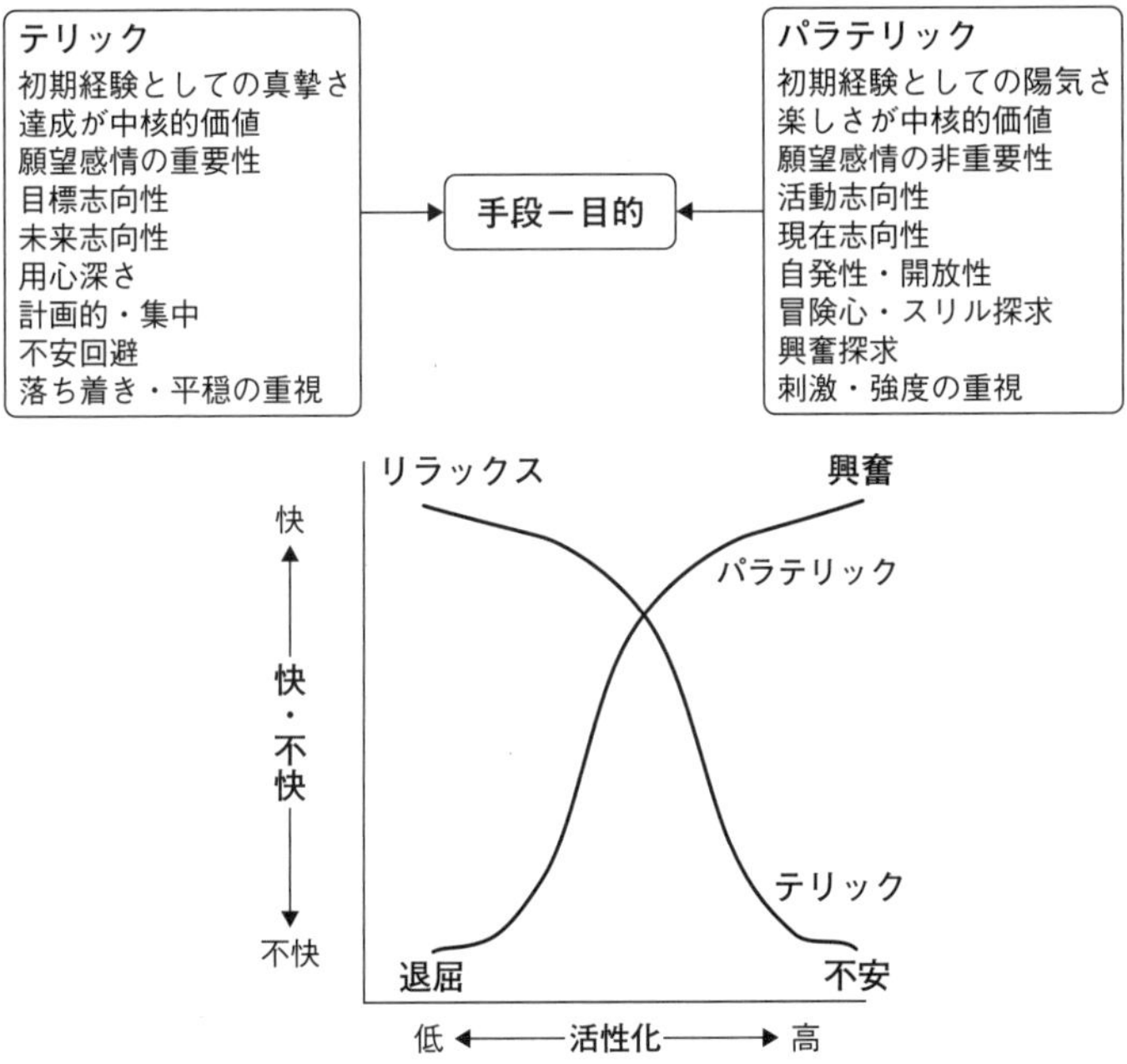

図 18　リバーサル理論におけるテリックーパラテリックな関係
（アプター，2001；カー，2004）

が高まると不安が強くなり、不快感情が増大します。パラテリックな状態では、活性化が低いと退屈を感じますが、高まると興奮を感じるようになり、快感情が増加します。そうした変化の中で、欲求不満や倦怠、状況要因の変化などを感じると、リラックスから退屈、不安から興奮へと「反転」が生じるとされています（カー 二〇〇四）。テリックな状態では、状況や環境に主導され、内的な義務感をともなう行為が目標とされ、将来のポジティブな結果の予測による満足感が強まります。パラテリックな状態では、自由に選択された目標のもとに、自発的でプロセス自体を楽しむ行動が行われ、現在の行為がもたらす満足感が重視されることになります。

リバーサル理論では、テリック・パラテリックな状態の優位性に個人差が見られることも指摘されています。つまり、テリックな状態で時間を過ごすことが多いか、パラテリックな状態で過ごすことが多いかということです。テリックの優位性は、内発的動機づけの低さ、労働と人生満足感の関連の高さ、成功への期待や失敗の回避などと関連するとされています（カー 二〇〇四）。こうした傾向性の個人差を測定する尺度もいくつか提案されており、たとえばオコーネルとカルホーン（二〇〇一）は、テリック／パラテリック状態尺度（T／PSI）と呼ばれる一二項目からなる尺度を提案しています。この尺度は、「まじめさ対遊び心」に関する七項目（何かを達成したい／今現在を楽しみたい、など）

と、「活性化探求対活性化回避（興奮を感じたい／平穏でいたい、など）」の五項目から構成されています。オコーネルらは、これらの合計点によりテリック／パラテリックの程度が測定できることを、シナリオ評定に基づく分類の妥当性により実証しています。

●セイバリング（満喫）

楽しさなどのポジティブな経験を「じっくり味わうこと」についても研究が進められています。こうした概念はセイバリング（savoring）もしくはセイバリング経験と呼ばれています。日本語では「満喫」とか「味わい」と訳されています。セイバリング（経験）とは、「遭遇した環境的・状況的特徴に付随するポジティブな刺激、ポジティブな結果や事象に、マインドフルに注意を向け味わう際の、人の感覚・知覚・思考・行動・感情の集合体のこと」（ブライアントとベロフ 二〇〇七 p.13）を意味するとされています。どのような経験がセイバリングと見なされるかについて、ブライアントとベロフ（二〇〇七）は、四つのタイプがあると指摘しています（コンプトンとホフマン 二〇一三）。①賞賛や祝福を寄せられたとき、②すばらしさに感動したとき、③感覚にのめり込むとき、④ありがたさに感謝するとき。①や④は、日本語でいえば「しみじみと感じられる」といった事例にあてはまるでしょう。②は、海や山での夕日の美しさに見とれるとき、③は夏の暑い日にアイスクリームを味わうとき、といえばご理解いただけるでしょう。これらの経験においては、ポジティブな刺激をポジティブな感情に展開し変容させる一連の心身の操作が関連していると考えられます。ブライアントらは、それを「セイバリング過程」と見なしています（スミスら二〇一四）。

ブライアント（一九八九）は、この概念を自己制御研究から導き出しています。自己制御研究では、プライマリー・コントロール（primary control：自分の周囲の世界を自分に合致させようとする自己コントロール）とセカンダリー・コントロール（secondary control：自分を周囲の世界に合致させようとする自己コントロール）という概念の区別が提唱されています（ロスバウムら一九八二）。ブライアントは、これと、ポジティブ・ネガティブな経験のコントロールの区別を組み合わせることにより、①ネガティブな事象を回避する（プライマリー）、②ネガティブな事象に対処する（セカンダリー）、③ポジティブな事象を獲得する（プライマリー）、④ポジティブな事象を満喫する（セカンダリー）という四つのコントロールを区別できると主張しました。そして、第四のセイバリング（満喫）・コントロールに関しては、これまでほとんど研究が行われてこなかったものの、ポジティブ心理学にとって大事な側面であると指摘しています（ブライアント二〇〇三)。

セイバリングは、単に楽しいこと、満足することを意味するわけではありません。回想などを通じた過去のポジティブな記憶や、現在進行中のポジティブな経験、そして将来のポジティブな経験の予測を通じて、自分のポジティブな感情がコントロールできるとする信念(セイバリング信念)を意味する用語ともされています(スミスら二〇一四)。ブライアントらは、こうした状態について、強度や持続時間を操作する方略(セイバリング方略)が存在することも示唆しており、セイバリング介入が可能とする考え方に結びついています(第一四章参照)。コイドバックら(二〇一〇)は、ポジティブ感情や人生満足に対するセイバリング方略(現在の楽しい出来事にじっくりと注意を払うこと)の効果について検討し、方略がポジティブ感情を促進する(r=.29)ことを明らかにしています。[注27]

注27 ホセら(二〇一二)は、経験サンプリング法を用いて、セイバリングが、ポジティブな出来事と日常的なポジティブ気分を媒介・調整する役割を果たすことを明らかにしています。つまり、セイバリング傾向が高いと日常体験するポジティブ気分が高まること、また、ポジティブな出来事が少ないときにも、セイバリングが高いとポジティブ気分が高くなることなどが示されています。

●マインドフルネス

最近よく耳にする「マインドフルネス（mindfulness）」という概念も、フローやセイバリングと同様に、現在進行中の出来事に意識を集中することを重視します。マインドフルネスは、「今この瞬間に何が生じているかに、開かれた受容的な態度で意識を集中すること」（カシュダンとチャロキー 二〇一三 p.10）とされています。マインドフルネスに関しては、主に臨床領域で盛んに研究が進められていますが、同じ概念を用いた認知社会心理学的な研究も存在します（ビショップら 二〇〇四、ランガー 一九八九 二〇一四）。たとえば、ランガーとローディン（一九七六）は、老人ホームの居住者を対象とするフィールド研究を行っています。この研究では、居住者は小さな植物の鉢を渡され、その世話について毎日小さな意思決定を求められました。マインドフルな責任感を求められたわけです。一年半後、そうした機会がなかったグループと比較してみると、この試みの対象者は、陽気で活動的になり、死亡率も一方のグループの半分以下だったことが明らかになりました。ランガーらは、これを周囲の環境に注意を向け、何が起こっているかに注意し、自身の経験に注意深くなったためと説明しています。ランガー（一九八九）では、こうした研究成果を基盤に、日常われわれはマインドレスな状態で自動的に生活することが多いけれども、マインドフルな認知を行うことがウェル・ビーイングや適応につながると論じています（コンプトンとホフマン二〇一三）。

一方、臨床領域では、カバット・ジンら（一九八二）によるマインドフルネス瞑想やストレス低減法が、認知行動療法の研究者の関心を引き、マインドフルネス認知療法（mindfulness based cognitive therapy）（シーガルら二〇〇二）の提唱につながりました。ただし、ビショップら（二〇〇四）は、この技法が多様な疾患に適用され効果もあるとされながら、明確な定義に欠けると指摘し、マインドフルネスの操作的な定義に関する二要因モデルを提唱しています。第一の要因は「注意の自己制御」で、現在経験していることに注意を集中し、心的事象に関する認識を増加させることとされます。第二の要因は、「経験への志向性」とされ、現在経験中の事象に関する特定の志向性を受容し、好奇心や開放性をもって望むこととされています。また、ウィリアムズ（二〇〇八）も、マインドフルネスを構成する自律的な意識状態の特徴として、①その時点で体験している事象への注意の集中、②そうした事象への習慣的な反応への気づき、③好奇心や共感に基づく反応能力の醸成、という三点をあげています。これも注意の集中と、事象への受容的な態度を強調するという点で、ビショップらの考え方と共通するものといえるでしょう。『ポジティブ心理学ハンドブック』の初版では、シャピロら（二〇〇二）が、「マインドフルネスの特質」として、表8に示す一二の特質を指摘しています。

こうした内容は、日本の古典的な「禅」の考え方や、近代医学として森田正馬により提唱された森田療法の考え方につながるものともいえるでしょう。コンら（二〇一一）は、アメリカにおけるマインドフルネスへの注目が、一九五〇〜一九六〇年代に生じた禅への関心（書物の紹介）や瞑想技法への関心に端を発し、次第に実験心理学的研究法に取り入れられていったことなど、欧米におけるマインドフルネス研究の発展を詳細に紹介しています。そのうえで、仏教的なマインドフルネスと、西欧的なマインドフルネスの相違を、以下の三つの水準から解説しています。①文脈的レベル：仏教的には、苦悩からの解放を達成するのに必要な相互関連システムの一要素として考えられ、他の精神的修養とともに行われることが推奨されますが、西欧的には特定の哲学や倫理にしばられない独立性を有する遂行ととらえられていること、②過程レベル：仏教的には、自分の身体機能や感覚、意識、意識内容を非永続的なものとして観察することが苦悩からの解放につながる（サティパッターナ・スッタ）と教えますが、西欧のマインドフルネスではこうした過程は重視されないこと、③内容レベル：仏教的には、感覚を刺激する事物そのものより、その事物の知覚や事物に対する反応を観察することを重視するのに対し、西欧的には、内的・外

表8　マインドフルネスの特質（シャピロら，2002）

判断をしない (nonjudging)	評価やカテゴリ化をともなわない，現時点，瞬間瞬間の観察と偏りのない視点。
追求しない (nonstriving)	非目的的で，結果や達成にこだわらないこと，強制しないこと。
受容 (acceptance)	現時点のまま物事を見たり認識し受け入れること。受動性やあきらめを意味するものではなく，現在をより明確に理解し，より効果的に反応できること。
忍耐 (patience)	物事が展開するままにまかせ，自分自身，他者，そして現状に耐えること。
信頼 (trust)	自分自身，自分の身体，直感，感情を信頼し，人生が期待通りに展開していくことを信じること。
開放性 (openness)	物事を初めて出会ったことのように見なし，現時点でのすべてのフィードバックに注意を集中する可能性を生み出すこと。
ありのままの受け入れ (letting go)	思考，感情，経験にこだわらず，拘束されないこと。ただし，抑圧を意味するわけではない。
穏やかさ (gentleness)	柔軟で，思いやりのある，優しい性質をもつこと。ただし，受動的，無規律，気ままさとは異なる。
寛容 (generosity)	報酬へのこだわりや見返りを期待せずに，愛や思いやりという文脈の中で現時点を受け入れること。
共感 (empathy)	現時点における他者の状況－他者の観点，感情，行為（反応）－を感じ取り，理解し，その内容についてコミュニケートする性質。
感謝 (gratitude)	現時点を尊重し，ありがたく思い，感謝する性質。
親愛 (loving-kindness)	博愛，思いやり，大切さを具体化する性質。寛容さと無条件の愛情に満たされた性質。

的な経験のすべてを包含する意識としてマインドフルネスをとらえること。一方、森田療法では、心理的不調の背景に、「とらわれ」という特有の心理的メカニズムが働くとされており、その心理的メカニズムには、「精神交互作用」や「思想の矛盾」が含まれます。「精神交互作用」とは、ある感覚に対して、過度に注意が集中すると、その感覚がより一層鋭敏になり、その感覚が固着されること、つまりその感覚と注意が相互に影響し合ってますますその感覚が拡大される精神過程となることを意味します。また、「思想の矛盾」とは、「かくあるべし」という理想と、現実の自分との矛盾（ギャップ）を意味するものとされます。こうした心的メカニズムに対し、森田療法では、「あるがまま」という、気分や感情にとらわれず、今自分がやるべきことを実行していく、目的本意の姿勢を重視します。すなわち不安や症状を排除しようとするはからいをやめ、そのままにしておく態度を養い、不安の裏にある生の欲望（向上発展の希求）を建設的な行動に発展させていくことを重視するとされています（以上、メンタルヘルス岡本記念財団ＨＰによる）[注28]。

注28　こうした考え方は、石山と我妻（二〇〇四）による、「主観期」「客観期」「行動期」の三段階を設定したアクティブ・カウンセリングにも反映されています。研究の詳細は本書の趣旨から外れますので、関心のある方は解説書を参照してください。

10●ポジティブな対人関係

●対人魅力・恋愛研究

社会心理学では、一九六〇年代から、人に好かれる人はどのような人か、どのような要因が好意に結びつくかといった「対人魅力」研究が展開されてきました。その背景には、アメリカにおける離婚率の増加が社会問題化したことがあったようです。対人魅力研究はさまざまな観点から進められてきましたが、本邦では、マースタイン（一九七〇）のSVR理論に沿って、初期、発展期、関係維持期の魅力を区別して解説する立場が多いように思います。まず、関係初期の魅力は「刺激（Stimulus）」を与えてくれることとして位置づけられます。たとえば「身体・外見的魅力」は、われわれにとって心地よさをもたらしてくれる刺激になります。評判のよさ、近接性、単純接触効果なども、いずれも刺激をもたらしてくれることにつながる要因と考えられます。関係発展期の要因は「価値観（Value）」です。相手と類似した価値観をもつこと（類似性）がもっとも重要な要因とされ、それにつながる自己開示や、社会的承認が重要な要因とされます。関係維持期の要因は「役割（Role）」で、社会生活上の互いの役割に関する合意が関係維持の重要な決め手となると考えられています。

一方で、一九七〇年代からは異性間の恋愛に関する研究が盛んになりました。たとえば、友情と愛情の相違（ルビン 一九七〇）、熱愛と友愛の区別（バーシャイドとウォルスター 一九七八）や、恋愛の三角理論（スタンバーグ 一九八六）、恋愛のスタイル（リー 一九七七、ヘンドリックとヘンドリック 一九八六）、愛の分類論（マースタイン 一九八八）などに関する研究が盛んに行われました。これらの研究に関しては、本ライブラリでも松井（一九九三）や奥田（一九九七）による紹介が行われていますし、新しい知見をふまえた翻訳（スタンバーグとヴァイス 二〇〇六／和田と増田訳 二〇〇九）や総説（和田ら二〇一六）で詳細な解説がなされていますので、関心のある方はご参照ください。

バーンズとスタンバーグ（一九九七）は、これらの理論を統合的に把握する階層モデルを提唱しています。それによると、愛の理論は、明示的な構造的理論と過程理論、さらに潜在的な暗黙の理論に大別されます。構造的理論は、愛の主要な構成要素を明らかにしようとするもので、単一要素論（ルビンの考え方など）、複合要素論（三角理論など）、複合クラスタ論（愛の分類など）に分けられています。一方過程理論としては、リーの恋愛スタイル論や、後述するハザンとシェーバー（一九八七）の愛着理論などが取り上げられています。さらに、スタンバーグ（一九九八a）の提唱する物語論（love as a story）も過程理論の一つとされています。これは人々の愛についての語り（愛とは何か、愛とはどのようなものかなど）を分析したもので、互いに協調し合うことを重視する「旅物語（パートナーとの関係は人生という旅を一緒に歩んでいく仲間のようなもの）」や、関係が非対象的な「師弟物語（パートナーとの関係は先生と生徒のようなもの）」など二六種の物語に分類され、人によって、またパートナー間でも考え方が異なるとする立場です。また、暗黙の理論としては、フェア（一九八八）による社会認知論的プロトタイプ・アプローチが取り上げられています。これは、愛という概念が構造的理論の提唱するような明確な要素によって分類されるのではなく、素人理論（lay theory）に基づいたプロトタイプ（典型例）的な潜在的認識に基づいているとする考え方です。ただし、バーンズらによるこうした統合的な分類は、必ずしも全面的に受け入れられているわけではなく、それぞれの理論的立場を個別に重視したアプローチによる研究が進められているのが現状なように思います。こうした考え方をより詳細に知るためには、イックスとダック（二〇〇〇／大坊と和田監訳二〇〇四）や、先に紹介した翻訳・総説が役立ちますのでご参照ください。

●対人関係研究の発展

対人魅力研究の進展にともない、魅力という心理過程を説明するさまざまな理論的立場も展開されてきました。代表的な立場としては、類似性研究で著名なバーンら（一九六五）による強化理論（報酬をくれる人を好きになる）、ハイダー（一九五八）による認知的整合性理論（対人関係は三者関係の認知的バランスがよくなるように形成される）、ホーマンズ（一九六一）による社会的交換理論（報酬とコストの差が魅力につながる）などがあり、多くの研究を生み出していきました（パールマンとダック二〇〇九）。

一九八〇年代に入ると、研究の対象は対人魅力からより広範な対人関係に移行していきました。パールマンとダック（二〇〇九）は、魅力という単純な疑問からシャイネス、嫉妬、孤独、仲間関係、サポートなど広範囲のプロセスに関心が広がっていったこと、長期的関係の媒介変数や関係過程に関心が向けられていったことなどを、その特徴としています。ライス（二〇一二）は、この背景に、研究領域としての成熟と、新たな研究・統計技法の開発があったことを指摘しています。前者としては、対人関係に関する国際会議や研究雑誌が次々と創設・発刊されたこと、後者としては、先に紹介した経験サンプリング法や、これと類似した方式をとるロチェスター相互作用記録法の開発、構造方程式やマルチレベル・モデリングによる解析法の進展などが例として取り上げられています。

この時代は特に社会的交換理論に基づく研究の発展が著しく、ケリーとティボー（一九七八、ケリー　一九七九）の相互依存理論（interdependence theory）やラスバルト（一九八三）の投資モデル（investment model）の考え方が展開されました。相互依存理論は、対人関係を、報酬、コスト、成果、選択水準、選択比較水準などの概念を用いて説明しています。報酬とは、対人関係の中で快感情や欲求の満足につながるものを指します。コストは、そうした感情や満足感を得るために犠牲にする時間・金銭・労力などを指します。成果とは、報酬からコストを引いたもので、互いの成果を大きくすることが相互作用の目的となります。ただ、そこには少なくともこのくらいは欲しいという絶対的な満足感の水準の個人差が存在し（選択水準）、少ない成果で満足を覚える人と、たくさんの成果でなければ満足感を得られない人の違いが生じます。さらに、比較の対象として、別の成果をもたらしてくれそうな人がいる場合、その成果が現状の成果より大きいか否かが重要な意味をもつことになります（選択比較水準）。これらの基準により、相互関係が発展するか解消に向かうかが左右されると考えられたわけです。ただ、実際の研究では、理論的な予測に沿った結果が得られないことも多く、考え方も修正が施されました。それが投資モデルです。ラスバルトは、関係満足感と関係へのコミットメント（持続的関与）を区別したうえで、新たに投資（それまでその関係にどの程度資源を投入してきたか）という概念を導入し、コミットメントは、「関係満足感（成果－比較水準）＋投資量－選択比較水準」という公式で予測されると論じました。満足感が高く、多くの投資をしてきており、競争相手がいないほどその関係を持続していこうとする気持ちが高まるという考え方です。このモデルによる関係維持の予測は妥当性が高いことが多くの研究で明らかにされています。ケリーら（一九八三）により出版された『親密な人間関係（*Close relationships*）』という著作は、当時の第一線の研究者の論文を集めた内容で、社会的交換を含む幅広い内容を扱っており、その後の研究に大きな影響を与えました。

●進化心理学と愛着理論

九〇年代に入ると、人間関係に関する新たな理論的立場が注目を集めるようになりました。その一つが、長い進化の歴史の中で、人間の心や行動様式が作られてきたとする考え方で、人間関係もそうした進化の中で形成されたさまざまな特質をもつとする主張です。

この考え方は、ダーウィンの提唱した進化論に基盤をもち、一九九〇年代に、バーコウら（一九九二）によって「進化心理学（evolutionary psychology）」と命名され、急速に広まっていきました。バス（一九九四）は、「ヒトは生存のために、他者との親密な人間関係を必要とし…（中略）…、中でも配偶者選択行動は、種の保存を促進するための適応的な行動として進化してきた」（ハーヴェイとウェンツェル 二〇〇六 p.35）と論じています。バスら（一九八九、バスとシュミット 一九九三）は、こうした配偶者選択行動について、三七の文化における約一万人を対象に、一八の特徴の重要性に関する三段階評定と、一三の特徴の順位づけ評定を求めた結果、文化間に共通する明確な性差が見られたことを明らかにしています。それによると、どの文化でも、女性は男性の資源獲得（resource acquisition）という要因、すなわち、配偶者の経済力、社会的地位、野心などを選択の重要な要因とするのに対し、男性は女性の再生産能力（reproductive capacity）、すなわち身体的魅力、若さ、処女性などを重視することが明らかにされています。バスとシュミット（一九九三）は、こうした考え方を「生殖戦略理論（sexual strategy theory）」として理論化し、女性は基本的に子育て支援をサポートしてくれる男性を好み、男性は自分の遺伝子の継承を確実にしてくれる女性を好むと論じています。男性が身体的魅力を好む理由は、美しい女性との間にできた子どもにも、遺伝子的に美しさが引き継がれると考えるからだとされています。こうした考え方に対しては、男性の不倫や、性的ステレオタイプを助長するという批判や、配偶者選択を単純化しすぎており、多様な好みを説明できないとする批判などがなされていますが（ハーヴェイとウェンツェル 二〇〇六）、斬新なアプローチとして関心をもつ研究者が多いことも事実です。

九〇年代に充実した論議が行われた、もう一つの立場が愛着理論（attachment theory）です。この理論はネオ・フロイディアンの一人として位置づけられるボウルビィが提唱した考え方を基本にしています。ボウルビィ（一九六九 一九七三）は、人間の幼児には生得的に内的な心理生物学的システム（愛着行動システム）が備わっており、それによって支援的な他者（愛着対象）に接近しようとすると論じました（ミクリンサーとシェーバー 二〇一三）。またこうしたシステムの機能には、愛着対象の反応に基づく個人差があり、幼児の欲求に適切に対応する場合には、安全・安心という感覚をもたらすポジティブな内的ワーキング・モデル（安定型）が形成され、愛着対象がそうした感覚を与えない場合には、一定の距離を保とうとする回避的なワーキング・モデル（回避型）や、愛着対象の矛盾した反応に基づく不安型という二次的なワーキング・モデルが形成されると指摘しました。また、ハザンとシェーバー（一九八七）は、幼児期の養育者への愛や情緒的な愛着に見られる特徴が、成人における恋愛関係学習の枠組みを形成すること、そして恋愛のパートナーが多くの成人にとって、主要な愛着の対象となり、サポートや満足感・安心感の源泉となると指摘し（シェーバーとミクリンサー二〇〇六）、成人期における三つの愛着スタイル（内的ワーキング・モデル）を測定する技法を開発しました。さらに、バーソロミューとホロヴィッツ（一九九一）は、親密性回避と愛着不安という二次元説を提唱し、親密性回避を、パートナーの好意への不信頼やパートナーから距離を保ち行動的に独立を保とうとする傾向性、愛着不安を、必要なときに役立たないという懸念、愛情や価値の避難所としての疑問に根ざすものとして区別しました。ミクリンサーとシェーバー（二〇〇七）は、ボウルビィの考え方に基づいて、この考え方を愛着システムの「不活性（deactivation）」と「過剰活性（hyperactivation）」として整理しています。愛着システムの「不活性」とは、愛着対象からの一貫した注意欠如や拒否、接近シグナルに対し罰を与えられる脅威などにより親密性回避傾向をもたらすとされます。また「過剰活性」は、要求や要請と合致しない予測できない世話体験や、愛着対象からの愚かさ、救いようのなさ等に関するメッセージによる愛着不安傾向を指します。近年の愛着研究は、この二次元説を基盤に展開されることが多く、ブレナンら（一九九八）の開発した、一般的愛着傾向を測定するECR尺度（Experience in Close Relationship scale）や、フラリーら（二〇一一）による特定の人物（母親、父親、恋人、友人など）への愛着を測定する

ECR-RS尺度などが開発され、本邦でも翻訳がなされています（中尾と加藤 二〇〇四、古村ら二〇一六など）。

●親密な人間関係研究

さらに一九九〇年代以降は、研究の関心が長期的な関係性、とりわけ夫婦関係やその維持、関係の崩壊などのテーマに移行していきました（ハーヴェイとウェンツェル二〇〇六）。この領域で多大な貢献を行ったのがゴットマン（一九九四 一九九八）です。ゴットマンらは、数千に及ぶ異性カップルのコミュニケーションを観察した結果から、満足感の高い夫婦とそうでない夫婦の相違は、ごくささいな手がかりによることを見いだしました。こうした手がかりは、お互いに注意や関心、愛情を向けていることを示す会話や視線の交錯、タッチングやうなずきなどのサインで、「小さな配慮（bids for attention）」と呼ばれています。満足感の高いカップルではこうした行為が頻繁に行われており、不満足なカップルでは、互いの無視や不支持が多いことが示されています。また、ゴットマンら（一九九八）は、一七九組の新婚カップルを用いた経時的研究において、六年間にわたる関係の安定性や離婚（一七組）の予測因に関する七つの過程モデルを検討しています。その結果、安定性の高いカップルでは、ポジティブ感情（ユーモアや関心など）を互いに示し、互いのネガティブ感情の高まりの抑制に用いていること、逆に離婚に至るカップルではネガティブな相互作用がネガティブ感情の非抑制をもたらし、ポジティブ感情が低下することなどが示されました。先にも論じたように、ゴットマンらは夫婦が健全な関係を維持するためには、「魔法の比率（magic ratio）」と呼ばれる、ネガティブの五倍のポジティブなコミュニケーションが必要と指摘しています（ゴットマンら 二〇〇三、ロペスら二〇一五）。さらに、ゴットマンとシルバー（一九九九／松浦訳 二〇〇七）では、ネガティブなコミュニケーションに陥らない、「結婚生活に必要な七つの原則」として、①「愛情地図（love map）」の質を高め合う：配偶者の親友の数や、人生の夢など、配偶者に関する知識・理解を高めること、②相手への思いやりと感謝の心を育てること、③相手から逃げず正面から向き合うこと、④相手の意見を尊重すること、⑤二人で解決できる問題に取り組むこと：穏やかに話す、適切にブレーキをかけ謝罪する、互いの興奮を静めるなど、⑥二人で行き詰まりを乗り越える、⑦二人で分かち合える人生の意義をみつける、という七つのスキルの重要性を指摘しています。

●マインディング

ポジティブ心理学が提唱されると、ポジティブな人間関係、とりわけ長期的な関係性に対する関心が一層高まりました。そうした中で注目されたのが、ハーヴェイとオマーズ（一九九九）の「マインディング（minding）」の考え方です。ハーヴェイら（二〇〇二二〇〇九）は、『ポジティブ心理学ハンドブック』の中で、長期的な関係性を維持していくことの重要性を主張し、そのための心構えをマインディングという概念として示しています。マインディングとは、「互いの関係に関する、ノンストップの、相互に関連をもつ思考・感情・行動を含む双方的な認識過程」（ハーヴェイら二〇〇二 p.424）と定義されています。いいかえれば、マインディングとは、安定性や親密感を創造するために親密な関係にある人々が相互に影響し合うマインドフルな思考や感情・行動のパターンを意味するといえるでしょう。

マインディングは以下の五つの要素から構成されています。①知ることと知られること、②帰属、③受容と尊敬、④相互性、⑤継続性、です。ハーヴェイら（一九九九二〇〇二二〇〇九）は、それぞれの内容をより詳細に紹介しています。第一点は、パートナーを知ろうとする目的で行動することを意味し、パートナーへの質問や自己開示、行動の行間を読むこと、非言語情報に注目すること、相手の継続的変化に目を向けること、エネルギーと時間をかけて相手にどう対処するか話をすることなどを意味します。とりわけ自己開示が重要な意味をもち、それは相手に知られると同時に相手を知ることを意味します。いずれにしてもパートナーを知りたいと思うことが重要で、正確で頻繁なコミュニケーションが大切とされます。先に紹介したゴットマンら（一九九九）の指摘する「愛情地図」も、こうした相互作用から生成される知識として、ほぼ同様の意味をもつと考えられます。また、知りたい・知られたいという気持ちは、相手に対するマインドフルネスと見なすこともでき、その強さは関係満足感と正の相関を示す（$r = .28$）ことも明らかにされています（バーピーとランガー 二〇〇五）。

　第二点の帰属とは、パートナーの行動に関する帰属の仕方を意味し、関係高揚的帰属（パートナーの行動を、パートナーの内的側面に帰属し、ネガティブな行動を外的に帰属すること）（マレーら 一九九六）の他、相手の特徴に価値を見いだしているほど、パートナーも自分を同じ特徴でポジティブに見ていると考えるという効果が存在することも知られています。帰属の再検討も柔軟に意図的に行われ、たとえば、パートナーが花を買ってきてくれたのは、私を喜ばせようとしているから（理由の帰属）だけでなく、あたたかい家庭で育ちよい性格をもっているから（因果関係の帰属）とか、昇進したのでプレゼントも買いやすい（遂行可能性の帰属）など、多様な視点からポジティブな意味づけを行うことを意味します（マル 一九九九）。

マインディングの過程で情報収集すると、理想からの隔たりが感じられやすいのも事実です。第三の受容と尊敬とは、知ったことを受け入れて、その知識に基づいて相手を尊敬することを意味します。その中核となるのは共感や共感的正確さであるとされています。ゴットマンら（一九九八）の研究でも、相互作用でポジティブな社会行動（相手の意見を聞く、相手の要求を受け入れ妥協点を探す、けんかの際にも相手に配慮する、相手の反応を受容するなど）を示すカップルは関係満足感が高いことが示されています。またゴットマン（一九九四）は、カップルの不満や関係の悪化につながるサインとして、黙示録の四騎士の比喩を用いながら、広範囲の批判、軽蔑、壁つくり（回避）、防衛という四点をあげています。「批判」に関しては、不平を唱え論議するのはよいこととされますが、それが広範囲にわたり、とりわけ性格等の内的側面の批判につながると悪影響があるとされます。また「軽蔑」とは、尊敬の欠如を意味し、関係解消に結びつきやすく批判よりも関係破壊的な意味をもつとされます。さらに「壁つくり（stonewalling）」や「防衛」は、コミュニケーションの回避・遮断を意味し、パートナーと身体的距離をとり、感情的引きこもりに陥ることを意味します。こうしたネガティブな反応は多くのカップルに見られますが、破壊に結びつくのを避けるには、相手の不平や行動に焦点を向けず、ポジティブなコミュニケーションをネガティブなものより多く行うことが重要とされます。

第四の相互性（reciprocity）とは、パートナーの双方が関係高揚的な考え方や行動に関与することを意味します。大事なことは一方だけがマインディングしていてもだめだということです。一方がトリガーになったら、時間を置かずに一方も関与を深めることが重要で、そうしないと、裏切り感や喪失感が高くなるとされます。また、ドリゴタスら（一九九九）は、自己は親しいパートナーの行動によって形作られるとする「ミケランジェロ現象（Michelangelo phenomenon）」を提唱しています。これは、著名な彫刻家であるミケランジェロが、原材となる大理石を見た瞬間に、その中に彫像を見いだしているという比喩に基づいており、親しいパートナーによって自己の姿が彫り出されることを意味します。ドリゴタスらはこれを、①パートナーの知覚的肯定化：パートナーによる自己の理想像の認識すなわち、パートナーであるBは、私（A）がどのような人物を理想としているかを認識し受け入れる、②パートナーによる行動確証（行動的肯定化）：自己の理想に即した行動をパートナーが引き出すようになる、すなわちパートナーであるBは、私（A）が理想に即した自己確証的行動をとれるように行動するようになる、③理想自己への移行（自己確証的行動）：自分の理想に近い行動をとっているうちに自分の理想に近い存在になっていく、という、理想化や自己確証過程を含む三つの過程により成立すると指摘しています。

最後に、第五の継続性とは、親密な関係性は長期にわたる相互依存関係であり、常に知識のアップデートを図る必要があるということです。ハーヴェイらは、上手にマインディングを継続するやり方としてTOTE（Test-Operation-Test-Exit sequence）の考え方（第七章参照）を援用しています。これは、親しくなるプランを立て、一定期間常に、親密感や満足感を意識しながら、相手に関する自分の考えや信念をいろいろと確かめ、ずれが見つかったら、新しいマインディングを行い、それを修正するということです。このように見てくると、マインディングには長期的で継続的な関係が必要なように思えますが、実際には、カップルの過ごした時間とマインディングのよさはかならずしも相関せず、数週間で高いマインディングを行うカップルもあれば、三〇年もたってからという例もあることが指摘されています（ハーヴェイとポーウェル 二〇〇九）。

●キャピタリゼーション（資本化）

ゴットマンやハーヴェイの主張は、葛藤解決など、ストレスフルな嫌悪的対人関係 (aversive process) に注目し、それを克服することに焦点をあててきた従来の対人関係研究を、ポジティブな側面、すなわち意欲的な側面（appetitive process）から検討する方向に転換させたと見なすことができるでしょう。ゲーブルら（二〇〇三、ライスとゲーブル二〇〇三）は、これら二つの関係性が独立したもので、対人関係の理解には双方のプロセスを個別に検討することが重要と指摘しています（ロペスら二〇一五）。ゲーブルら（二〇〇三）は、因子分析的手法を用いて、意欲的な側面の基盤として外向性やポジティブ感情、行動促進システム（BAS）が、嫌悪的システムの基盤として神経症的傾向やネガティブ感情、行動抑制システム（BIS）が関連することを明らかにしています。さらにゲーブルら（二〇〇四）では、ラングストン（一九九四）の考え方を援用し、「自分の人生に生じたポジティブな出来事について他者に話すこと」（p.229）を「資本化（capitalization）」と名づけ、ポジティブな出来事を他者と共有し一緒に喜ぶことの重要性を、意欲的な過程の中心と位置づけています。ゲーブルらは、「資本化」が、ポジティブ感情やネガティブ感情の重要性評定よりも、ポジティブ感情や人生満足感とより高い相関を示すことを明らかにしたうえで、能動的―受動的、建設的―破壊的という二つの次元を組み合わせた、一二項目からなる「資本化」尺度を提案しています。この尺度は「自分に生じたよいことをパートナーに話したとき」を想定し回答させるもので、たとえば、能動的―建設的な項目は、「パートナーは、私に生じた幸福な出来事にいつも熱意をもって反応してくれる」など三項目から構成されています。この得点は、パートナーとの親密性、信頼性、満足感と、男女とも・五五〜・二九の相関を示し、こうした反応がサポートとなり、ポジティブな関係の維持につながることが明らかにされています。前章で紹介したコイドバックら（二〇一〇）も、ポジティブ感情や人生満足感に対するポジティブな方略の効果について検討していますが、その中で資本化方略（他者とポジティブな出来事を共有し一緒に喜ぶこと）が、人生満足感の促進に寄与する（$r=.27$）ことが明らかにされています。ゲーブルとゴスネル（二〇一一）は、資本化の個人差や文脈的要因との関連など、今後検討すべき課題が多いことも認めていますが、対人関係とウェル・ビーイングの関連を考えていくうえで重要な視点となる研究と考えられるでしょう。

●ポジティビティ共鳴

さらにフレドリクソン（二〇一三／松田訳 二〇一四）も、拡張・形成理論（第四章参照）を基盤とするポジティブ感情研究を背景に、「ポジティビティ共鳴」という調和感覚の重要性を指摘し、「愛」という感情のアップグレート（Love2.0）を提唱しています。この考え方によれば、愛（2.0）とは、特定の環境下で、特定の思考と行動のパターンから生じるものであり、①他者との間でポジティブな感情を共有すること、②生化学や行動の同時性、③互いの幸福に投資しようとして互いの中に引き起こされる動機、という三つのつながり合った出来事が瞬間的に生じること、とされています。愛を感じさせるのに必要な特定の環境下という条件は、互いの心にポジティブ感情が浸透し共有されていることを意味し、安全性が知覚されており、他者とのつながり（一体感）が感じられることとされます。こうしたつながりは、行動的にはアイコンタクトやほほえみを通じて実感され、そうした相互作用が、同期的な脳活動や、オキシトシンに代表される生化学的な反応を解発し、ポジティブな方向へのスパイラルを強め、信頼感や平穏感を高めます。ここでは、環境への適応を調整する迷走神経系も重要な役割を果たします。そして包括的に互いの幸福を高めようとするポジティブな動機が形成されていくと考えるわけです。フレドリクソンは、こうした考え方に基づき、アップグレードに貢献すると考えられる介入技法も提案しています（第一四章参照）。これらの技法の有効性については、基盤となる考え方の急進性も含め論議のあるところですが、パートナーのみならず多くの人々と良好な関係を築くことのできる手立てとして、今後の研究の発展を期待したいと思います。

●ウェル・ビーイングとロマンティックな愛の関連

これまで見てきたように、恋愛や結婚など親密な人間関係の構築・維持は、ウェル・ビーイングと高い関連性をもつと見なすことができるでしょう。幸福感に関する古典的な論考の一つとして著名なマイヤーズとディーナー（一九九五）の論文でも、西欧社会では、既婚者の幸福感が、男女とも未婚者や離婚者より高いことが指摘されています。また、夫婦の関係満足を測定する尺度も数多く開発されています。著名なものの一つがヘンドリック（一九八八）による関係評価尺度（Relationship Assessment Scale：ＲＡＳ）です。この尺度は「全般的に見て、あなたはパートナーとの関係性にどの程度満足していますか」など七項目から構成されており、ヘンドリックらの多様な研究の中で、満足感尺度として高い妥当性を有することが示されています（ヘンドリックとヘンドリック一九九七）。

さらに、キムとハットフィールド（二〇〇四）は、熱愛・友愛と、人生満足感および感情的ウェル・ビーイングの関連を検討しています。結果から、友愛の程度が人生満足感に関連し、熱愛の程度が感情的ウェル・ビーイングに関連することが示されています。この研究はハワイと韓国の大学生を対象に行われましたが、文化差は見られませんでした。一方で、友愛と人生満足感の関連は女性のほうが強く、熱愛と感情的ウェル・ビーイングの関連は男性のほうが強いという性差が明らかになりました。こうした研究のように、親密な関係性とウェル・ビーイングの関連は、複合的な要因によって規定されている可能性が高く、今後の検討課題となっています。

11・ポジティブ心理学と健康

●ポジティブ心理学と健康

この章では、ポジティブ心理学と身体的・精神的健康との関連についてまとめていきたいと思います。アメリカ心理学会のデータベースであるPsycINFOで、positive psychologyをキーワードに、健康（health）とのand検索を行うと一五〇〇件以上、精神的健康（mental health）で約六五〇件、身体的健康（physical health）で約一〇〇件、ウェルネス（wellness）でも約三〇〇件のヒットが見られます（二〇一五年四月時点、書籍・雑誌のみ）。こうした結果は、「健康」がポジティブ心理学の中核的な課題の一つとして位置づけられてきたことを示しています（堀毛 二〇一六）。健康と一口にいっても、その内容には、ここにあげたようにさまざまな側面が含まれています。しばしば引用される一九四六年のWHOの健康の定義にも、「単に病気でない、虚弱でないということではなく、身体的（physical）、精神的（mental）、そして社会的（social）にもすべてが良好で満たされた状態（ウェルビーイング）」（大竹二〇一六）とあります。また、一九九八年の改訂では、健康と病気を個別に固定した状態としてとらえるのではなく、連続するダイナミックな状態として位置づけること、宗教や死生観を含む人間の尊厳やQOLに関連するスピリチュアルな状態を含むことも論議されました（大竹二〇一六）。ハウエルら（二〇〇七）は、ウェル・ビーイングと健康の関連についてメタ分析を行い、短期的な健康に $r=.14$、長期的な健康に $r=.11$ の正の効果があることを示しています。ただし、両者の因果関係については双方向的な因果が考えられることも指摘されています。

ダン（一九六一）は、身体的・感情的なウェル・ビーイングが増進された状態を「ウェルネス（wellness）」という用語で表現しました。ウェルネスとは、人が、①生きようとする熱意をもち、②潜在的にもっているものを最大化する生き方を目指し、③人生の意味と目的をもち、④社会的な責任性を理解し、⑤変化する環境への挑戦に適応するスキルを有することを意味します。コンプトンとホフマン（二〇一三）は、こうした考え方が、ポジティブ心理学の中で、「ポジティブな健康（positive health）」という考え方に発展していったと指摘しています。また、リフとシンガー（一九九八）も、健康心理学的観点から、病気がないことが健康というそれまでの考え方を転換し、「ポジティブな健康」を追求することの重要性を強調しています。リフらによれば、ポジティブな健康に至る道筋は、人生目的などの個人的要因、他者との人間関係など対人関係的要因、そしてポジティブな心身の関係性や、アロスタティック負荷など生理的・生物学的要因など[注29]、多側面から考えられるものの、核となる要因として、人生活動における「よさ」とは何かという問題を、哲学的な視点もふまえ統合的に考慮することが重要とされています。さらに、マダックス（二〇〇九b）も、今日の臨床心理学が医学的なイルネス（illness：疾病論）理念に影響され、「適応・不適応の原因を環境との相互作用や社会文化的価値よりも人の内部に求めるようになり、援助を求める人をコントロールできない内的・生物学的力による受動的な犠牲者と見なすようになった」（p.62）と指摘し、不調の原因を個人的要因だけでなく、他者や文化との相互作用に求めていく「ポジティブ臨床心理学」が必要であると論じてい

注29　アロスタシスとは、ストレッサーによる環境からの要求や圧力に対して、それらの状況に対処するためのエネルギーを提供したり、身体の調整機構による変化を通じて環境に適応したりしていく動的な過程のことです。アロスタティック負荷とは、ストレッサーへの適応を繰り返していく結果、アロスタシス反応がうまく作動しなくなり、身体への負荷が蓄積され、心身に変調が生じることを意味します（津田二〇〇七）。

ます。いずれの指摘も、WHOの健康概念に影響された観点を有しており、これまで論じてきたウェル・ビーイングの諸側面が、「健康」を考えるうえでも重要な要因となることが論じられていると思います。[注30]

セリグマン（二〇〇八）も、「ポジティブな健康」を新たな研究領域として位置づけ、健康を、単に疾病が存在しないことだけでなく、①生理学的な機能：心臓や肺など、生理

注30　コンプトンとホフマン（二〇一三）も、「ポジティブな健康」の目的を、ホメオスタシスを取り戻すことだけでなく、人生の質（QOL）を高めることに求め、それを「スライビング（thriving：成長）」と名づけています（オリリーとイコビクス 一九九五、ブラウンら二〇一七）。スーら（二〇一四）は、スライビングを「精神的、身体的、社会的な、最大限の範囲のポジティブな機能状態」（p.256）と定義し、多様な側面からこれを測定する尺度（Comprehensive Inventory of Thriving：CIT）を提唱しています。一般的に健康やQOLを測定する尺度としては、GHQ（General Health Questionnaire）（ゴールドバーグ 一九七八）、SF36（The Medical Outcome Study-Short Form Health Survey）（ウェアとシェルボーン 一九九二）や、WHOQOL（WHOQOL group, 1995）、などがよく用いられます。また、健康に関してはバイタリティや運動の関与、生理学的な側面からは、迷走神経系の機能や（環境への適応を調整する）、精神神経免疫学的側面（免疫を高める）との関連も指摘されており（コンプトンとホフマン 二〇一三）、「健康」を考えるためには多様なアプローチが必要であることが示唆されています。

学的メカニズムの健全さ、②主観的な経験：ポジティブ感情やウェル・ビーイング、楽観性などの高さ、③機能的能力：日常活動や加齢への適応状態などの良好さ、において優れていることと定義しています。セリグマンは、ポジティブな健康が、寿命の長さ、健康上のコストの低減、加齢にともなう精神的健康の増進、疾病の予後の良好さなどに結びつくとしています。

●ポジティブ心理学と身体的健康

「ポジティブな健康」という概念の背景には、生物学的・個人的・社会的な要因が複合的に関与していると考えられます。こうした考え方に沿って、身体的・精神的健康に関するポジティブ心理学的研究の中では、数多くの実証的成果が生み出されてきました。たとえば、ダナーら（二〇〇一）は、ケンタッキー州にあるカトリックの教会に残されていた資料を分析し、一八〇人の修道女の若いときのポジティブ感情と、身体的健康（生存）との関連を検討しました（「修道女研究（Nun study）」と呼ばれています）。なぜ修道女に注目したかというと、清貧な生活が推奨されており、食べ物も質素で、身体的健康に影響を与えるような喫煙や飲酒などの習癖がコントロールされていると考えられたからです。つ

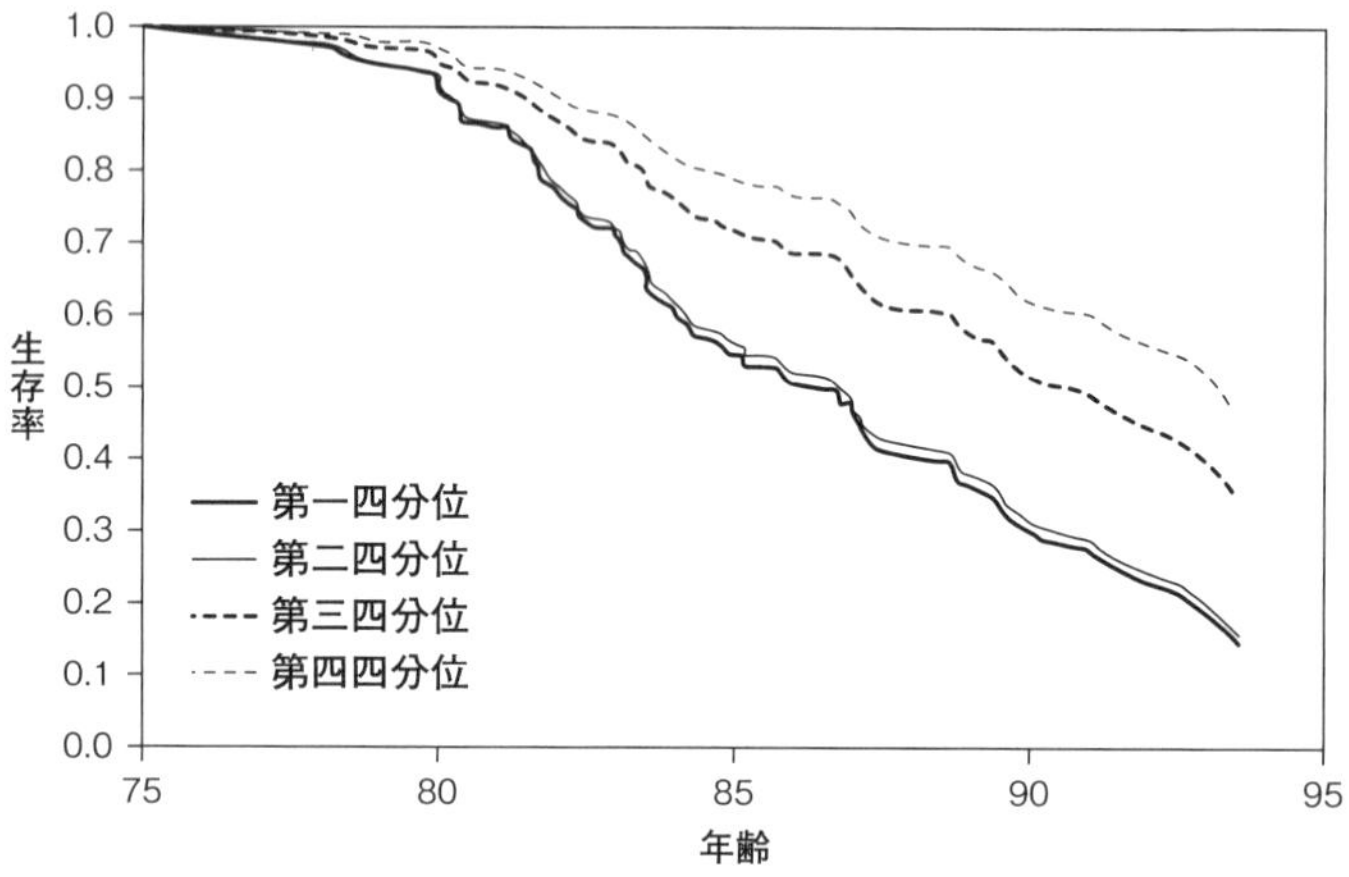

図 19　ポジティブ感情と生存率（ダナーら，2001）

まり、環境要因として等質な影響のもとに置かれており、結果としての健康の違いは、個人的要因に帰属される可能性が高いと見なされることになります。具体的には、一九三〇年代から四〇年代にかけて書かれた、それぞれの修道女の自伝の中に見られるポジティブ感情語、ネガティブ感情語、ニュートラル感情語や、それを含む文章の数、異なる感情として区別されるポジティブ感情の内容などを分析しました。そして、この結果の順位づけにより四つのグループを構成し、七五歳から九五歳に至る生存率を比較しました。結果を図19に示します。図から明らかなように、ポジティブ感情記述に関する四分位数で、第三四分位、第四四分位として分類された高得点グループでは、八〇歳以降の生存率が高まっています。つまり若年期にポジティブ感情の強かった個人は、身体的に健康で長寿の傾向があると判断できることになります。

ウェル・ビーイングと身体的健康の関連については、多数の研究の成果をもとに、因果関係についても、双方向の関係性が認められています。健康心理学領域の研究では、種々の健康行動（運動、睡眠、食行動、喫煙など）との関連が検討され（西と赤松 二〇一六など）、いずれもウェル・ビーイングとつながりがあることが示されており、身体活動に関連する全般的な測定尺度も提唱されています（例：International Physical Activity Questionnaire（IPAQ）、ブース 二〇〇〇）。ディーナーとチャン（二〇一一）も、人生満足やポジティブ感情などのウェル・ビーイングの高さは、健康や長寿と関連することが、さまざまな研究の結果から明らかであると指摘しています。一方で、オクンら（一九八四）のメタ分析によれば、身体的健康に関する客観的指標（医者の報告など）とウェル・ビーイングの相関は・一六程度にとどまり、自己報告による健康との関連（r=.32）に比べると低い数値にとどまることも指摘されています（バウムガードナーとクローザー 二〇一四）。身体的に不健康であっても幸福感の高い人々、あるいはその逆の例が数多く存在することは容易に想定できるでしょう。

●ポジティブ心理学と精神的健康

先に論じたように、「ポジティブな健康」は病理学的側面が存在しないことだけではないとする主張が繰り返されてきました。そこで注目されるようになったのが「精神的健康(mental health)です。キーズとミシャレ(二〇一三)によれば、最初に身体的健康よりも精神的健康に焦点をあてた報告は、一九九九年のアメリカ公衆衛生局長官のレポートとされています(アメリカ公衆衛生局 一九九九)。この報告の中で、精神的健康は「精神的機能が円滑に遂行している状態であり、生産的な行為や、他者との充実した関係性、そして逆境に対処し、変化を受け入れる能力に結びつくもの」(p.4)と定義されています。また、WHOによる精神的健康促進に関する最初のレポート(WHO 二〇〇四)でも、「個人が自身の能力を実現し、人生における通常のストレスを処理し、生産的に充実した労働をすることができ、所属するコミュニティに貢献できるような、ウェル・ビーイングの状態」(p.12)として、ウェル・ビーイングという用語を用いた定義がなされています(いずれもキーズとミシャレ 二〇一三による)。ただ、そうした定義に含まれる側面は「何かポジティブなもの(something positive)」として、明確な検討がなされないままに推移してきたことも指摘されています（キーズ二〇〇九）。

ポジティブ心理学は、病理的な基準として著名なDSM（Diagnostic and Statistical Manual of Mental Disorder）のポジティブ版を追求するべく、第五章で論じた「強み」の研究や、第二章で論じたウェル・ビーイングの多様な側面に関する検討を行ってきました。キーズは、こうしたポジティブ心理学研究の成果を取り入れながら、「精神的健康」について多様な研究を展開しています。たとえば、キーズ（二〇〇二）では、アメリカでのいくつかの統計指標によれば、「成人の半数以上が、生涯の中でなんらかの深刻な精神的不調（mental illness）を体験しており、さらに一〇～一四％の人々が一年の間にうつ的な体験を示している」（p.207）と論じています。このことは逆に見れば、半数の人々は精神的に健康であり、九〇％近くの人々はうつ的な問題をもたずにいることを意味します。キーズの一連の研究では、なぜこのように精神的に健康でいられるかという視点が、問題意識の出発点となっています（キーズ二〇一三）。

キーズはこうした精神的健康に関する個人差を、病的な状態から、消耗（languishing）状態、一般的健康状態、活性化（flourishing）状態という四つの状態に分類できるとする、「活性化―消耗モデル」を提唱しています。ヒュパート（二〇〇五）はこれを図20のように示し、ポジティブな健康研究はこれを図21のように移行させることを目的とすべ

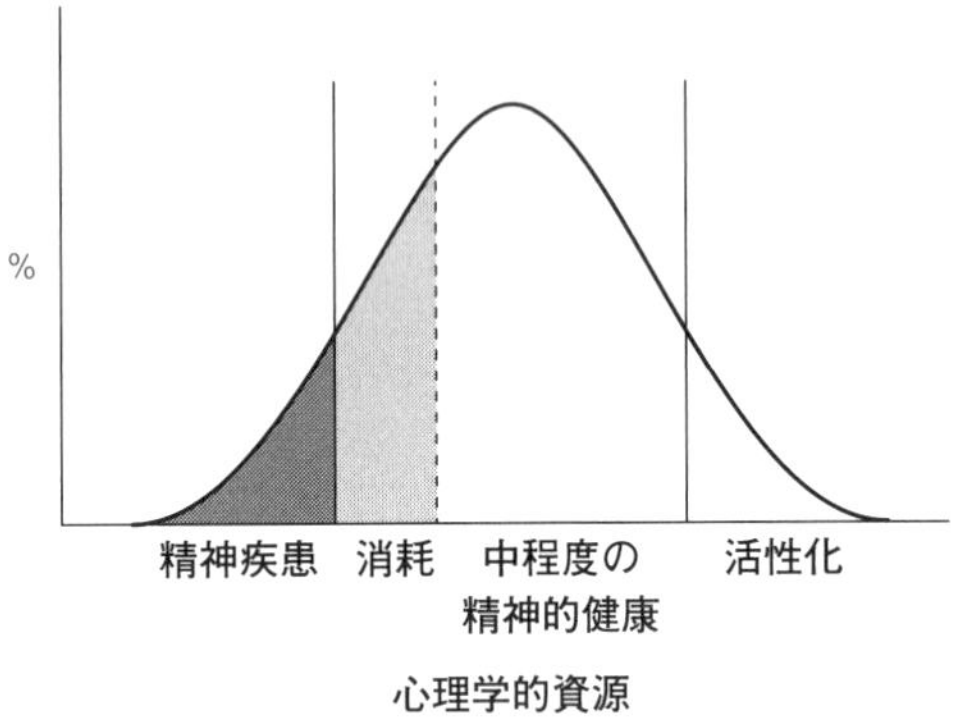

図20　活性－消耗モデル
（ヒュパート，2009；堀毛，2016）

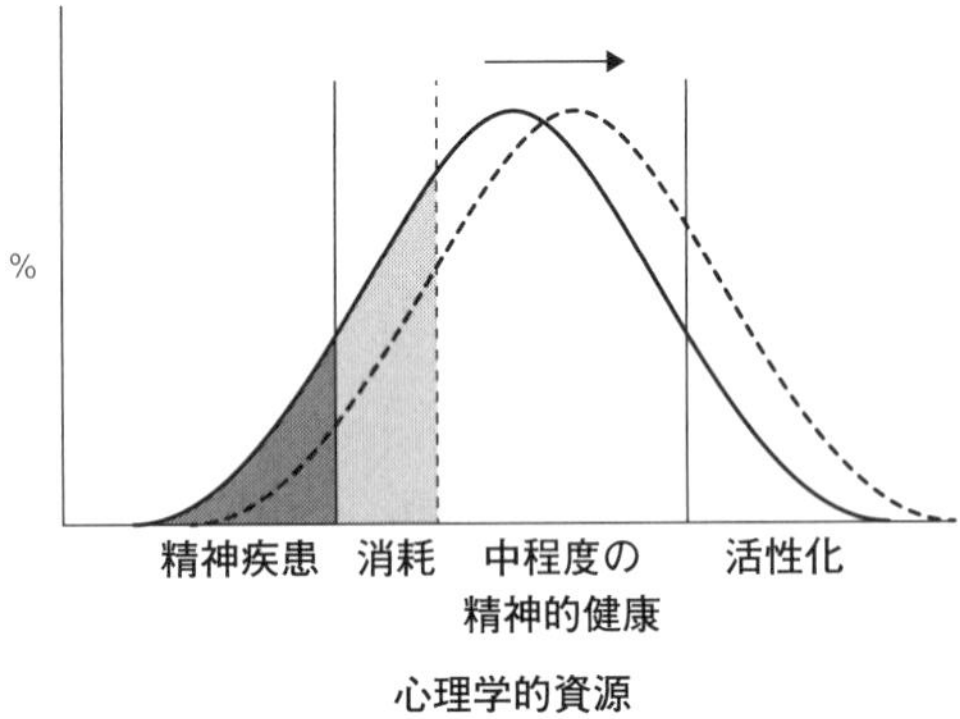

図21　ポジティブ健康研究による移行
（ヒュパート，2009；堀毛，2016）

きであると論じています（mental health spectrum：精神的健康スペクトラム）。図に示される比率は、一九九五年に開始されたＭＩＤＵＳ（Midlife in the United State）と呼ばれる大規模調査のデータをもとにしています（分析に使用されたのは三〇三二人）（キーズ二〇〇二）。

キーズ（二〇〇二・二〇〇九）は、精神的健康を、感情的ウェル・ビーイング、心理的ウェル・ビーイング、社会的ウェル・ビーイングという三つの側面から測定されるものと考え、測定道具として精神的健康連続体尺度（ＭＨＣ-ＬＦ：Mental Health Coninuum）（四〇項目）と、その短縮版であるＭＨＣ-ＳＦ（一四項目）を開発しました（キーズ二〇〇五では一三項目に改変）。活性化状態（フラリッシュとそのままの用語を用いることもある）とは、人生をポジティブ感情や、ポジティブな機能を主とする兆候・症候として把握できるとする一群を意味し、「人生についての熱意をもち、他者と、また社会制度において、積極的・生産的なかかわりをもつ群」（キーズ二〇〇二 p.208）とされています。短縮版でいえば感情的ウェル・ビーイングの三つの項目（幸福、人生への関心、満足。キーズ二〇〇五では、ポジティブ感情と幸福感・人生満足感の二項目に改変）の少なくとも一つ以上、かつ心理的ウェル・ビーイング（リフ一九八九）六項目、社会的ウェル・ビーイング（キーズ一九九八）五項目のうち六つ以上で、過去一カ月の間、「毎日」「ほ

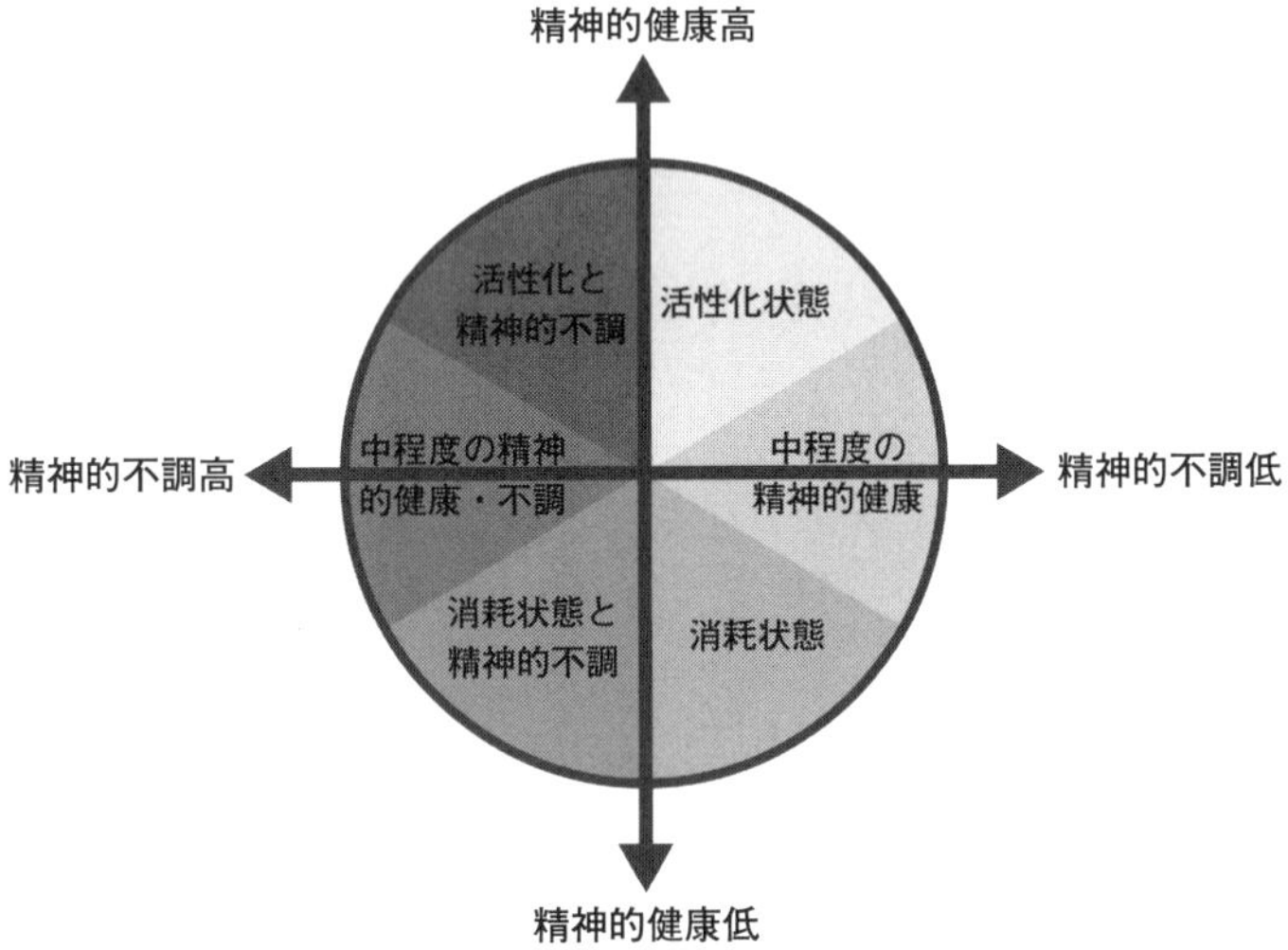

図 22　精神的健康の二次元モデル（キーズ，2013，p.17）

ぼ毎日」それを感じており、うつ的なエピソードをもたないことが要件となります。逆に消耗状態は、同様の基準で、三つのウェル・ビーイングを、過去一カ月の間、「全くない」か「一〜二回」しか感じていないこととされます。キーズ（二〇〇二）によれば活性化状態にある人は一七％に過ぎず、六五％は一般的健康状態、一七％は消耗感状態と判断され、精神的健康を活性化―消耗感による精神的健康の高低軸と、精神的不調の横軸からなる二次元モデルによって理解すべきとする考え方が提唱されています（図22）。ただし、消耗状態の四・七％、一般的健康状態の八・五％は、過去一年の間にうつ的なエピソードがあったことを報告しており、活性化状態の〇・九％にもそうしたエピソードがあることも報告されています。活性化状態でかつ精神的不調のない人々は、「完全な精神的健康（complete mental health）」状態とも名づけられており、このモデルを「完全な精神的健康モデル」と呼ぶこともあります（プロヴァンシェとキーズ二〇一三）。こうした立場はヘルス・プロモーションの基盤をなす考え方としても注目すべきものと考えられています（堀毛二〇一六）。

●個人的資源と健康

精神的・身体的健康をウェル・ビーイングと密接なつながりがあるものと考えるならば、これまでの章で解説してきたさまざまな個人的特徴が、健康につながる個人的資源として重要な意味をもつと考えることができます。健康とかかわりの深いポジティブな個人特徴としては、楽観性や希望、自己制御、自己効力（第六～八章参照）などがしばしば取り上げられ、いずれも精神的・身体的健康とポジティブな関連をもつことが知られています。

健康領域の研究ととりわけ関連の深い個人特性として著名なのは、タイプAと呼ばれる行動特性です（フリードマンとローゼンマン 一九七四）。これは、敵意的行動、時間的切迫感、競争心の強さという三つの特徴を重ねもつタイプを意味しており、冠動脈性心疾患（coronary heart disease）との関連が強いとされています。ポジティブな側面としてはハーディネス（hardiness：頑健性）と呼ばれる特性に関する研究が知られています（コバサ 一九七九）。この概念は、コミットメント、コントロール、チャレンジという三つのCを重視するもので、これらの要素を兼ね備えているほど、打たれ強く、ストレスに強いことが示されています。

これと関連する概念として著名なのが、首尾一貫感覚（Sense Of Coherence：SOC）です。これはアントノフスキー（一九七九 一九八七）によって提唱された考え方です。アントノフスキーは、イスラエルの女性の更年期適応に関する調査で、強制収容所体験のない人々の健康度が高いのは当然として、収容所体験がある人でも、その約三割ほどは悲惨な経験にもかかわらず健康を保持していることに着目しました。その理由を検討する中で、従来の医学や臨床科学が根拠としてきた、疾病の罹患や憎悪に関連する危険因子を明らかにしようとする疾病生成論（pathogenesis）ではなく、なぜ健康を維持できるかという健康生成論（salutogenesis）という観点から研究を進めるべきだとする考え方にたどりつきました（堀毛裕子 二〇一六）。

健康生成論では、健康状態を健康と病気のように二分化してとらえるのではなく、連続体として把握します。このような論理は、第一章でも論じたように、マイナスをゼロ、ゼロをプラスにというポジティブ心理学の基本的な立場につながっています。こうした考え方の基盤となる個人的特徴が首尾一貫感覚です。首尾一貫感覚は、把握可能感、処理可能感、有意味感という三つの側面から構成されるとされています。把握可能感（comprehensibility）とは、生きていくうえで自分の内的・外的環境から生じる刺激には秩序があり、予測や説明が可能であるとする感覚を意味します。また処理可能感（manageability）とは、それらの刺激からの要求に対処する資源は得られるものとする感覚を、有意味感（meaningfulness）とは、そうした要求は挑戦でありかかわる価値があるとする感覚を意味します（堀毛裕子 二〇一六）。アントノフスキーはこれらの側面を測定する尺度（SOC尺度）も開発しており、本邦でも多くの健康心理学的研究で用いられ、さまざまな健康行動との関連が明らかにされています。

●リジリエンス

首尾一貫感覚とも関連しますが、逆境からの精神的回復力としてさまざまな研究が展開されてきた、リジリエンス[注31]と呼ばれる概念をめぐる領域があります。リジリエンスに関する研究は膨大な量に及び、心理学的研究に限定しても、子どもから老人に至る各世代について、人格、社会、発達、教育、産業、スポーツ、臨床等、さまざまな領域できわめて多様な研究が行われています。フレッチャーとサーカー（二〇一三）は、リジリエンスに関し、マステン（二〇〇一）の定義など、しばしば引用される代表的な定義を紹介し（表9）、これらの定義の基盤に、「逆境」と「ポジティブな適応（positive adaptation）」という二つの核となる概念が存在することを指摘しています（堀毛二〇一四b）。「逆境」とは、「困難・不幸・トラウマなどに結びつくひどい苦難（hardship）や苦悩（suffering）」（ジャクソンら二〇〇七）を意味します。一方、「ポジティブな適応」とは、「社会的能力や発達的諸課題の達成が行動として示されること」（ルターとシチェッティ二〇〇〇）、とされています。

注31　リジリエンスは、レジリエンス、リ（レ）ズィリエンスなどと表記されますが、仁平（二〇一一）は、発音から見て、「リジリエンス」と表記するのが妥当であろうと指摘しています。ただ、実際には、心理学以外の分野を含め、レジリエンスという表記を用いた研究が多数を占めるのも事実だろうと思います。日本語では、精神的回復力（小塩ら二〇〇二）などとも訳されますが、リジリエンスという原語をそのまま用いることが多いようです。

表9　リジリエンスに関するさまざまな定義
（フレッチャーとサーカー，2013；堀毛ら，2014）

Rutter（1987）	不適応な結果をもたらしやすいある種の環境的な危険に対する人間の反応を修正，改善，変容させる防御的要因（p.386）
Masten, Best, & Garmezy（1990）	負荷のかかる，あるいは脅威となる出来事にもかかわらず，良好な適応をもたらす過程，能力，成果（p.426）
Luther, Cicchetti, & Becker（2000）	重大な逆境という文脈の中で，ポジティブな適応を包括するダイナミックなプロセス（p.543）
Masten（2001）	適応や発達に対する重大な脅威にもかかわらずよい結果をもたらす現象の区分（p.228）
Conner & Davidson（2003）	逆境に直面した際に力強い成長をもたらすことを可能にする個人的な資質（p.76）
Bonnano（2004）	親密な関係にある人の死，総体的に安定した健康な水準の心理的身体的機能の維持を侵害し生命を脅かすような状況など，他に類のない潜在的に高度な混乱を生じさせる事象にさらされた人間の環境を正常に保つとともに，生成的な体験やポジティブな感情を生み出す能力（pp.20-21）
Agaibi & Wilson（2005）	行動傾向の複雑なレパートリー（p.197）
Lee & Cranford（2008）	重大な変化，逆境，リスクに上手に対処する個人の能力（p.213）
Leipold & Greve（2009）	重大な逆境条件から速やかに回復する（あるいは成長すら示す）個人の安定性（p.41）

また、マステンら（二〇〇九）は、リジリエンスを「ポジティブな行動（社会的・学業的達成等）や、社会がその年齢の人々に望ましいと考える行動を示すこと、精神的不調、犯罪行動など望ましくない行動が見られないこと」と説明しています。この論考では、子どもにおけるポジティブな適応の指標として、学業成績、反社会的行動、友人からの受容、精神的健康、年齢相応の活動への関与などがあげられています。リジリエンスを、逆境の中でポジティブな適応を生み出す資質、あるいはダイナミックなプロセスとする見方は、リジリエンスを理解するうえできわめて受け入れやすいものと思われます。

リジリエンスに関しては、これを個人の特性や能力と考える立場と、複合的なプロセスと考える立場が存在します（ウィンドル 二〇一一）。前者については、先に論じたハーディネスや、ポジティブ感情、外向性、自己効力、スピリチュアリティ、自尊心などがリジリエンスに関連する資質とされてきました（フレッチャーとサーカー 二〇一三）。これらの資質は主として逆境からの保護的（protective）な性質（適応が悪くなるのを防ぐ）をもつと考えられますが、一方で、成長・促進的（promotive）な資質（よい適応をもたらす）の存在も考えられると思います。第五章で扱った「強み（character strengths）」などは、いずれもリジリエンスと密接な関連性をもつ可能性があり、個人のもつ促進的な資質として統合的な検討が進められる必要があると思われます。この点に関しては、フタとホーリー（二〇一〇）も、これまでの研究では「強み」と「脆弱性」が、対極をなす概念として扱われてきたが、実際には両者には中程度の負の相関が見られる場合もあること、また、うつからの回復の予測には「強み」は有効だが、「脆弱性」は有効にならないことなどを指摘し、ウェル・ビーイングに対する効果は個別に検討すべきであると論じています。

一方、リジリエンスをプロセスととらえる考え方では、保護的・促進的要因が、文脈や状況、もしくは時系列的に異なることを強調します。すなわち、精神的な回復・成長を考えるにあたっては、人と状況の相互作用が重要な意味をもつことになります。リジリエンス研究では、こうしたモデルも多数提唱されていますが、マステンら（二〇〇九）は、これらの変数間の関係性を、①主効果モデル（資源とリスク（逆境）が独立に作用する）、②媒介（相互作用）モデル（リスクと適応の間に媒介変数が入り関連を変化させる）、③調整モデル（資源要因の高低が適応の水準を変化させる）、④予防モデル（リスクに対し気がつかない予防要因（医療技術の進歩など）が働く）という四つのパターンに分類しています。マステンら（二〇〇九）は、また、こうした変数関連モデルの検討とともに、質的な人間中心モデル、すなわち、単一事例研究や、対象をリジリエンス指標によりサブ・グループ化し、縦断的に適応の変化を見る研究による知見を取り入れながら研究を進めることも重要であると指摘しており、こうした観点を取り込んだ研究を進めていくことも、今後の重要な課題になると思います（堀毛ら二〇一四）。

●社会的資源と健康

「ポジティブな健康」を考えていくうえでは、個人的な資源とともに、社会的な資源についても検討を行っていく必要があるでしょう。社会的な資源に関しては、前章で論じた対人関係のよさが健康に関連することが指摘されてきましたが、「ソーシャル・サポート（社会的支援）」の機能も注目され、情緒的サポートをはじめ、評価的、道具的、情報的サポートのそれぞれが、精神的回復・成長と関連をもつことが研究されてきました。たとえば、バークマンとサイム（一九七九）によるアラメダ研究（カリフォルニア州アラメダ郡で行われた縦断研究）では、一九六五年に行われた社会的ネットワークの調査で、サポートの強さを四段階に分類し、一九七四年の追跡調査で死亡率との関連を検討したところ、ネットワークが少ないグループほど死亡率が高くなることが明らかにされています。

これらのサポートは、社会的資源とはいえ、個人レベルでその有無が問われ、測定も個人レベルで行われてきましたが、最近はパットナムら（二〇〇一）により提唱された

「ソーシャル・キャピタル（社会関係資本）」という概念のもとに、ネットワークや信頼、規範等を中心とする社会組織的特質とのかかわりが注目を集めています。たとえば、マンズィら（二〇一〇）は、サスティナブル（持続可能）な発展に関する研究の中で、社会関係資本として、人間資本（スキルや教育など）、社会資本（社会的ネットワークなど）、建造物資本（公共施設へのアクセスなど）、自然資本（緑地へのアクセスなど）、経済資本（収入など）という五つの資本が、コミュニティの活性感と関連をもつことを示しています。また、ポーティンガ（二〇一二）は、社会関係資本を、信頼や協調的関係の強さを示す「絆（bonding）資本」、異なる背景をもつ人同士の尊重や相互依存関係の強さを示す「繋ぎ（bridging）資本」、政治参加や規範尊重を示す「連結（linking）資本」から構成されるとし、絆資本は近隣の団結や信頼、所属感、地域活動への参加などによって、繋ぎ資本は、集団の団結、相互尊重、社会経済的地位の類似性や民族的な類似性の認識などによって、そして連結資本は、共行動や集会への参加、近隣社会への影響力、国会や地方議会、警察への信頼感などによって測定でき、それぞれが、近隣からの疎外感や自己報告による精神的健康感と密接な関連をもつことを報告しています。[注32]

●宗教性と健康

この他に、「ポジティブな健康」に寄与する要因の一つとして、しばしば取り上げられるのが、宗教性やスピリチュアリティです。一般に、宗教性の高い人々は、より健康で、よりウェル・ビーイングが高いこと、特に女性や年長者ではその傾向が強いことが知られています（コンプトンとホフマン 二〇一三）。オマーンとソールセン（二〇〇五）は、宗教的な人々は平均すると七年長命であり、身体的なリスク要因を調整しても死亡率が二五％低いことを明らかにしています。また、ジョージら（二〇〇二）は、宗教性／スピ

注32　ポーティンガ（二〇一二）は、これらの側面を「コミュニティ・リジリエンス（community resilience）」として総体的に把握できると論じています。「コミュニティ・リジリエンス」に関しては、すでに活発な論議が行われており、たとえば、ホールとザウトラ（二〇一〇）は、その基本となる指針として、住宅購買のしやすさ、平等な収入、自宅からのインターネット・アクセスの整備、教育水準の高さ、多様なリーダーの選出、病気後の回復率、公園や散歩道などのパブリック・スペースの整備、空気の清浄さ、常習犯の少なさ、社会的信頼や団結感の認知、ととも に州単位での健康やウェル・ビーイング指標の高さ、ヘルスケアへのアクセスのしやすさ、という一二の指標をあげています。

リチュアリティを測定する際に重視される変数が四つあることを指摘しています。それは、①教会への出席や宗教活動への参加、②宗教／宗派への親和感、③祈り、瞑想、聖書を読むなど私的な宗教的実践、④ストレスや挑戦的な出来事への対処として宗教を用いること、の四つです。ジョージらは、これらの四つの変数が、身体的・精神的健康や長寿の予測因になることを示しています（バウムガードナーとクローザース二〇一四）。宗教やスピリチュアリティが健康やウェル・ビーイングに関連する理由はさまざまですが、コンプトンとホフマン（二〇一三）は、①ソーシャル・サポートを提供する、②健康なライフスタイルをもたらす、③人格的な統合につながる、④世代継承性や愛他性を促進する、⑤独自の対処方略をもたらす、⑥人生の意味や目的を提供する、という六点をあげています。[注33]

注33　コンプトンら（二〇一三）は、スピリチュアリティと関連をもち、かつ健康やウェル・ビーイングと関連をもつ要因として、感謝、許容性、思いやり、謙虚さ、高揚感、畏怖感、驚嘆、ピーク体験、霊的体験、回心、神秘主義、トランス・パーソナル心理学など多様な要因が存在することも指摘しています。

12●ポジティブ心理学と教育・発達

●ポジティブな教育

本章と次章では、ポジティブ心理学の応用領域として、教育・組織・社会・環境に関する研究内容について紹介していきたいと思います。こうした領域での研究の重要性は、ポジティブ心理学の初期から指摘されており、第一章で紹介したように、「ポジティブな制度」に関する研究として、ポジティブ心理学の三つの柱の一つとされてきました。けれども、二〇一〇年代に入るまで、活発な研究が行われてこなかったことも事実だと思います。ビスワス・ディーナーら（二〇一一）も、ポジティブ心理学は基本的に個人を分析の単位としてきたが、最近の関心は集団や組織レベルに向けられるようになったとしています。

このうち、最近ポジティブ心理学者の関心を集めているのが教育領域です。ここでも、セリグマンらが「ポジティブ教育（positive education）」という論考をまとめています（二〇〇九）。それによると、ポジティブ教育は「伝統的なスキルと幸福感のための教育」（p.293）と定義され、アメリカでは二〇％近くに達するとされるうつ状態を体験したことのある子どもへの対策として、ウェル・ビーイング教育を展開することが重要で、それが精神的健康をもたらすとともに、拡張・形成理論の指摘するように、知識や世界を広げることになると指摘しています。「ウェル・ビーイングの向上はよりよい学習との相乗効果による」（p.294）という主張です。

ポジティブ教育の効果を実証する例として、セリグマンらは、ペンシルベニア・リジリエンシー・プログラム（Penn Resiliency Program：ＰＲＰ）や、ポジティブ心理学カリキュラムの例を示しています。ＰＲＰは第一四章で論じるポジティブ心理学的介入の一つとして知られている研究で、多様な民族性をもつ子どもや青少年を対象に、多様なリーダーのもとで、無作為抽出法を用いた研究により、その効果が実証されています。ＰＲＰは基本的にうつを予防するためのプログラムとして開発され、日常のストレスや諸問題への対処力を高め、楽観性を育てるとされています。セリグマンら（二〇〇九）は、ＰＲＰの効果として、①うつの低減・予防、②無力感の低減、③不安の低減・予防、④問題行動の低減等をあげ、また、多民族に等質な有効性が見られること、リーダーの資質が重要な意味をもつことなどを指摘しています。PRPの具体的なトレーニング内容については、宇野（二〇一八）が参考になります。

一方、ポジティブ心理学カリキュラムは、生徒のもつ強みの強化と使用を目指したもので、第九学年（中学三年生）に二〇回から二五回にわたり八〇分のカリキュラムとして実施されます。内容的には、クラスでの討議やクラス活動、宿題としての自宅での活動などを含みます。具体的なエクササイズとしては、第一四章で紹介する「三つのよいこと」や「強みの新しい使用法を考える」などが含まれます。介入の結果は、学習スキルや対人スキルの向上が見られることを明らかにしました。たとえば、図23は教師による好奇心・創造性・学習の熱心さなどの強み評定の変動の結果です。自己評定だけでなく、母親や教師による評定の上昇が注目されます。

こうした活動は、たとえばオーストラリアの名門教育校の一つであるジーロング・グラマースクール（Geelong Grammar School）で実践に供され、評価を得ています。この学校では、ポジティブ教育のモデルに従って、強みを中心に、ポジティブな関係、感情、健康、活動、達成、目標という六領域でのカリキュラムが考案されています。一例をあげれば、感情領域での実践の一つとして、スキットルズという色とりどりのキャンディを利用し、青は悲しみ、黄は幸福、赤は怒りなどとクラスで決めておいて（映画『インサイ

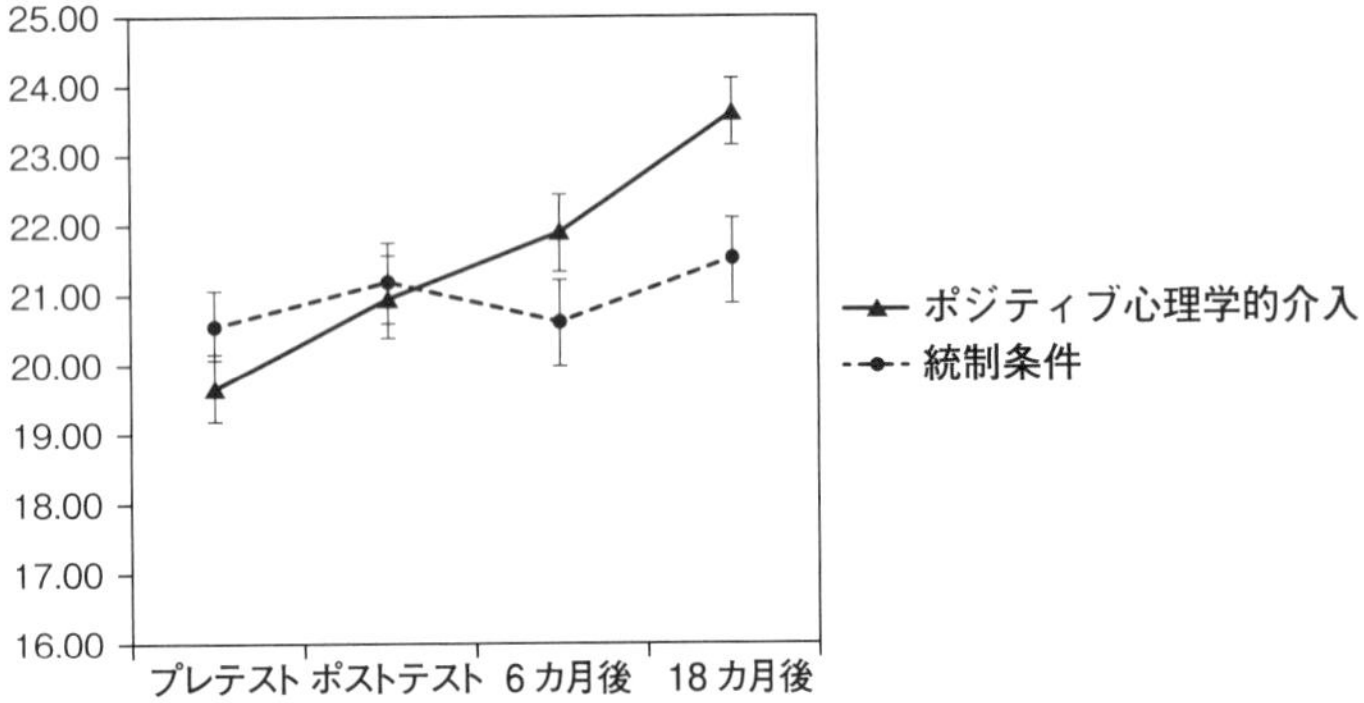

図23　PRP介入による学習関連の強み得点の変動（教師評定）
（セリグマンら，2009）

ド・ヘッド』が連想されると思いますが）、友達と最近の感情経験について話し合いをします（Emotional Skittlesと命名されています）。特定の感情に関する話ができたら、スキットルズを食べることができるというルールです。このような作業を繰り返すことにより、感情に関する理解や他者との相互作用が深まる効果があるとされています。これらのプログラムの詳細については、ノリッシュ（二〇一五）を参照してください。

●ポジティブ・スクーリング

ポジティブな教育に関しては、「教育」という用語の代わりに「スクーリング（schooling）」という言葉を使うことも多いようです（スナイダーら二〇一一）。それは、単に学校教育だけでなく、コミュニティ全体のかかわりを重要と考えるためです。ギルマンら（二〇〇八）は、「ポジティブな学校とは、生徒がポジティブなよい体験をしたと感じることのできる学校を意味する」（p.87）と論じ、八歳ごろには、人生満足感とポジティブ・ネガティブ感情の相違や、人生に関する意味的評価の相違を理解できるようになり、それがポジティブな学校という評価、いいかえれば「学校満足感（school satisfaction）」に反映されると論じています。学校満足感は、成績や自己統制感・動機づけの高さ、問題行動の低さに反映されることが明らかになっています（ヒューブナーとギルマン二〇〇六）。また、スナイダーら（二〇一一）は、ポジティブ・スクーリングの構成要素として、配慮、信頼、多様性の尊重、という三つを指摘し、とりわけ配慮と信頼が、生徒たちの活性感を高める支援的な雰囲気として重要であるとしています。配慮は特に教師に求められる資質でもあり、子どもの学術的あるいは人生目的の構築、学校満足感、人生満足感の高さなどに関連します。信頼は、低学年の児童にとってとりわけ重要であり、愛着と同様の意味をもつことが指摘されています。一方、多様性の尊重は、自分自身の民族的、文化的、年代的特質と異なる集団と接し理解することの重要性を意味します。これらの三要素はいわば家の土台のようなもので、この上に、目標の探求、計画の立案、達成への動機づけという三つの要因が位置づけられます。学校や地域の指導者たちは、子どもにこれらの要素に関し自己決定的に取り組むことを求めます。その結果、子どもたちの中に第七章で述べた希望への経路と動機づけが育成され、社会への貢献として展開されていくと考えるわけです。

前述した学校満足感については、いくつかの測度が開発されています。代表的なものの一つが「学校生活の質測定尺度（Quality of School Life Scale：ＱＳＬ）」（エプスタインとマクパートランド 一九七六）です。これは、二七項目からなる尺度で、全般的な学校生活の満足度、学校活動への関与、先生への態度という三領域から構成されています。エプスタインらは、四〇〇〇人を超える小・中・高校生への適用の結果から、学業成績とは正の、不安や問題行動とは負の相関が見られることを明らかにしています（ギルマンら二〇〇八）。また、ヒュブナー（一九九四）による「多次元学校生活満足度尺度（Multidimentional Students' Life Satisfaction Scale：ＭＳＬＳＳ）」は、学校満足感（八項目）、家族（八項目）、友人（九項目）、生活環境（八項目）、そして自己（七項目）に関する満足感を測定する尺度です。このうち学校満足感は、「学校生活は楽しい」「学校ではたくさんのことを学んでいる」などの項目から構成されています。これらの尺度を用いた研究から、学校満足感と関連する変数として、自尊心、（学術的）自己効力感、内的統制、希望、内発的動機、仲間のサポート、教師の支援などが重要であることが明らかにされています。また、文化や社会的流動性、学校格差などの社会生態学的要因の影響も見られることも示唆されています。ただ同時に、学校満足感に影響を与える制度レベルの方法や課題は、まだ研究の初期段階にとどまることも指摘されています（ギルマンら二〇〇八）[注34]。

●強み祝福プログラム

フォックス・イーズ（二〇〇八）は、教育場面において、制度レベルの介入として、コミュニティの活性化を図る「強み祝福（Cerebrating Strengths）」プログラムを開発しています。このプログラムは、生徒たちに学習の楽しさを知ってもらい、それを通じて強み

注34　この他、大学教育における欲求満足尺度（ユウとキム二〇〇八）など、学齢を特定した満足感尺度も開発されています。また、ランドルフら（二〇一〇）は、ドイツとフィンランドの学生を対象に学校満足感の規定因を調査し、クラス／学校要因（参加の程度、公正さなど）、社会的要因（仲間や教師のサポート、受容）、個人的要因（有能感、学習への関与など）、これまで関連が低いとされていた要因（知能、クラスサイズなど）という四つの要因に分類し分析を行ったところ、教師への好意度やクラスサイズが満足感に影響を与えていることを明らかにしています。

を育成することを目的としたものです。プログラムは、まず児童生徒や教育者のポジティブな習慣を形成することからスタートします。習慣は、思考、会話、行動という三つの側面から構成され、思考習慣はネガティブ思考に気づきその理由やもたらす結果を知ること、そして対処戦略を考えることから構成されます。会話習慣は強みを理解し、口頭による希望に満ちた物語（hopeful story telling）を展開することを意味します。行動習慣は、一日を振り返り内省したり、優れた実践について称賛（祝福）することです。これら三つの習慣は相互に関連し影響を与え合って、強みの形成・維持につながります。引き続き、これらの習慣をカリキュラムに組み込み、環境を整備します。そのうえで、祝祭や会話というイベントを、個人、クラス、学校全体という三つのレベルで展開します。たとえば、個人レベルの祝祭は誕生日やクリスマスなどですが、それをクラスレベルに拡大すれば、会話を通じ個人の強みへの気づきにつながります。さらに学校レベルの行事にすれば、地域の支援者や保護者、職員なども巻き込んだ催しになり、たとえばコミュニティの多様性への気づきが一層促進されることになります。祝福技法の一つとして、フォックス・イーズは「宝箱」と名づけられた介入法を提案しています。これは、幸せな記憶のアルバム作りで、幸せな体験をしたときに、それをアルバムに書き込んだり、写真を撮って記録したりする作業を意味します。落ち込んだときや、クラスで対立が見られたときにそれを開けば、幸せな経験を再体験できることになります。注35 こうした技法は、個人的な取組みを、クラスや学校などの集団に広げていく試みとして興味深いものといえるでしょう。

●ポジティブな青少年の発達

教育という面に限らず、発達心理学とポジティブ心理学の連携も深まりつつあります。たとえば、ブラウン・キルシュマンら（二〇〇九）は、よいポジティブ心理学には発達的側面が含まれることが必須であると指摘し、とりわけすべての発達時期を通じた観点をもつことが重要であると指摘しています。また、子どもの発達を促進する手助けとして、医療、学校、地域、宗教などにかかわる職種が協力して課題にあたることの重要性も指摘されています。また、カタラーノら（二〇〇二／二〇一三）は、一九七〇年代までの問題行動予防プログラムの失敗を教訓に、八〇年代以降、「ポジティブな青少年の発達

注35　この他、たとえば「真珠」と呼ばれる技法では、閉眼して幸せな「真珠」のような記憶を映画のフィルムのように思い出し、ポジティブな気分を再体験できたら、それをパステルを使って自由に表現します。その絵を「宝箱」にしまっておいたり、机に飾ってスタッフとの会話に利用すれば、雰囲気が和らぎ会話が促進される効果があるとされています。

（Positive Youth Development：ＰＹＤ）」が注目され、研究が進められてきたと論じています。ＰＹＤは、発達課題の達成に影響する社会的・環境的要因全般を意味し、操作的定義としては、以下の一五の側面を含むとされています。①絆の形成、②リジリエンスの育成、③社会的有能性の促進、④感情的有能性の促進、⑤認知的有能性の促進、⑥行動的有能性の促進、⑦道徳的有能性の促進、⑧自己決定性の育成、⑨スピリチュアリティ（精神性）の育成、⑩自己効力感の育成、⑪明確でポジティブなアイデンティティの育成、⑫将来に関する信念の育成、⑬ポジティブな行動に関する認識の扶養、⑭向社会的な関与の機会の扶養、そして⑮向社会的な規範の育成。カタラーノら（二〇一二）は、少なくとも一つ以上の側面を含む六歳から二〇歳を対象とした一六一の実験的研究のレビューを行い、データの欠落等のない四四のプログラムを評価対象として分析した結果、そのうちの三九のプログラムで、自己統制、フラストレーション耐性、共感、社会的有能性、自己効力感、適応的対処行動など多様な側面にポジティブな影響が見られたと報告しています。

さらにラーナーら（二〇一五）は、ＰＹＤが、①発達的過程として、②青少年育成プログラミングに関する哲学あるいは接近法として、③青少年育成プログラミングもしくは青少年の健全でポジティブな発達の促進に焦点をあてた組織の事例、という観点から考えることができると提唱しています。そのうえで、発達的過程に関するモデルとしてベンソンら（二〇一一）による発達資産の考え方や、自身の5Csモデルなどを紹介しています。発達資産（developmental assets）とは、ポジティブな発達を促進させる個人的・環境的な資源の総称を意味し、内的資産と外的資産に区分されます。内的資産は、①学習への関与（コミットメント）：学ぶことの楽しさなど、②肯定的価値観：他人を尊重するなど、③社会的能力：感情表現が上手など、④ポジティブなアイデンティティ：将来に希望がもてるなど、の四つです。外的資産は、①サポート：親の手助けを得られるなど、②エンパワーメント：人の役に立てるなど、③規範と期待：明確な規則があるなど、④建設的な時間の利用：創造的な活動に参加するなど、の四つとされています（ベンソンら二〇一一）。ラーナーら（二〇一五）は、これらの資産が、学業成績やリーダーシップ、身体的な健康や逆境の克服を予測すると指摘し、特に外的資産に示されるコミュニティの役割が重要な意味をもつと論じています。本邦では、相原ら（二〇一〇）がこの問題に関する論考を発表しています。

また、ラーナーら（二〇一五）は、成人指導者の支援を受けたスキルやリーダーシップ育成によるPYDを4Hと名づけ（Head：批判的思考、Heart：関係性、Hand：相互交流、Health：自己や地球環境のウェル・ビーイング（4H-learningのHPによる）、こうした四側面に着目した青少年支援活動により、個人的性格特徴として五つのCsが育つと主張しています。五つのCsとは、有能感（Competence）、自信（Confidence）、性格（Character）、絆（Connection）、配慮（Caring）を意味します。ラーナーらは、いくつかの縦断的研究の成果として、これらの資質が自己のみならず、家族・コミュニティ・市民社会への貢献をもたらし、うつや非行、薬物依存などの問題行動を抑制することを明らかにしています。

●生涯発達的視点（1）——世代継承性

シノット（二〇一三）は、成人期の発達やエイジングなどを中心としたポジティブ心理学研究の展開について論じています。注目されるものの一つが、マックアダムス（二〇一三）による、世代継承性（generativity）のポジティブ心理学に関する論考です。世代継承性とは、エリクソン（一九五九）の発達漸成論に基づくライフサイクルの第七段階の課題とされるもので、よい親、面倒見のよい親になること、必要とされることへの欲求、次世代の育成などを意味します。この段階の発達を促す徳（活力）は「配慮（care）」とされています。マックアダムス（二〇〇六）によれば、世代継承性の高い人は、現在より多くの活動に関与しようとし、生活していけるであろう試みに時間と創造的なエネルギーを投じるとされています。また、コトル（一九八四）は、世代継承的になるには、生物学的（子作り）、養育的（しつけ）、技術的（スキル開発）、文化的（規則作成）という四つのやり方があり、いずれも配慮・世話と結びついていると指摘しています。マックアダムス（二〇一三）は、ポジティブ心理学の強みとしては取り上げられなかったものの（第五章参照）、「世代継承性に関する研究は増加しており、それらの知見はポジティブ心理学の観点に重要な貢献をなす」（p.192）と論じています。世代継承性の構成要素としては、以下の七点が指摘されています（マックアダムス二〇〇六二〇一三）。①文化的要求：次世代を準備せよという要求、年齢にふさわしい行動をとれという期待、②内的な願望：象徴的な不死性（自己を拡張した何かを後生に残したいとする欲求）と、他者に必要とされたい世話したいという欲求、③次世代への関心：上記二つの要因の組合せにより次世代への関心が促進される、④種に関する信念：人間生活が基本的によいもの、価値のあるものとする信念が抱かれる（希望に結びつく）、⑤次世代への関与：関心が具体的な目標や決断をもたらす、⑥世代継承的行為：関与に基づいて具体的な行為（創造、維持・伝達、自律的献身）が行われる、⑦世代継承的語り：ライフ・ストーリーとして次世代に語る。

さらにマックアダムスとデ・サントーバン（一九九二）は、世代継承性を測定する二〇項目からなる自己報告尺度（Loyola Generativity Scale：LGS）を作成し、実証研究に供しています。この得点は、「スキルを教える」などの行動チェックリストで測定された行為的側面や、個人的課題や目標を自由記述させ継承性テーマが見られるかコード化した関与的側面と高い相関を示すことが報告されています。本邦では、丸島・有光（二〇〇七）により日本語版尺度が作成されています。

マックアダムスはライフ・ストーリーの研究者としてもよく知られています。たとえば、マックアダムスとボウマン（二〇〇一）では、アフリカ系アメリカ人を対象とした世代継承性とストーリーの特徴の関連に関する検討が行われています。その結果、世代性の高い参加者は、ポジティブな関与物語（commitment story）を語ることが多かったことが報告されています。さらに独自な特徴として、子ども時代の危機、敵対者の存在、宗教の援助的役割などに加え、救済（redemption）というテーマ、すなわち悪いことのあとによいことが生じるという特徴がしばしば見られました。これは希望をはじめとするポジティブ感情の生起を意味するもので、ウェル・ビーイングとも高い関連をもつことが指摘されています。一方で堕落（contamination）というテーマ、すなわちよいことのあとの悪いことの語りも多く存在し、これは失望をはじめとするネガティブ感情の生起につながるとされています。マックアダムス（二〇一三）は中年期の救済的な自己に含まれる関与物語の特質として、子ども時代の豊かさ、苦悩体験との出会い、道徳的基準の確立、救済、権力と愛の対立、向社会的目標という六点をあげています。世代継承性は、このような自己や語りを背景に育成されてくるということです。

●生涯発達的視点（2）――サクセスフル・エイジング

老年期のポジティビティに関する研究は、老年学を中心に数多く展開されてきました。ウェル・ビーイング研究についてもポジティブ心理学の提唱以前には老年期の研究が中心になっていました。最近の研究では、ケリー・ギレスピー（二〇〇九）が、これらの研究のメタ分析により老年期のウェル・ビーイング次元として、社会的、身体的、心理的、精神的、認知的、環境的という六つの次元とそれぞれの下位次元を提唱しています。また、数多くの研究の中でポジティブな視点を強調する研究としては「サクセスフル・エイジング（successful aging）」の研究があります。たとえば、ローを代表とするマッカーサー財団の研究（ローとカーン 一九八八）では、七〇歳から七九歳の健康な老齢者一一八九人を対象に七年間の縦断研究を行い、サクセスフル・エイジングの要素として、病気の回避、人生への関与、身体的・認知的機能の維持という三点の重要性を指摘しています。また、充実した生活を送るためには、情緒的・道具的なソーシャル・サポートが不可欠であることはいうまでもありません（ロペスら二〇一五）。ヴァイヤン（二〇〇四）は、五〇歳前の生き方がサクセスフル・エイジングを規定すると論じています。それによると、喫煙や過度の飲酒をしないこと、健康な体重、安定した結婚生活、運動、教育年数などが重要な予測因になること、また老年期以降は、ウェル・ビーイング促進への関心や自律性の維持、意味のある少数の目標の選択などが重要であることが示唆されています（ロマスら二〇一四）。

●生涯発達的視点（3）――社会的知性と知恵

生涯発達的な視点としてエリクソンが指摘した最終の第八段階は、統合対失望です。自分の人生を振り返り有意義な人生だったと評価するか、意味のない人生だったと考えるかの違いとされます。エリクソンは「至高の老齢化（peak aging）」という表現で、洞察、知恵、遊び心という三つの側面を重視しましたが、この段階の発達につながる徳として位置づけられているのが「知恵（英知：wisdom）」です。エリクソンは知恵について「非関与への関与」すなわち、超然とした立場から人生の流れに関与することとしています（コンプトンとホフマン二〇一三）。

知恵は、第五章で論じた人間の強みの一つとして「社会的知性（社会的知能：social intelligence）」が含まれているように、ポジティブ心理学でも主要なテーマの一つとして扱われてきた概念です。社会的知性（知能）は、「情動知能（Emotional Intelligence：EI）」と呼ばれることもあり、知恵を含めてこれらの概念の用いられ方は混交しているように思います。社会的知性については、ソーンダイク（一九二〇）以来、長い研究の歴史をもちますが、メイヤーら（二〇〇八）は、これまでの情動知能研究が、①能力特定的、②統合的、③複合的の三つのアプローチに分類されることを指摘したうえで、さまざまな研究がもたらした成果について概観しています（図24）。同時に、情動知能研究は感情と知能という二つの科学的概念を基盤に、能力特定的な側面をふまえながら統合的に行われるべきで、複合的なアプローチの対象は領域的に広範すぎると論じています（堀毛二〇〇九e）。情動知能に関してはよい翻訳書も出版されていますので参照してください（チャロキーら二〇〇一／中里ら訳二〇〇五）。

「知恵」に関しては、社会的知性の研究とは独立に、数多くの研究が展開されています。たとえば、知能や知恵の研究者として知られているスタンバーグ（一九八五）は、大学教授や一般人に、「賢い人（wise people）」から連想される特徴をあげさせ、一人の人物に共有される特徴として大学生に分類を行わせました。その結果、以下の六つの特徴が抽出

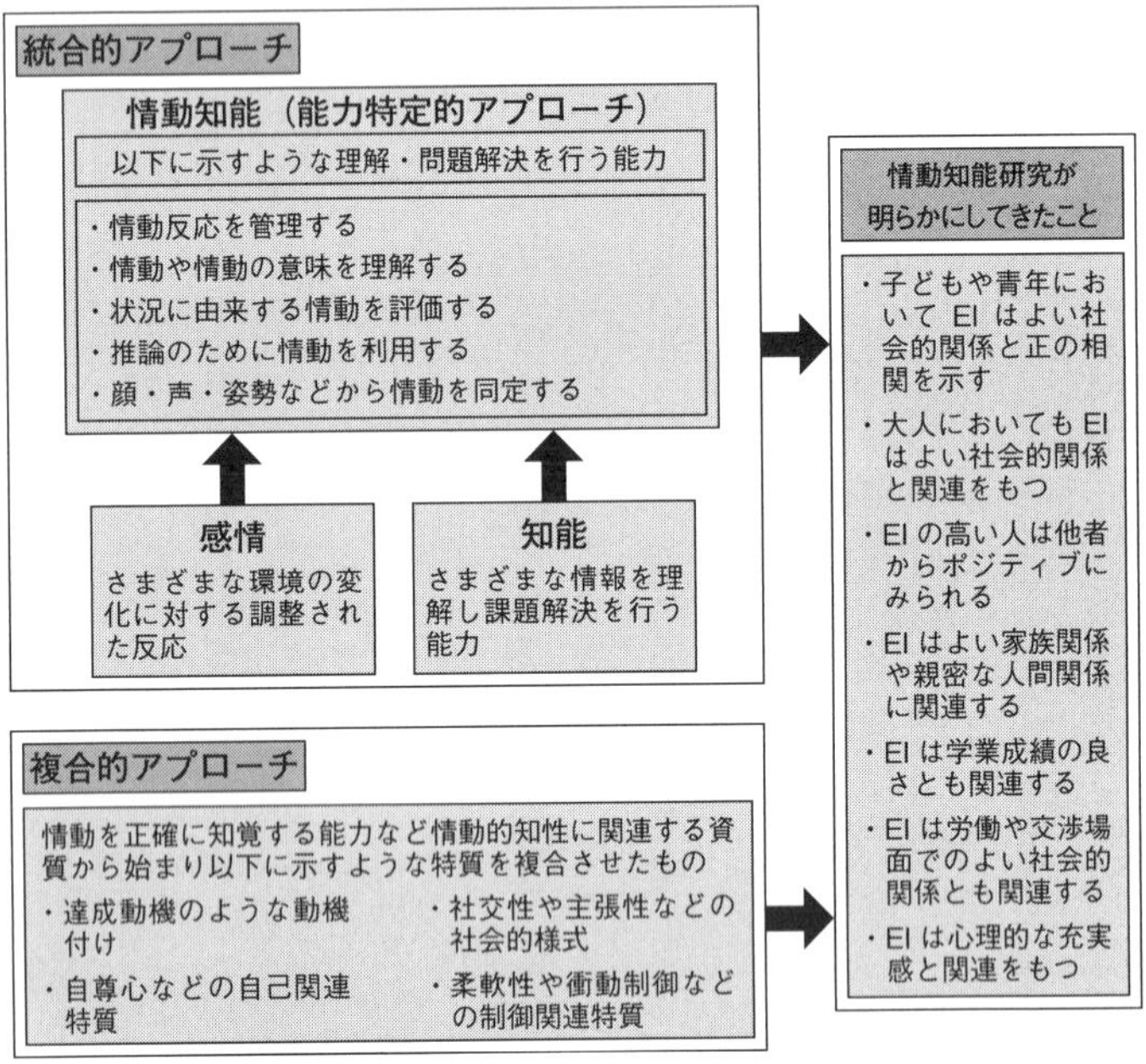

図 24　情動知能研究の成果（メイヤーら，2008 を改変；堀毛，2009e）

されたとしています。①理由づけの能力、②人間性に関する深い理解、③理念や他者の失敗からの学習、④長期的な視点に立った判断、⑤新しい情報の迅速な使用、⑥行間を読み真実に到達する洞察力。スタンバーグの提唱する知恵のバランス理論（balance theory）（スタンバーク 一九九八b）では、自分自身への関心や欲求（個人内）、重要な他者に関する関心や欲求（個人間）、そしてコミュニティや環境に関連する関心・欲求（個人外）の三つの関心・欲求のバランスが重要とされ、それが環境的文脈において、知の形成、選択、適用のバランスをもたらし、最終的に高いレベルの道徳的判断としての「公共の利益（common good）」という目的につながるとされています。

一方、やはり知恵の研究者として知られるバルテス（一九九三、バルテスとシュタウディンガー 二〇〇〇）は、知恵の性質として七つの特徴をあげています。①人生の意味など重要で難しい問いに対処する、②知識の限界や世界の不確実性についての知識をもつ、③真に卓越した水準の知識・判断・助言を意味する、④きわめて幅広く深い基準をもちバランスのとれた知識から構成される、⑤知識と徳の管弦楽といわれるように、心と性格の完璧な相互作用を含む、⑥自分自身あるいは他者のウェル・ビーイングに関する知識を表す、⑦達成し特定化することの難しいものが明示されたときには容易に認識できる。このような特徴を基盤に、バルテスら（一九九三 二〇〇〇、クンツマンとバルテ

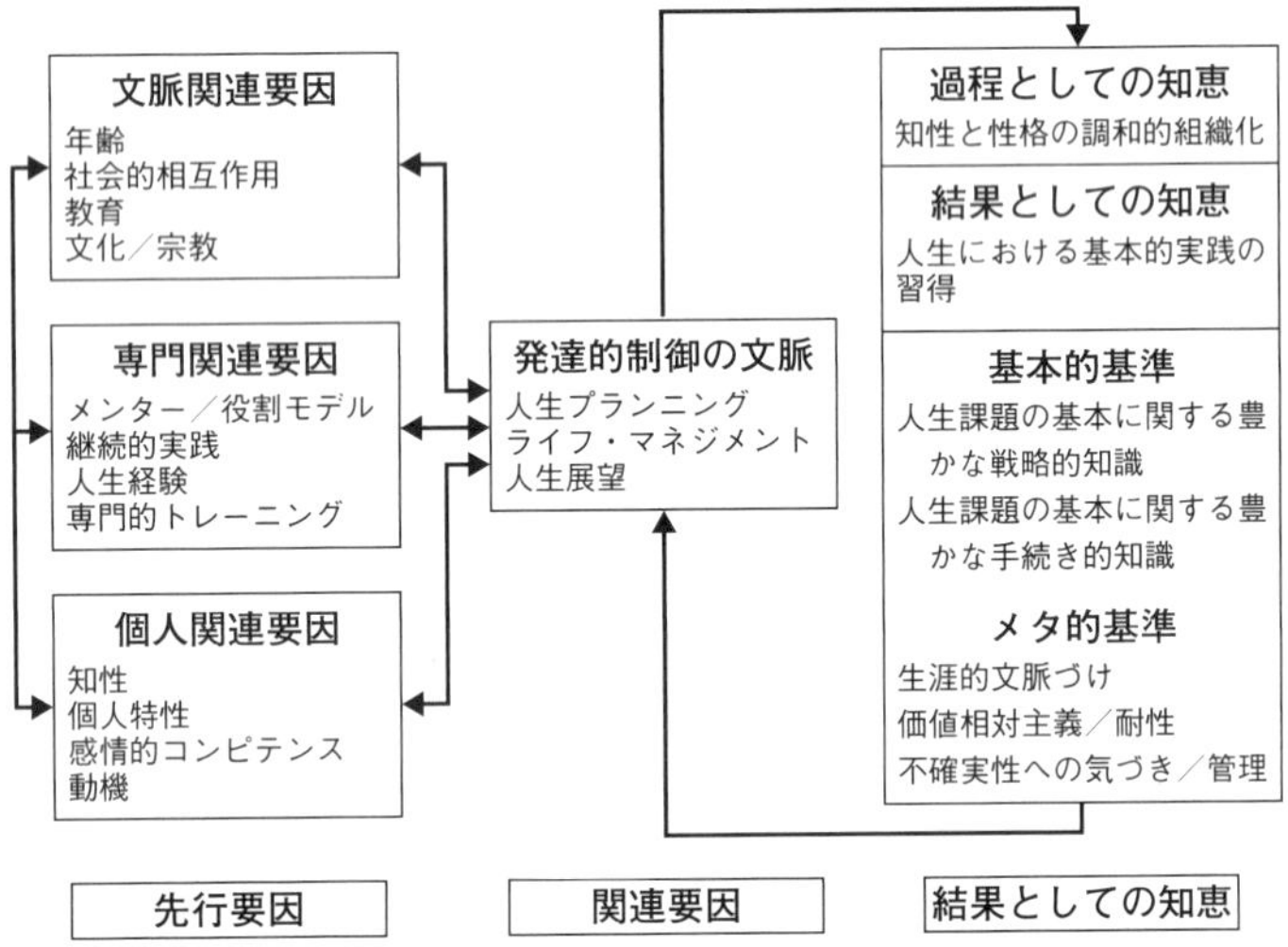

図 25　ベルリン知恵モデルの図式（クンツマンとバルテス，2005）

ス二〇〇五）は、「ベルリン知恵モデル（Berlin Wisdom Model）」を提唱しています（図25）。このモデルは、生涯発達を通じた知恵関連の知識やスキルの獲得や維持が、先行要因（文脈、専門、個人要因）と媒介要因（発達的制御）を通じて、知恵の獲得・維持を規定すると考えるものです。それによると、知恵と「人生の基本的問題解決様式（fundamental pragmatics of life）」、すなわち「よい人生の計画・管理・理解の方法・手段となる、人間の状態の本質に関する知識や判断」とされています（バルテスとシュタウディンガー二〇〇〇 p.124）。

このモデルで、知恵の基盤となる知恵関連の遂行の評価基準は、右下の基本的基準とメタ的基準により説明されています。つまり、①事実に基づく知識：人や社会関係、社会などの相違など、人間の状態や本質に関する幅広い知識、②手続き的知識：人生の問題解決に関する戦略やアプローチの仕方などの知識、③生涯的文脈：教育・労働・家族などの人生場面や社会環境、あるいは人生を通じた場面・環境の変化に関する知識、④価値の相対性：価値や人生の優先順位に関する個人差や文化差に関する知識、⑤不確実性への気づきと管理：知識の限界や、未来は完全に予測できないという理解をもつこと、という五点です（バウムガードナーとクローザース二〇一四）。バルテスらは、知恵の測定法として、例話法による葛藤場面への回答内容（一五歳の女の子が今すぐ結婚したいと言った、親しい友達がもうだめだ自殺したいと言った、など）を、これら五つの基準を用いて評価するという手法を提案しています。研究結果によると、きわめて知恵の高い者の存在はまれであること、成人期になると青年期より知恵が上昇すること、けれども二〇歳以上になると生活年齢と知恵の関連は無相関になること、などが明らかにされています（クンツマンとバルテス二〇〇五）。ただし、非常に高い知恵をもつ人々は中年期以上に見られるとする指摘もなされています。

13●ポジティブな組織・社会・環境

●ポジティブな労働・組織

本章では、引き続きポジティブ心理学の制度的な側面として、労働・組織、社会、環境に関する論考を紹介していきたいと思います。リンレイら（二〇一三）によると、組織研究におけるポジティビティへの注目は、アメリカの経営学者マクレガー（一九六〇）のリーダーシップ研究（X理論・Y理論）にその端緒が認められ、また社会生態学者ドラッカー（一九六七）も「強み」を発展させることが企業の目的の一つとなると論じていたとされています。

一方、ポジティブ心理学の提唱後に、組織研究の一端として確立された立場が、ポジティブ組織変革論（Positive Organization Scholarship：ＰＯＳ）（キャメロンら二〇〇三）

やポジティブ組織行動学（Positive Organizational Behavior：ＰＯＢ）（ルーサンズ二〇〇二）と呼ばれる考え方です。ＰＯＳは、「組織のネガティブ面（業績悪化、モチベーション不足など）の解消でなく、組織のポジティブ面の開発に注視し、その理論構築を目指す」（大月二〇〇六 p.9）とされています。いいかえれば、「組織メンバーの潜在的な能力を引き出すこと、組織の潜在能力を引き出し組織の繁栄・活気やイノベーションを創出することの出来る組織理論を構築すること」（大月二〇〇六 p.9）がその目的となります。ＰＯＳは、主として集団・組織レベルの変数やプロセスに目を向けており、介入技法としてはアプリーシアティブ（真価を理解する）な探求法（Appreciative Inquiry：ＡＩ）（クーパライダーとシュリーヴァストヴァ一九八七）、すなわち、「生きることを価値づけ、賞賛し、栄誉を与えるといった、いわゆる組織におけるポジティブな部分の探求とその発見プロセス」（大月二〇〇六 p.13）を、組織の開発・変革手法として重視します。

これに対し、ポジティブな組織行動学（ＰＯＢ）は、「今日の職場環境におけるパフォーマンス向上のために、測定、開発、そして効果的な管理が可能なポジティブ志向の人材の強みや心理的能力について研究したり応用したりすること」（ルーサンズ二〇〇二 p.59、ユセフとルーサンズ二〇一一）とされています。ルーサンズ（二〇〇二）は、ＰＯＢが検討対象とする心理的な能力や資源は、理論に基づき、測定可能であり、特性と見なすより状態的で、開発や管理がしやすく、パフォーマンスに影響し得る強みや能力であると主張しています（ユセフとルーサンズ 二〇一一）。これに該当する資質は心理的資源（psychological capital：ＰｓｙＣａｐ）と名づけられており、その構成因は、現在のところ、自己効力感、楽観性、希望、リジリエンスの四要因とされています。これらの資質については それぞれ本書の各章で解説してきましたので重複は避けますが、いずれも理論的背景が整備されており、エビデンスとなる研究も数多い側面と見なすことができるでしょう。ルーサンズら（二〇〇七ｂ）は、これらの資質を測定する尺度（PsyCap Questionnaire：ＰＣＱ）も開発しています。これは二四項目からなる尺度で、先の四つの側面から構成されており、その合計得点は高次の中核的ＰｓｙＣａｐ得点と見なされ、各側面と・七〇以上の相関を示し、職務遂行力や職業満足感とも・二二から・五三の有意な相関が見られます（ルーサンズら 二〇〇七ａ）。さらに、ウエストら（二〇〇九）は、集団レベルのポジティビティ研究が少ないことを指摘し、一〇一のチーム・レベルのＰｓｙＣａｐを測定しています。結果として、新しく形成されたチームでは、楽観性がチームの遂行を予測する重要な要因となることが示されています。

また、ＰｓｙＣａｐを高めるｗｅｂベースの介入技法も開発されています（ルーサンズら 二〇〇八）。この介入では、二段階に分けて、それぞれ四五分のセッションを設けます。

最初のセッションでは、職場におけるリジリエンスと効力感の適用可能性やドラマ化された実例に関するフラッシュ（映像）を視聴します。そして、職場で遭遇した困難な個人的実例について、自分がどう対処したか記述を求めます。内省を挟んでまたフラッシュを見ながら、自分がどう行動すべきだったかあらためて考えるという手続きをとります。第二段階では、希望と楽観性に焦点をあてた介入が行われます。参加者は個人的な目標や個人的な価値の重要性に関するフラッシュを視聴し、第一段階と同様に自分の職場で達成したい目標について記載を求められます。その中の一つについて、小集団の中でポジティブな成果が得られそうな、かつ達成可能な下位目標を設定してもらいます。最後にその達成に向けた経路を検討してもらうという介入手法です。こうした手続きにより、ＰｓｙＣａｐ得点の程度が上昇することが明らかにされています（ルーサンズら二〇〇八、コーとドナルドソン二〇一一）。ＰｓｙＣａｐに対し、職場におけるより個人的な資質の重要性を強調する考え方として、「中核的自己評価（core self-evaluation）」（ジャッジら一九九七）と呼ばれる考え方もよく知られています。これは、自尊感情、自己効力感、情緒安定性（神経症傾向の逆）、そして統制の所在という四つの要素を重視するものです。ジャッジとボノ（二〇〇一）は、メタ分析により、これら四つの特性がいずれも職務満足感や職務上の遂行と、・一九から・四五の相関をもつことを明らかにしています。またその後の分析では（ボノとジャッジ二〇〇三）、四つの側面をまとめた潜在変数が、潜在構造分析により職務満足感と・四一、職務上の遂行と・二三の関連をもつことが示されています。この結果は、最近のメタ分析でも確認されており（チャンら二〇一二）、中核的自己評価が、労働場面における業績や人生満足感を予測する重要な変数となることが示唆されています。

●ポジティブ・リーダーシップ

労働・組織研究の中核を担ってきた研究の一つがリーダーシップ研究です。リーダーシップ研究には、特性論、機能論（ＰＭ論など）、状況論（ライフ・サイクル論など）に代表される長い研究の歴史がありますが、九〇年代に入ると、社会認知論的なフォロワーの視点を重視するアプローチが盛んになり、カリスマ的リーダーシップ論や変革的リーダシップ論が盛んになりました。カリスマ的リーダーとは「環境の変化を読み取り、現状を否定して新たな目標を提示し、それを実現するためにフォロワーの意識に強く訴えることができる行動特性を有する人物」（コンガーとカヌンゴ一九八八、小野二〇一四）とされます。フォロワーからカリスマとして認知されることが重要とする考え方といえるでしょう。変革型リーダーシップとは、理想化された影響（フォロワーとの一体感を重視する行為）、鼓舞する動機づけ（フォロワーの関与を促す行為）、知的刺激（フォロワーの創造性を刺激する行為）、そして個別配慮（フォロワーの多様性を認め成長を促すサポートとなる行為）という四点を特徴とする考え方です（バスとアヴォリオ 一九九四、小野 二〇一四）。組織に変革をもたらすことのできるリーダーは、このようなフォロワーとの関係性を重視するリーダーであるとする主張と考えられます。

このようなリーダーに対する考え方の変遷を経て、ポジティブ心理学の影響のもと、さまざまなリーダーシップ論が展開されてきました。たとえば、コーとドナルドソン（二〇一一）は、こうしたポジティブなリーダーシップ・アプローチには、他者の重視、誠実性、モデルとしての役割に関心をもつ、という共通点があると指摘しています。代表的なアプローチの一つが、本来性（オーセンティック）リーダーシップと呼ばれる考え方です（アヴォリオら 二〇〇四）。アヴォリオら（二〇一三）は、これを「自分の考えや行動の仕方について、また、自分自身や他者の価値／道徳、観点、知識、そして強みへの気づきが、他者からどう認知されているかについて深い理解を有する人物」（p.41）と定義しています。オーセンティック・リーダーシップの発達には、以下のような要因が重要と考えられています。

1　自覚（self-awareness）：オーセンティック・リーダーシップの核となる要因とされ、

自分自身を理解するとともに、自分の認知の仕方や、人や遭遇した状況の評価をどう左右するかについても深い理解をもつことを意味します。自分自身の強みや限界、目標についての理解も含みます。

2 誘発事象（trigger events）：リーダーの作動自己（working self）を活性化させる自己焦点的注意や自己評価を意味し、遭遇した手がかりによって、自己概念のどのような部分に注意が向くかを意味します。

3 自省（self-reflection）：自分の経験から学習を深めるために、その経験について深く考え解釈を行う過程とされます。自省には、ポジティビティや開放性につながる受容的な自省とともに、ネガティブな不安や自己疑念、反芻などにつながる非受容的な自省も含まれます。リーダーには、非受容的な側面を乗り越え受容的な自省に切り替えていくことが求められます。

4 発達的準備傾向（developmental readiness）：自分の置かれた環境への感受性や動機的志向性のレベルを高めることを意味します。誘発事象を学習の機会として利用したり、さらなる自己の発展につなげようとする傾向性を意味します。

これらの要素を備えた人物が、オーセンティック・リーダーとしての役割を果たしていくと考えることになります。本来性は、リーダーのみならずフォロワーにも求められるとされ（オーセンティック・フォロワー）、リーダーとフォロワーが互いに影響を及ぼしながら職場の意識や遂行を高めていくことが理想と考えられています。また。この考え方でも、リーダーシップの核となる個人的資源として、自信、楽観性、希望、リジリエンスという四要素の重要性が強調されています。職場で求められる個人的強みには共通した考え方があると見なすことができるでしょう。

●コーチング心理学

労働・組織領域を中心に最近注目されている考え方の一つに「コーチング（coaching）」と呼ばれる概念があります。コーチングはテニスなどのスポーツ領域から始まり、次第にビジネス領域等にも拡大されていきました。当初は商業的なものとして発展していったようですが、二〇〇〇年代に入ると学術的な関心も高まり、オーストラリアの心理学者グラントを中心に「コーチング心理学」の専門課程も設立されました（西垣ら二〇一五）。コーチング心理学はポジティブ心理学の応用分野の一つとされており、「確立された心理学的研究法に基づきそれを発展させたものである。コーチング心理学は、行動科学を体系的に応用することで、臨床的に重大な精神的健康の問題を持たず、特別な苦悩の水準にない個人の生活経験、集団、組織のパフォーマンスを高め、よい状態に保つことに資する」（オーストラリア心理学会二〇〇七、西垣二〇一五）と定義されています。

こうした中で労働・組織に導入されたコーチングを職場コーチング（business coaching）と総称します。職場コーチングは、「価値ある職業的・個人的成果を得ることを目的として築かれる関係」（グラントとキャヴァナー二〇一一 p.294）とされます。グラントら（二〇一一）は、その過程を、①望む成果を見定める、②具体的な目標を決める、③強みを見極め自己効力感を得ることで動機づけを高める、④資源を見極め実行計画をまとめる、⑤経過を見守り評価する、⑥実行計画を修正する手助けを行い目標達成を促しウェル・ビーイングを高める、という六つの流れとして紹介しています。また、この論文では、一九八〇年から二〇〇九年までに行われた八一のコーチング研究の中から、一五の参加者間研究の成果を分析し、コーチングが遂行の向上や、不安・ストレスの低減、リジリエンスの向上などをもたらすことを示しています。また縦断研究の結果も、コーチされる人の販売成果や自己評価を高めることを明らかにしています。ただし、測定効果には一貫性がないという欠点も存在することも指摘されています。コーチング心理学に関しては、先に紹介した西垣ら（二〇一五）の著作や、パーマーとワイブラウによるハンドブックの翻訳（二〇〇八／堀監訳二〇一一）も出版されていますので、関心のある方はご参照ください。

●市民的参画

社会制度的な側面として、ウェル・ビーイングと関連が深いとされる研究領域が、第一一章でも触れた、社会（関係）資本（social capital）研究です。社会資本とは、「個人や集団が、互いの結びつき（connection）から資源を獲得できるという考え方」（パクストン一九九九 p.89）を意味します。レオンら（二〇一三）は、コールマン（一九八八）の考え方を参考に、社会資本を、①信頼と義務、②情報チャネル、③規範と制裁、という三種類に分類し、それぞれの側面がウェル・ビーイングと関連する可能性についてレビューした後に、カナダ人一万五六六〇人を対象とした分析により、社会資本とウェル・ビーイングの関連について検討を行っています。結果は、以前から指摘されていた通り、信頼感と親族との情報チャネルが強い予測因となることを示しましたが、同時にヘルスケアシステムや警察、銀行などへの信頼感もウェル・ビーイングと強い関連が見いだされました。コールマン（一九八八）が情報チャネルの一つとして社会資本としての重要性を指摘したのが、市民的参画意識の育成です。こうした側面は、社会のウェル・ビーイングを高めるために重要な要因の一つと考えられるでしょう。この点に関しては、セリグマンとチクセントミハイ（二〇〇〇）も、よい市民を育てるために市民としての徳を検討することが、ポジティブ心理学にとって、集団レベルとしてのよい制度研究と並ぶ重要性をもつと指摘しています。シェロッドとラウクハルト（二〇〇八）は、市民的参画（civic engagement）を、「法に従い、規則を遵守し、事を荒立てないこと」（p.168）と定義しています。また、ヒメネス（二〇一三）は、これを市民的責務（civic respsibility）と同義と見なし、「行政やコミュニティに対する市民としての態度や義務の感覚」（p.156）としています。

パットナム（二〇〇〇）は、現代社会、特に若者のこうした意識や感覚が低水準にあることを社会的危機の一つとして警告しています。シェロッドらも、第一二章で論じた青少年のポジティブな発達の中で紹介した五つのCsモデルの第六のCとして市民参加を位置づけるべきとする論議を紹介し（ラーナー 二〇〇四）、青少年の社会化の中でこうした意識を高めていくことが重要としています。そのためには、市民教育、学校教育、コミュニティ・サービスなどに市民的参画の重要性を促進するプログラムを導入したり、メディアと協力してプログラムを開発することが必要とされます。たとえば、複数の新聞やTV、インターネットなどがトップ・ニュースとして取り上げる内容を比較分析し、なぜ違いが生じるかなど論議したり、コミュニティ・サービスや投票行動について、体験の有無や内容に関する論議を行うことが推奨されています。また、ヒメネス（二〇一三）も、個人レベルとしては、思いやりや共感性、援助に対する関心の育成が、集団レベルとしては、社会資本、住民の安定性、コミュニティの絆の育成が重要と指摘しています。こうした試みが次節で論じるポジティブな社会変革の可能性を高めることにもつながっていくと考えられます。

●ポジティブな社会変革

ポジティブ心理学の視点は、ポジティブ心理学による社会変革の可能性にも向けられています。セリグマンやチクセントミハイ（二〇〇〇）も、「ポジティブなコミュニティや制度の発展を担う社会科学の発展は可能か」（p.12）という疑問のもとに当初からその可能性を示唆しています。こうした方向性はポジティブ心理学第一回国際会議（WCPP二〇〇九）の講演で「フラリッシュ二〇五一」と呼ばれるプロジェクトの創設として紹介されました。セリグマンによれば、このプロジェクトは二〇五一年に、全世界の人口の五一％以上が活性化状態（フラリッシュ）にあることを目指すというものです。そのためには、リジリエンスや楽観性を高めるプログラムや学校教育とともに（第一二章参照）、行政組織の協力が欠かせないと論じられています。セリグマンは、向社会的なVTRなどソーシャル・メディアを用いる可能性を示唆していますが、現実には行政への働きかけに関する研究は発展途上のようです（チェンバリン 二〇一二）。ビスワス・ディーナー（二〇一二）はこうした動きを受けて「社会変革のポジティブ心理学」という編著を出版しています。そこでは、ポジティブ心理学が転換点を迎えているという指摘や、西欧的な視点に限らないアプローチが必要であるとの主張が展開されています。

さらに、ビスワス・ディーナーら（二〇一一）は、ポジティブ心理学が社会変革の力となる方法について以下のような提言を行っています。

1　公共政策への適用：具体的には幸福感指標を政策的に利用することが推奨されています。この問題に関しては経済協力開発機構（OECD）も多大な関心を寄せており、二〇一一年以降隔年で『OECD幸福度白書』を出版し（二〇一一―二〇一三―二〇一五）、幸福度と社会経済的指標の関連の分析について報告しています。この分析は二〇一一年に行われた「OECD良い暮らしイニシアチブ」プロジェクトの情報を更新し、分析を進めたものです。とりわけ、二〇一五年の報告書では、幸福の統計量をOECDの政策提言に活用するというコラムが設けられ、「政策の取捨選択は、その政策が幸福の様々な側面だけでなく、幸福の分布に及ぼす影響をも評価したうえで行われるべきである」（西村訳二〇一六 p.49）とされています。ビスワス・ディーナーら（二〇一一）は、国ごとの幸福度指数（世界幸福度指数：ＨＰＩ）を利用することの重要性も主張しています。また、ブータンの提唱する「国民総幸福量（ＧＮＨ）」の考え方も注目を集め（バーンズ二〇一一）、日本でもＧＮＨ学会が創設されています（日本ＧＮＨ学会二〇一三）。

2　環境問題への応用：ここでは環境問題として消費行動と心理的健康の関連が論じられています。とりわけ物質主義的価値観がウェル・ビーイングに与える悪影響が取り上げられています。たとえばカッサーとライアン（一九九三−一九九六）の研究では、若い世代を対象に、四つの目標志向性（自己受容、親和、コミュニティへの貢献、財政的成功）を測定しウェル・ビーイングとの関連を検討した結果、財政的成功志向との間に一貫してネガティブな関連が示されたと報告しています。カッサー（二〇一一）は、こうした研究を背景に、社会変革への道筋として、①生活習慣の自発的な単純化（voluntary simplifieres）、②時間的ゆとり（time affluence）の生成、③広告視聴の制限（restrictions on advertising）、④経済システムの変更（changing the economic system）をあげています。いずれも物質主義的な生活様式のダウンサイジングを求める方向性と見なすことができるでしょう。

3　組織レベルでの強みの検討：前節で論じてきたように、組織でもＰｓｙＣａｐのような強みに基づくチームワークを構成していくことが重要と考えられます。この考え方は政策立案・決定集団にもあてはまると考えられ、集団としての「強み」の検討が必要になるとする提言がなされています。

4　貧困問題への取組み：ここではセン（一九九二）の「貧困は、基本的欲求を充足できないことよりも、個人の可能性が発揮されないことという資源から見た方がよく理解できる」（池本ら訳 一九九九 p.109）とする引用を中心に、貧困からの救済をはじめとする個人のエンパワメントへの取組みが重要という指摘がなされています。

ビスワス・ディーナーら（二〇一一）は、このような指摘のもとに、ポジティブな社会変革の目標として、①政治、民族、国籍、宗教、個人的要因にかかわらず人々に広く訴えるものであること、②ポジティブ心理学の技法に結びついていること、が前提となると論じています。

●持続可能な環境

物質主義や経済的発展は、一方でさまざまな環境問題を引き起こしてきました。こうした問題に対処するためには、「持続可能な発展（sustainable development）」が重要であるとされています（トンプソンら二〇一三）。ポジティブ心理学領域でも、こうした考え方は次第に注目されつつあり（コーラル・ヴェルデューゴ二〇一二；二〇一六、シューフェルド二〇一二）、ポジティブ心理学の国際会議でも論題として取り上げられています（WCPP二〇一三）。持続可能性（sustainability）とは、「人間活動、特に文明の利器を用いた活動が、将来にわたって持続できるかどうかを表す概念」（Wikipediaによる）とされています。持続可能性やそれを基本に据えた開発の重要性は、環境問題の深刻化とともに、「環境と開発に関する世界委員会（一九八七）」等さまざまな組織で主張されてきました。こうした動向を受けて、持続可能な教育の重要性にも目が向けられ、二〇〇五年から二〇一四年までの一〇年間は、国連により「国連持続可能な開発のための教育の一〇年」として、ユネスコ提案の国際実施計画案に基づき各国が実施措置をとることが定められました（Wikipediaによる）。

持続可能性や関連する教育プログラムの開発の基本には、個々人の心性の解明や、持続可能な行動への動機づけを促進させるプログラムの開発が不可欠であると考えられます。けれども、心理学者がこうした問題に関心を向け始めたのは最近のことのように思われます。たとえば、カズディン（二〇〇九）は、「環境的な持続可能性行動の促進」を困難課題（wicked problem）として位置づけ、気候変動、医療の提供、犯罪、麻薬密売、人口過剰、HIVの流行などと同様に世界的に深刻な問題であると論じ、解決のためには多様な諸科学の協力体制が不可欠と指摘し、心理学が諸科学をつなぐハブとしての役割を果たすべきと主張しています（堀毛二〇一三b）。また、ギフォード（二〇〇七）も、これまでの環境心理学的成果をふまえながら、環境心理学が持続可能性を研究する科学へと拡張をとげ、環境問題をより広範にとらえる視点を有するようになったと指摘しています。具体的には、①公共政策への関心の拡大、②技術への関心の拡大（技術により持続可能な社会が実現できるか否か）、③他分野との共同研究の活性化、④個人や小集団を中心とする近接相の研究からよりグローバルなマルチレベルの問題への関心の移行、⑤他領域からの新しい理論や概念の摂取、とともに、⑥持続可能性概念の重要性をより広い研究対象として認識したこと、⑦生物学や生態学的問題領域への関心の拡大、が見られると指摘しています（堀毛二〇一三b）。さらに最近、人々の自然に対する認知・感情・行動反応を統合的に理解し、人間と自然の持続可能な関係性を促進する方法を探ろうとする「保護心理学（conservation psychology）」と呼ばれる新たな心理学領域の設立も提唱されています（クレイトンとマイヤーズ二〇〇九、クレイトン二〇一二）。これらの指摘も、心理学がポジティブな持続可能社会を構築する際に重要な役割を果たす可能性を示唆していると思います。

●持続可能なウェル・ビーイング

こうした流れを受けて、環境心理学の領域でも「持続可能なウェル・ビーイング（sustainable well-being）」あるいは「持続可能な幸福感（sustainable happiness）」[注36]という概念が用いられるようになってきました。たとえば、オブライエン（二〇〇八）は、その場限りの幸福感の追求は環境破壊や環境劣化の原因になると指摘し、持続可能な幸福感を「他者、環境、将来の世代に負担をかけずに幸福を追求すること」（p.290）と定義しています。また、シェール（二〇一一）も、ウェル・ビーイング研究と持続可能性研究は相互補完的な関係にあると指摘し、個人のウェル・ビーイングを他のさまざまなシステムとの関連の中でとらえたうえで、バランスのとれた全体的な適応過程として把握するべきと論じています。けれども、これらの指摘に応え、環境行動とウェル・ビーイングの関連を実証的にとらえた研究はそれほど多くありません。一例として、ブラウンとカッセル（二〇〇五）の研究では、両者の間にポジティブな相関が見られるという仮説が検討され

注36　第三章で取り上げた、リュボミアスキーらの「持続的幸福感」と用語は同一ですが、内容的には異なる概念になります。

ました。具体的には、大学生を対象に、環境配慮行動（人のいない部屋の電気は消す、など一〇項目）とウェル・ビーイング（その日の幸福感を五段階で評定）との相関を求めた結果、両者の間には弱い正の相関（$r = .17$）が見られました（研究一）。さらに研究二では、社会人を対象に環境配慮行動（ecological footprint）（ワッカーナゲルとリース 一九九六）とＳＷＬＳの関連性を構造方程式モデルにより求めたところ、$\beta = .44$の関連性が得られたと報告されています。ブラウンらは、これらの関連の説明要因として、研究一では自発的簡素化（シンプル・エコなライフスタイルの追求）すなわち非物質主義、研究二では内発的動機づけとマインドフルネス（自己の内的な状態や行動に受容的に注意を傾倒する意識状態）を設定し、いずれも環境配慮行動やウェル・ビーイングとの媒介変数として有意な相関やパス係数を示すとの結論を得ています。本邦でも、堀毛（二〇一三ｃ）が、持続可能な心性（態度）と行動を区別した尺度を作成し、これとウェル・ビーイングの関連を検討しています。その結果、心性とウェル・ビーイングの間には中程度の相関が見られますが、行動とウェル・ビーイングの間には相関がないことが明らかにされています。[注37] 持続可能な行動は遂行者に負担をかけるものが多く、こうした結果につながると考えられ、介

注37　心性尺度、行動尺度の内容については以下のＨＰを参照してください。
(http://kekehori.sakura.ne.jp/survey/k-horike-1.html)

入により改善を図ることが課題であると指摘されています。

関連して、コーラル・ヴェルデューゴら（二〇一〇）による一連の研究も注目すべき内容をもつと思います。この研究では、主としてメキシコの研究者を中心に、持続可能性に関する心理的次元の解説や、地球温暖化問題への心理学のかかわり、水消費、エネルギー節約、生物多様性などの環境問題に対する心理学的個人差の測定など、研究グループが推進してきた一連の研究のまとめが報告されています。持続可能性の心理的次元については、①向環境的な心性変数：個人を向社会的・向環境的に行動させる認知、態度、動機、信念、規範、価値、知識、スキルを含む個人的特徴や適性、②持続可能性行動：地球上の社会物理的資源全体を保護する目的をもった行動で、向環境的、愛他的、節約的で公正な行動、すなわち持続可能なライフスタイルを構成する行動、③文脈的要因：気候、技術、資源までの距離、資源の有無などの物理的要因と、社会規範、法律、集団的価値、宗教、習慣などの社会的要因、④結果変数：向環境的行動の帰結として生じる生態的、経済的、社会的、組織的なポジティブ効果・幸福感や心理的回復などの成果、という四点が指摘されています。また、コーラル・ヴェルデューゴ（二〇一二）では、ポジティブ心理学と持続可能性の関連について表10に示すような等質性があることが指摘され、「持続可能性行動は、ポジティブな状況的・気質的先行要因により規定され、ポジティブな心理的結果によ

表10　持続可能性心理学とポジティブ心理学の等質性
(コーラル・ヴェルデューゴ，2012を一部改変)

持続可能性心理学	ポジティブ心理学
持続可能性志向	心理学的な強み，徳
節制（frugality）	節度（temperance）， 倹約（prudence）
愛他性	人間性，親切さ
公正さ（equity）	公正さ（fairness）
向環境的（pro-environmental）行動	ポジティブな環境行動
責任性	責任性
未来志向（future orientation）	将来志向（future propensity），希望
向環境的熟慮（deliberation）	忍耐，人生の目的
生態学的信念	ポジティブな生態学的態度
向環境的規範の厳守	市民道徳（civic virtue）
ポジティブな環境的感情	ポジティブ感情
向環境的コンピテンス	スキル，才能，オリジナリティ
内発的動機	内発的動機
満足・幸福感	満足・幸福感
心理的回復・心理的ウェル・ビーイング	心理的回復・心理的ウェル・ビーイング

り強化される」（p.662）と論じられています。また別の研究（コーラル・ヴェルデューゴら二〇一五）では、持続可能性行動（愛他的、向環境的、節制、公正の四因子）とキャラクター・ストレングスの関連が検討され、潜在構造分析により、ストレングスの全因子から構成される「共通美徳因子（common virtue）」が持続可能性行動を・七三という高い割合で説明することが示されています。こうした分野も、今後さらに研究を発展させる必要があるでしょう。

14●ポジティブな介入

●ポジティブな介入

幸福感やウェル・ビーイングを高める技法はポジティブ（心理学的）介入（positive intervention）と呼ばれています。先に論じたように、ポジティブ心理学の隠れた目的の一つは、健康な一般人の幸福感を増進させること、それによって、臨床的実践活動の幅を拡大することのようです。実際にポジティブ心理学の国際会議には、三分の一から半数にのぼる実践家が参加しています。その目的は、なんらかの形で役立つ介入技法を身につけることにあると見なすことができるでしょう。

こうした介入技法については、ポジティブ心理学の提唱以降もなかなか研究が進みませんでした。PsycINFOによる検索によれば、二〇〇〇年以前のポジティブ心理学的介入研究はわずか四件に過ぎません。それが二〇〇一～二〇〇五年が一〇六件、二〇〇六～二〇一〇年が二六五件、二〇一一～二〇一五年が五七四件と、近年になって研究が急増していることがわかります（二〇一五年四月時点、書籍・雑誌のみ）。このうち、二〇〇〇年以前に行われた古典的研究としては、フォーダイス（一九七七）による幸福感増進研究が著名です。フォーダイスの研究では、過去の幸福感研究を参考に、まず、社会的活動により多くの時間を割く、より社交的・社会的なパーソナリティを発展させる、より活動的になる、など九つの項目のうち最低三つを二週間にわたり毎日実践することが求められました。実施後の幸福感（一一段階で測定）の上昇を統制群と比較したところ、実験群では有意な上昇が見られました（研究一）。また引き続いて行われた研究二では、一四の活動のうち一つを六週間にわたり継続させた結果、同様の効果が見られることが明らかにされています。また一九八三年に行われた追試でも（フォーダイス一九八三）、これらの知見を支持する結果が見られ、さらに九カ月から一八カ月を置いたフォローアップでも、幸福感の増進が維持されていることが明らかにされました。このトレーニング・プログラムは、根建と田上（一九九五）により本邦でも効果が検討されていますが、残念ながら明確な効果は見られなかったとされています。

●セリグマンらの幸福感介入

その後長期にわたり、こうした介入研究は行われずにきましたが、ポジティブ心理学の提唱以降、介入研究に対する関心も強まってきました。ここでも、道筋をつけたのはセリグマンと考えられるでしょう。セリグマンら（二〇〇五）による、幸福感介入（happiness intervention）研究では、五七七人の参加者（うち三分の二は三五歳から五四歳）に、ｗｅｂ上で五つの介入プログラムに一週間参加を求め、参加前、および終了直後から六カ月後までの五回にわたり幸福感と抑うつ感を測定しました。介入プログラムは、①感謝の訪問：自分に親切にしてくれたのに、きちんと礼を言えていなかった人に手紙を書く時間を設け、その人に届ける、②三つのよいこと：その日生じた三つのよいこととその原因を記載し、さらになぜそれが起こったか、理由を説明をする、③最高の状態：自分が最高の状態にあるときのことを書き、その中で用いられている個人の強みについて考える、④新しい方法で強みを使う：ＶＩＡ-ＩＳ（第五章参照）を受検し、五つの強みのうち一つを新しく異なるやり方で使うことを考える、⑤強みを確認する：ＶＩＡ-ＩＳによる五つの強みに注意を向け、それらをより多く使うように求められる、という五つでし

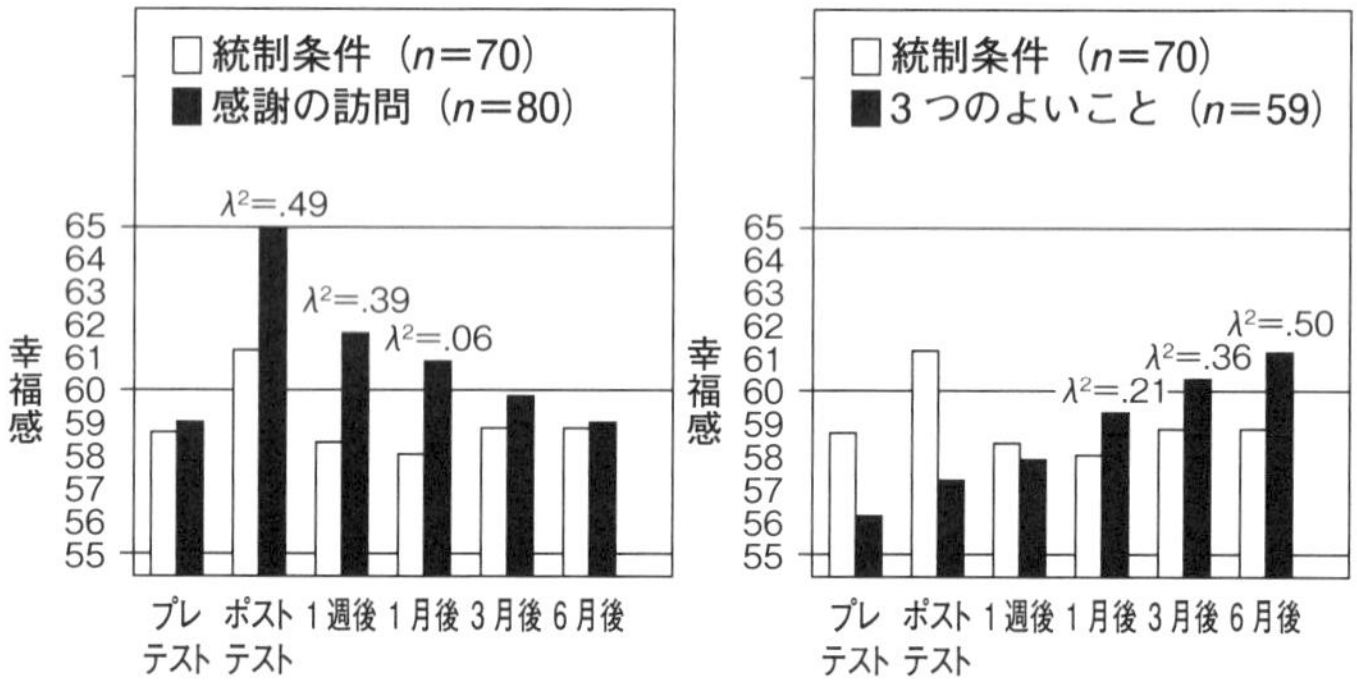

図26　セリグマンらによる幸福感介入の結果（左：感謝の訪問，右：3つのよいこと）（セリグマンら，2005）

た。結果は、感謝の訪問介入では、介入直後から一カ月まで幸福感の上昇が見られましたが、三カ月後にはその効果は消失していました。一方、三つのよいこと介入や新たな強み使用介入では、介入の一カ月後から幸福感の上昇が見られ、特によいこと介入では、三カ月、六カ月と効果の上昇が確認されました（図26）。セリグマンら（二〇〇六）は、こうした成果や「三つの幸せ志向性」の考え方を背景に、「ポジティブ心理療法（positive psychotherapy）」を提唱し、抑うつ患者に対する介入効果が高く、他の療法に比べ幸福感が持続することを示しています。

●リュボミアスキーの「人―活動適合モデル」

リュボミアスキー（二〇〇七）は、第三章で論じた「持続的幸福感モデル」の考え方に基づき、幸福感の規定因の四〇％を占める、「意図的な活動実践」に積極的に取り組むことがウェル・ビーイングの上昇につながると論じています。そのためには、人と介入活動の「マッチング（matching：適合）」が重要と考えられています。シェラー（二〇一四）は、主要な介入技法では、平均的にどの程度の効果があるか検証しただけで、特性の技法が、特定の人について効果があるかという検討はなされてこなかったと指摘しています。リュボミアスキーは、こうした人に応じた介入の仕方を、「人―活動適合（person-activity fit）」という考え方を基盤に論じています。このモデルでは、人に幸せや利益をもたらす活動があるとしたら、その適合性をどのようにして決定するか、なぜその活動が利益につながるかを論議しなければならないとします。リュボミアスキー（二〇〇七）では、目標を定め、自分で選択することの重要性が論じられたうえで、最適な活動を選ぶために次の三つの方法が提案されています。①自分の不幸の原因との適合：特定の問題や弱みに自分なりに取り組むこと、②自分の強みとの適合：自分の強みを認識し、それと一致する活動の遂行から利益を得る、③自分のライフスタイルとの適合：自分のパーソナリティやライフスタイルに合致した活動に取り組むこと。こうした考え方は新奇なものではありません。たとえば、エモンズら（一九八六）は、自分のパーソナリティに合致した状況に置かれるとポジティブ感情が強くなることを明らかにしています（第五章注13参照）。

リュボミアスキー（二〇〇七）は、こうした考え方に基づき、「人―活動適合診断（person-activity fit diagnosis）」質問紙を開発しています。これは、図27に示した一二の行動について、それぞれ五つの基準により評定を求め、「適合スコア」を算出することにより、自分にもっとも合致した活動を知るための技法です。「適合スコア」の算出方法は、シェルドンとエリオット（一九九九）の提唱する自己決定理論の枠組みに沿って構成されています。評価尺度のうち、「楽しさ」や「自然」は内発的動機づけの強さを、「価値」は同一視的動機づけの強さを意味します。一方、「罪悪感」は取り込み的動機づけの強さを、「状況的」は外的動機づけの強さを示します。シェルドンら（一九九九）の「自己調和モデル（self-concordance model）」では、内発的な動機や同一視的動機づけを、自己の中心的価値づけから発する統合的な動機とし、取り込み的動機や外的動機づけを、自己の外部から発する非統合的な動機と見なします。そこで目標の自己調和の程度は、（内発的＋同一視的）－（取り込み的＋外的）で表されると考えます。リュボミアスキーは、こうした

			自然	楽しさ	価値	罪悪感	状況的	適合スコア
1	感謝の気持ちをあらわす	自分の恵まれているところ（親密な他者や個人として，日記や熟慮により），あるいは，これまでお礼をいったことのない一人もしくはそれ以上の相手に感謝やお礼の言葉を届ける						
2	楽観的な気持ちを高める	将来の最高の自分の可能性について想像したり書いたりしたことを日記につける，あるいはどのような状況に関してもその明るい面を見ようと努力する						
3	考えすぎや他者との比較を避ける	頻繁に自分のかかえる問題について悩んだり，他者と比較するのを，減らすやり方を考える（気をそらせるなど）						
4	人に親切にする	友人でも見知らぬ人でも，直接的でも匿名でも，自発的でも計画的でもよいから，他者のためになることを行う						
5	人間関係を育む	強めたい関係を選んで，その修復や，醸成，確認，そして楽しむことに，時間とエネルギーを投入する						
6	問題に対処する方略を発展させる	最近感じているストレスや困難，トラウマに耐え，克服するやり方を身につける						
7	許しを身につける	日記や手紙を書いて，あなたを傷つけたり，ひどい扱いをした個人あるいは複数の人たちに対する怒りや憤りを捨て去る						
8	本当にやりたい活動をもっと増やす	家庭や職場で，「我を忘れる」ような，挑戦的で没入的な（いわゆるフロー経験のような）活動を増やす						
9	人生の楽しさを味わうこと	人生に訪れる楽しさや驚きの瞬間を考えたり，書いたり，描いたり，他者と共有することにより，それに注意を向け，楽しみ，再生する						
10	目標の達成に取り組む	自分にとって重要で意味のある目標を1～3個選び，その追求に時間と努力を投入する						
11	宗教的，スピリチュアルな活動をする	教会や寺社，モスクなどへの関わりを増やし，スピリチュアルなテーマをもった本を読んだり，考えたりする						
12	自分の身体を大切にする	運動をしたり，瞑想したり，よくほほえんだりわらったりする						
		平均値（合計／12）＝						

（評定尺度の内容（とてもあてはまる（7）から全くあてはまらない（1）の7段階で評定））

自然	私はこの活動が，私にとって「自然」なことと感じられ，ずっと堅持できるために，この活動を行っていきたい
楽しさ	私はこの活動が，私にとって楽しいことであり，関心がもて，挑戦的でもあるために，この活動を行っていきたい
価値	私はこの活動が，私にとって価値があり，自分を確認できることなので，楽しくなくても制限されずに活動を行っていきたい
罪悪感	私はこの活動を行わなければ，恥ずかしさや罪悪感，不安感を感じるので，無理をしてもこの活動を行っていきたい
状況的	私は，誰か他の人が私にこの活動をしてほしいと思うから，あるいは状況上そうせざるを得ないから，この活動を行っていきたい

（適合スコアの計算）

（自然（平均）＋楽しさ（平均）＋価値（平均））／3－（罪悪感（平均）＋状況的（平均））／2＝

高得点順に4つの活動を記載

1.
2.
3.
4.

図27　人－活動適合診断票（リュボミアスキー，2007；金井訳 2012 を改訳）

理論的背景を基盤に、「適合スコア」を自己決定的・自己調和的な行為と考え、こうした算定法を提唱しています。

●フレドリクソンの「愛―優しさ瞑想法」とポジティブ・ポートフォリオ

また、フレドリクソンら（二〇〇八 二〇一三b）は、「拡張・形成理論」の考え方（第四章参照）に基づき、「形成」研究の一端として「愛―優しさ瞑想法（Love-Kindness Meditation：LKM）」が、ポジティブ感情の増進に有効であることを示しています。この技法は、自己や他者に対する温かさや配慮の心を育てる技法とされています（ザルツベルグ 一九九五）。LKMでは、マインドフルネス瞑想と同様に、開かれた心で今現在の瞬間に注意を集中しつつ、自分の感情を温かで思いやりがあり、優しい心をもつものに向けていきます。最初は、自分自身や子どもや愛する配偶者に、それを他者の輪に拡大し、見知らぬ人や、最終的には生き物全体に向けていくというやり方をします。フレドリクソンら（二〇〇八）の研究では、九週間にわたりこの実践に参加を求めました。参加者は週一回LKMに関するワークショップで六〇分間のトレーニングを受けるとともに、毎日それを実践し、自分の感情状態を記録しました。その結果、図28のように、ポジティブ感

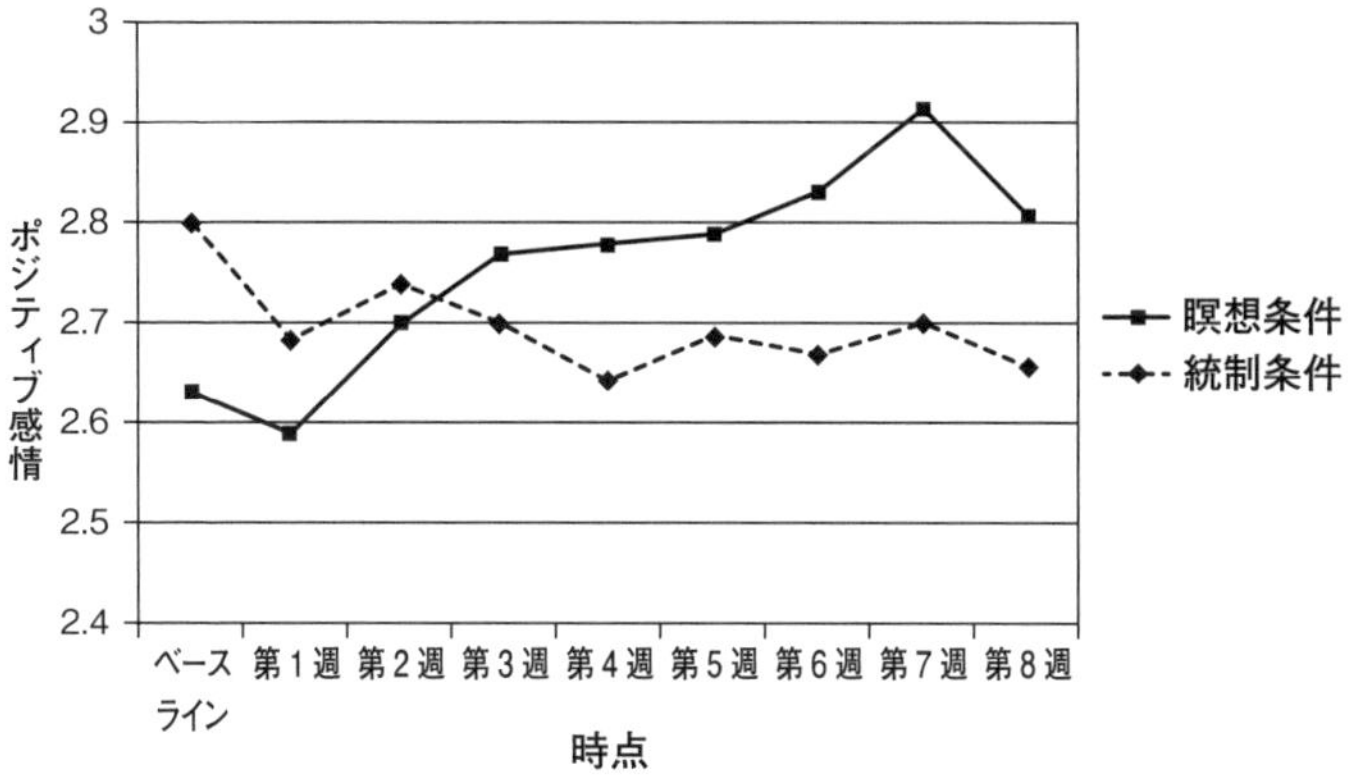

図28　愛―優しさ瞑想介入の効果（フレドリクソンら，2008）

情が上昇することが示されました。また、コーンとフレドリクソン（二〇一〇）は、一五カ月後のフォローアップで、LKMを継続していた参加者ほどポジティブ感情が強まることを明らかにし、LKMが日常生活においても重要な意味をもつことが示唆されています。

フレドリクソン（二〇〇九）は、こうした技法とともに、ポジティブ・ポートフォリオ（positive portfolio）の作成も推奨しています。これは、喜び、感謝、平穏、関心、希望、誇り、楽しさ、ひらめき、畏敬、愛という一〇のポジティブ感情について、それぞれポートフォリオを作成し、過去にその感情を感じた体験や、関連する写真や音楽を保存しておくものです。たとえば、「喜びポートフォリオ」には、①どんな出来事が生じたときに喜びや安心感を感じましたか、②期待していた以上に、物事が思い通りにいったのはどんなときですか、③元気が出て、ほほえみが続き、心が温かくなるのはどんなときですか、④飛び込んで参加したいような遊び心を感じるのはどんなときですか、などの質問が用意され、現在や過去の体験からそれらの質問に回答したり、将来そのような状況に出会ったときに書き込んで、いつでも引き出せるように用意しておくことが推奨されています。一〇の感情にはそれぞれ別の質問が用意され、また二〇問からなるポジティブ感情検査も考案されています。[注38]

●ポジティブ心理学的介入の発展

シンとリュボミアスキー（二〇〇九）は、ポジティブ心理学的介入に関する五一の研究のメタ分析を行い、介入と幸福感の上昇との間にr＝.29の相関が、うつの低下との間に

注38　翻訳書では、それぞれの感情に関する質問やポジティブ感情尺度は訳出されていません。関心のある方は原著をご参照ください。

r = .31の相関が見られることを報告しています。また、この研究では、うつ的な症状をもつ中年代、かつ自己選択的で個人を対象とした介入であるほど、効果が高まることも報告されています。さらに、長期的な介入であること、複数の活動に従事させることが重要との示唆や、集団主義的な文化より個人主義的な文化における介入のほうが効果が見られることも指摘されています。

ボリアーら（二〇一三）は、シンらの分析が、研究の選択基準や、準実験的なサンプリング法を取り入れた研究を含んでいるなど、いくつか問題があると指摘し、あらためて、ランダム・サンプリングなど、厳密な要件を満たす四〇の研究（n = 6134）に関するメタ分析を行っています。その結果、介入直後の主観的ウェル・ビーイングにおいてd = .34（n = 28）、心理的ウェル・ビーイングにおいてd = .20（n = 20）、うつ低減についてd = .23（n = 14）の効果が見られることを示し、また、介入終了後三カ月から一二カ月のフォローアップでも、それぞれ、SWB（d = .22, n = 6）、PWB（d = .16, n = 6）、うつ（d = .17, n = 5）の有意な効果が見られると指摘しています。

このように介入の効果はある程度明らかなことが示されていますが、リュボミアスキーが指摘するように、誰にどのような領域で、どのような介入を行うことが有効か、という点に関しては、充分な整理が行われていないように思います。この点に関し、シェラーら

（二〇一〇）は、六つの介入技法について実践後にその好みや効果の程度を評定させ、両者の間に相関があることを示しています。ただ、単なる好みだけで介入技法の選択を考えるには限界がありますし、扱われている技法の数も限られており、多様な決定因との対応づけを検討するには、大規模な研究が必要とされているように思います。

パークスとシェラー（二〇一四）は、ポジティブ心理学介入に関するハンドブックの中で、すでに確立された介入技法として感謝、許容性、満喫、強み、意味、共感などの介入技法を、新たな介入技法として、創造性、忍耐、勇気、ユーモア、フロー、知恵などに関する技法を紹介しています。ただし、それぞれの内容は個別に検討されたもので、統合的な視点に欠けており、また多くは認知行動療法を援用したもので、ポジティブ心理学独自の介入技法とは見なしがたいという問題点も存在します。パークスとディトヴァ（二〇一六）でも、介入カテゴリとして、満喫、感謝、親切、共感、楽観性、強み、意味という七つを取り上げ、それぞれの介入方法やその特徴について簡単な解説が行われています。本書でも代表的な介入方法のいくつかを取り上げ、簡単に解説したいと思います。

●ポジティブ心理学的介入の諸相

1　セイバリング介入

セイバリング（savoring：満喫）とは、第九章でも論じたように、ポジティブな経験をじっくりと味わうことを意味します。ブライアント（一九八九）によれば、こうした経験には、現在体験中の瞬間への焦点づけの他に、過去体験の回顧や未来の体験の予期などによる満喫も含まれます。スミスら（二〇一四）は、このうち現在焦点型（present-focused）のセイバリング介入として、①遂行中の課題や過程がもつポジティブな特徴に焦点をあてる（ブライアントとベロフ 二〇〇七）、②毎日二～三分間、その日に体験した二つの楽しい体験についてじっくりと考え、楽しみを持続するよう努力する（シェラー 二〇一〇）、③特定の対象（建物や友人など）にマインドフルに向き合い、少なくとも一五分間集中してベストな写真を撮るよう努力する（クルツ 二〇一二）、などの技法を紹介し、いずれも幸福感の上昇につながるとしています。また、未来焦点型（future-focused）の介入としては、①未来に生じるよいことをイメージさせる（コイドバックら 二〇〇九）、②未来の目標（ベストな可能性自己：best possible self）をイメージさせる（キング 二〇〇一）などの手法が有効であることが示されています。特に後者については、一回だけでなく、四週間あるいは六週間の練習でも効果が生じることが示されています（ベームら二〇一一など）。

2　感謝介入

「感謝（gratitude）」については、きわめて多くの研究がなされており、定義も多様です。たとえば、スナイダーら（二〇一一）は、感謝研究の第一人者とされるエモンズの指摘として、「感謝とは、他の個人が、①なんらかのコストを払い、②受領者にとって価値のあることを、③意図的に提供したことにより、ポジティブな結果が得られたと認識されたときに生じるもの」（p.276）と記載しています。また、ローマスら（二〇一四）は、「交換ベースの関係の中で、他者からさまざまな恩恵を受けたと認知したときに生起する感情」（p.3）としています。

エモンズとマカロウ（二〇〇三）は、感謝感情を促進する介入研究を遂行しています。この研究（第一実験）では、一〇週間にわたり、①感謝を感じたことを五つ書き出す、②ストレスを感じたことを五つ書き出す、③影響を受けたイベントを五つ書き出す、という三群を設け比較を行った結果、①の感謝群では感謝感情が上昇するとともに、人生満足感や楽観性が上昇したと報告されています。デイビスら（二〇一六）のメタ分析では、エモンズらの研究を含め、統制群を設けた一五の研究との比較において、感謝介入の効果としてd = .46という高い効果量が検出されることが明らかにされています。

ローマスら（二〇一四）は、感謝を促進する技法として、エモンズらの感謝記載法（counting blessings）の他に、自省法（grateful self-reflection）や感謝訪問法（gratitude visit）の有効性を指摘しています。前者は、臨床的な内観法を用いたもので、他者から何を受け取ったか、他者に何を与えたか、他にできたことはないかなどについて瞑想を行うものです。チャン（二〇一〇）によれば、事前の感謝得点の高かった参加者は、瞑想後に、感謝心が高まり、感情的な枯渇が消失し、人生の意味の重要性を感じるようになったとされています（ローマスら二〇一四）。また、感謝訪問法とは、先に紹介したセリグマンの研究で用いられた技法で、援助を受けた相手に感謝を表明することを重視します（セリグマンら二〇〇五）。この技法も前述したとおり、参加者の幸福感を高め、抑うつ感情を低下させるとされています。また、フローら（二〇一四）は、児童に対する感謝介入カリキュラムとして、①受益者になったときの援助者の意図の理解、②利益を与えたときの援助者のコスト経験の理解、③援助者が与えてくれたギフトによる利益の理解などを、順次感謝日誌としてまとめ、感謝の重要性を理解させる技法を開発しています。このカリキュラムの参加者は、他者からの援助に対する気づきを高め、ウェル・ビーイングを上昇させることが報告されています。感謝については、本邦でも、相川ら（二〇一三二〇一七）、蔵永ら（二〇一一）などにより積極的な研究が展開されています。

3　許容性介入

許容性（forgiveness）についても、一九九〇年代以降、数多くの研究が展開されてきました。ロペスら（二〇一五）は、その背景として、テンプルトン財団による研究資金の提供が大きな役割を果たしたと指摘しています。許容性の定義も多様で、たとえば、マッカロー（二〇〇〇）は、「他者に対する向社会的な動機が増加すること」とし、「ネガティブな行為を行った人物との接触を避けたりせず、復讐・加害といった動機を低減し、博愛の動機を高めること」としています。また、「罪を犯した原因に対するネガティブなこだわりから自由になること」（トンプソンら二〇〇五）、「自分たちを不当に傷つけた人に対する怒り、否定的な判断、無関心にふるまう権利を捨てて、思いやりや寛容さそして愛などを相手に行き届いていないものを育成すること」（エンライトら一九九八）とする考え方もあります。

許容性はキリスト教的価値観とも整合し、特に西欧では許容性を育むことが重要な課題として推奨されます。そのため、介入技法も多数発展していますが、ここでは代表的な技法として、ワージントンら（二〇〇六二〇一四）によるREACHモデルに基づく介入法を紹介します。この技法では、まず犯罪など心に傷を受けた体験を想起させます（Recall：R）。そのことについて許容する決断ができ、感情的な許容性が感じられるまでこれを繰り返します。次に参加者は、加害者に対する共感や他のポジティブ感情（思いやりや愛など）を感じることを求められます（Empathize：E）。それができたら、許容の印になる愛他的な贈り物をすることになります（Altruistic：A）。ここでは、共感だけでなく、周囲の人々への感謝や謙譲心について育成する練習も課されます。そして第四段階として感情的な許容性への関与（Commitment：C）を高めることが求められます。そのためには、許容を行う証明書を書いたり、加害者に許しの手紙を書くことが推奨されます。介入の最終段階はそうした態度の保持（Hold：H）です。怒りや許し難い気持ちが再燃したときに、どうやってそれを治めるか、そのやり方を学習します。いずれもキリスト教信者を対象にした、六時間ないし一八時間のプログラムが考案されています（ワージントンら二〇一四 Forgiveness Intervention Manuals：www.people.vcu.edu/eworth）。この他にも許容性介入については、多数のプログラムが考案されており、ロペスら（二〇一五）は概念的問題も含めて多様な紹介を行っています。臨床領域での応用についてはワージントンら（二〇一六）のまとめが参考になります。本邦でも心理学に限らず多領域で関連する研究が行われています。「寛容性」「許し」などの用語が用いられることも多いようです。

4　親切介入

親切さ（kindness）についても、介入研究が行われています。たとえば、ダンら（二〇〇八）は「向社会的消費（prosocial spending）」と名づけられた介入研究を行っています。この研究では、ホームレスの人にサンドウィッチを買う、同僚にコーヒーを買う、チャリティに寄付するなどの親切行為が推奨され、他者のためにお金を使うと、自分のために使ったときよりウェル・ビーイングが増進することが示されました（パークスとティトヴァ二〇一六）。また大竹ら（二〇〇六）は、日本人学生を対象に、親切行動の重要性を説明し、一週間後に親切行動を思い出して書かせるという介入を行いました。その後特に親切という課題を求めずに一カ月後の幸福感を測定したところ、親切介入群では統制群に比べて幸福感が上昇していることが示されました。アジア系の参加者では感謝による介入効果が弱いことも示されており、島井（二〇一五）は、親切介入が感謝介入より日本やアジア文化に合致した方法であることを示唆しています。

5　web介入

近年、webによる介入が、臨床領域も含め使いやすい自己援助技法として注目を集めています。パークスら（二〇一二）は、幸福追求者（happiness seeker）としてポジティブ心理学的な介入に関心をもつ人々の特徴を明らかにしています。まず、研究一では、幸福追求研究の自主的参加者には、うつ的な症状に悩まされている人とほぼ同じ比率でそうした傾向をもたない人々が参加していることが示されました。研究二では、一一四名（女性八九名、男性二五名）の参加者を対象に、一四の幸福追求活動を呈示し、日常的にどのような活動を行っているか複数選択させました。同時に、日頃幸福追求のために行っている活動を一〇個リストアップしてもらい、そのうちでもっとも自分に適合しているものと、もっとも重要なものを一つずつ選択させ、その内容が一四の活動のどれにあたるか、研究者側のコーディングにより結果を整理しました。表11にその結果を示します。

表には五〇％以上の参加者が選択した一〇の活動を記載しましたが、二〇％以上で選択しても、精神性や宗教など、他に四つのカテゴリが加わるに過ぎないことが示されています。一方で、重要で意味のある活動、快楽につながる活動としては、他者との関係性やスポーツ・運動が選択されるなどこのリストの順位とは異なることも指摘されています。

パークスらは、第三研究として、幸福追求介入技法として何が選ばれるかという研究も行っており、それらの結果もふまえ、幸福の追求の仕方には個人差があることを指摘し、「人―活動適合モデル」が重要であることが示唆されています。堀毛と堀毛（二〇一八）はこれらの研究を参考に、一般人を対象としたweb調査により日本における幸福追求活動に関する検討を行いました。この研究では、まず活動内容を六つのウェル・ビーイン

表11　パークスら（2012）による幸福追求活動の選択比と堀毛と堀毛（2018）による選択比の比較

		パークスら（2012）による選択比	堀毛と堀毛（2018）による選択数	順位
1	他者に親切にする	77.2	6.7	—
2	自分にとって重要な目標を追求する	73.7	4.6	—
3	他者に感謝の気持ちを表わす	68.4	10.3	9
4	いろいろなことを前向きに考える	68.4	38.0	1
5	スポーツや運動をする	65.8	15.6	8
6	他者と協調的な関係を強める	62.3	3.2	—
7	好きなことを充分楽しみ味わう	61.4	31.9	4
8	明るく元気に過ごす	60.5	34.9	2
9	今なすべきことを考える	59.6	32.8	3
10	他者を許す	58.8	—	—
—	こころの平安を保つ	—	31.1	5
—	思いやりのこころをもつ	—	24.0	6
—	あるがままに過ごす	—	21.8	7

グ（感情的・心理的・活動的・社会的・環境的・日本文化的）に分け、一〇〇〇人を対象にそれぞれのウェル・ビーイングを高めるためにどのような活動が求められるか自由記述を求め、その結果をもとに一八の幸福追求活動を選択しました。結果として選択された活動は、パークスらの内容とほぼ重複することが明らかになりましたが、日本文化的な活動

として本邦にユニークな内容も得られました。引き続き五〇〇人を対象として、一人三つの活動を選択してもらい、二週間にわたりその活動を行ってもらう介入研究を実施しました。その際に選択された介入活動の比率が表に示してあります。パークスらの研究に比べ選択比率が低いのは参加者に幸福追求者としての前提を求めなかったためと考えられます。結果として、活動の内容は同じであっても、実際に選択される活動には相違があることが示されました。表中最後の三つは日本文化的な幸福追求活動として加えたものですが、これらの活動の選択比率が高いことが示されています。つまり、介入活動に関しては個人差やウェル・ビーイング内容の相違とともに、文化差についても考慮すべきであることが示唆されました。[注39]

注39　介入研究には、本文でも論じたようにこの他にもさまざまな課題に関する研究が進展しています（フローとパークスら二〇一三、島井ら監訳二〇一七、パークスとシェラー二〇一四）。これらに関しては、紙数の関係で省略させていただきます。なお、強み介入に関しては本書第五章やニーミック（二〇一七）を、意味介入、リジリエンス介入については簡単にまとめた別稿がありますのでご参照ください（堀毛二〇一九）。

15・ポジティブ心理学と文化

●幸福感の文化差に関する国際比較

最終章では、制度的な側面としての文化の影響についてまとめたいと思います。文化と幸福感の関連については、ポジティブ心理学の提唱以前から、いろいろと検討が行われてきました。たとえば、ギャラップ社が行ってきた世界価値観調査（World Value Survey：WVS）では一九八〇年代から幸福感の測定を行われ、WVSのホームページには、その調査結果がデータベースとして紹介されています。一九八〇〜八四年の調査（Wave 1）では、幸福感について四段階で回答を求めた結果として、日本（$n=1{,}204$）の場合、とても幸せ（四）が一五・〇％（九カ国中八位）、少し幸せ（三）が六一・九％であることが示されています。四と三を合わせた比率は七六・九％で、ハンガリーとほぼ同率の八位となり、九〇%を超えるフィンランド、スウェーデン、アメリカ、オーストラリア等に比べると二〇%近い低さになっています。こうした調査はWave 2（一九九〇～一九九四）以降でも継続して行われ、最新の二〇一〇～二〇一四（Wave 6）のデータでは、四が三二・三%（六〇カ国中三〇位）、三が五四・二%、合計すると八六・五%（六〇カ国中二七位）という数値の上昇が見られます。ただ、こうした数値の解釈には注意が必要です。

たとえば、こうした幸福感に関する国際比較調査は、最近では数多く行われており、結果にはそれぞれ相違が見られます。著名なものとして、国連が毎年行っている世界幸福度調査（World Happiness Report：WHR）では、人口あたりのGDP（対数変換値：OECD報告による）、生誕時の健康寿命（余命：WHO報告による）、社会的支援（ギャラップ調査による一、〇回答）、人生選択の自由（GWP調査による一、〇回答）、寛容性（寄付額に関するGWP調査の平均からの残差）、腐敗度（政府とビジネスに関する腐敗に関する一、〇の印象評定）という六つの指標の合成値により、国別ランキングを行っています。この結果（二〇一七年度報告）によれば、日本の位置づけは一五七カ国中五四位で、二〇〇八年から二〇一〇年の得点からの低下はマイナスとなり、得点の変化としては七一位という報告が出ています（ヘリウェルら二〇一八）。一方、OECDによる主観的幸福感調査（OECD二〇一三a、キャントリルの階梯法により測定）では、加盟三七カ国中二八位、また、持続可能性の論議とも関連する幸福な地球指標（Happy Planet Index：HPI）では、一四〇カ国中五八位という結果が出ています。HPIは、ウェル・ビーイング（キャントリルの階梯法）×平均余命×格差（前二つの指標の分布に基づいて算定）をエコロジカル・フットプリント[注40]得点で割った数値とされています（ジェフリーら二〇一六）。まとめると、日本人の幸福感は決して高いものではなく、国際的に見れば中・下位にあると見なすことができるでしょう。

●文化差をもたらす変数

こうした幸福感の文化差には、どのような要因が関連するとされてきたのでしょうか。ディーナーら（一九九五）は、三二カ国一万三〇〇〇人以上の学生を対象とした調査において、個人レベルとして、自尊心、人生満足感、そして友人・家族・財政に関する領

注40　エコロジカル・フットプリントとは、「ある特定の地域の経済活動、またはある特定の物質水準の生活を営む人々の消費活動を永続的に支えるために必要とされる生産可能な土地および水域面積の合計」（レース　一九九五）とされています（Wikipedia「エコロジカル・フットプリント」による）。

域的満足感に回答を求め、一方で社会レベルとしてGNP（国民総生産。現在ではGDP（国内総生産））（マイクロス 一九九一のデータ）、個人主義―集団主義（トリアンディス 一九八九のデータ：一〇段階）、均質性（エスティズ 一九八六のデータ：言語、宗教、民族の三側面からランキング）という指標を用いています。結果として、個人レベルでは自尊心と人生満足の間に高い相関が見られましたが、集団主義的な国家ではその相関が低くなることが示されました。また、個人主義的な国家ほど友人や家族に関する領域的満足感が高くなることも明らかになりました。つまり、個人主義―集団主義という要因がウェル・ビーイングを左右する重要な要因であることが示唆されたわけです。

この調査で明らかになったもう一つの重要なポイントは、財政的な満足感と人生満足の関連がGNPの低い国で強くなるという指摘です。関連する現象は古くから指摘されており、社会学領域では「イースタリンのパラドックス」（一九七四）として知られています。これは、国別に見ると収入と人生満足感には相関があるものの、国際比較ではそのような相関は見られず、特にGNPの高い国では収入が上昇しても満足感は変化しないとする指摘です。収入と人生満足感が相関することについては、ディーナー（一九八四）の初期のレビューでも、すでに複数の研究により実証されているとされていますが、全世界的な調査が進展するにつれ、こうしたパラドックスの存在についての論議が盛んに行われるよ

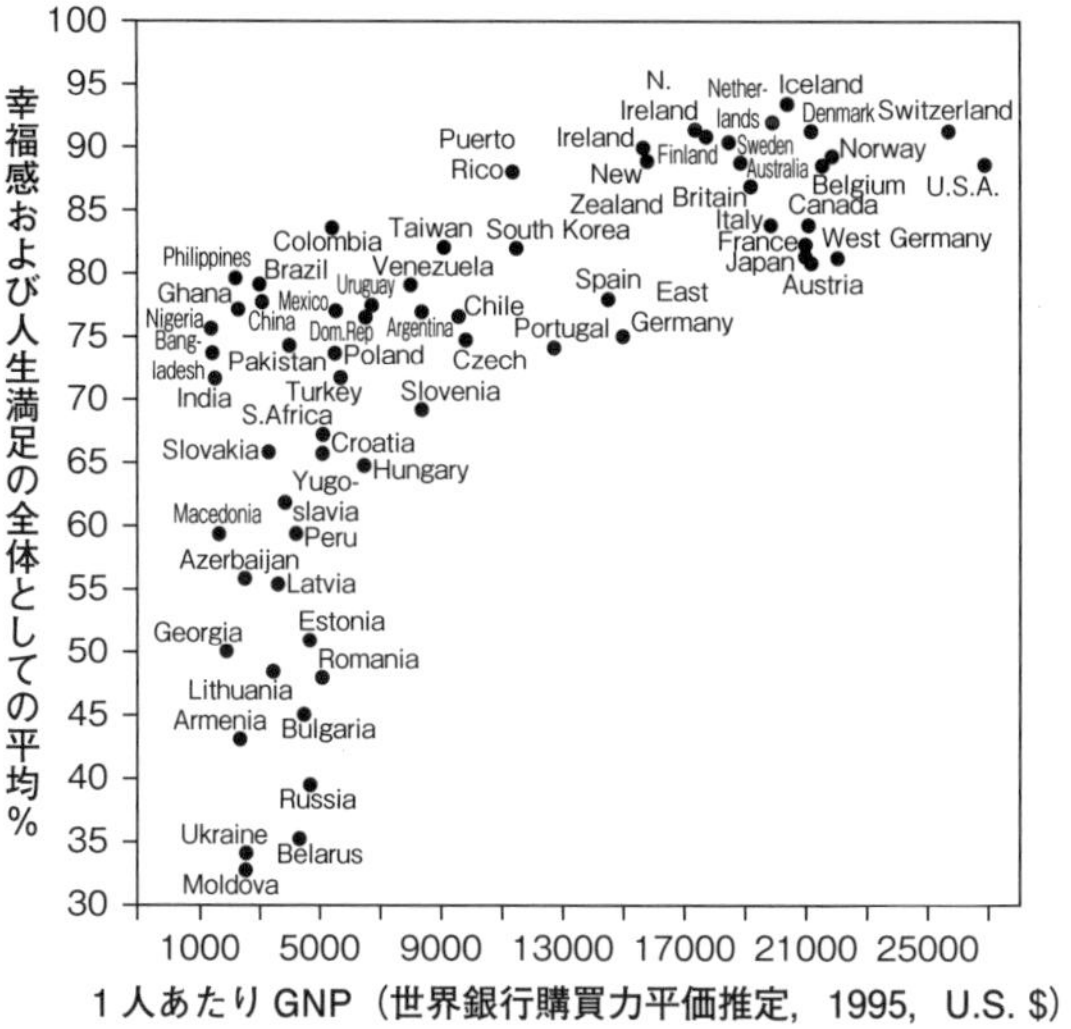

図29　GNPと幸福感の国単位の関連性
（イングルハートとクリンゲマン，2000）

うになりました。たとえば、イングルハートとクリンゲマン（二〇〇〇）は、WVSのデータを用いてGNPと幸福および人生満足感との間には、図29に示されるような関係があることを指摘しています。一見してわかる通り、GNPの低い国々では、GNPが上昇するにつれ、幸福感も上昇しています。ところが、GNPが一万三〇〇〇ドルを超えると相関の傾きは緩やかになり、GNP

が増えても幸福感は上昇しないという傾向が見えてきます。イングルハートらは、年収一万三〇〇〇ドル以下には以前も含め共産主義の社会が多く、一万三〇〇〇ドル以上には、歴史的にプロテスタントを維持する社会が多いことを指摘し、社会体制の影響が原因の一つとしています。ただ、GNP値では実感がもてないという方も多いと思います。そこでカーネマンとディートン（二〇一〇）は、感情的WBと人生評価（階梯法）を区別し、これと世帯収入の関連を検討したところ、人生評価は収入の上昇とともに一貫して高くなりますが、感情的WBについては、約七万五〇〇〇ドルを境に、上昇の程度が緩やかになることが示されました（図30）。こうした見解に対し、ディーナーら（二〇一三）は、GDPよりも世帯収入が、人生満足やポジティブ感情と正の、ネガティブ感情と負の関連が高いことを、二〇〇六年から二〇一一年にわたる縦断的データにより明らかにしています。ディーナーらは、収入が、物質的なウェル・ビーイングや生活水準に関する満足感、楽観性などと関連をもつことを示しており、これらの要因がウェル・ビーイング、特に感情的ウェル・ビーイングを規定する可能性が示唆されています。さらにディーナーら（二〇一五）では、高いレベルのウェル・ビーイングにつながる社会・文化的な要素として、以下の一〇の要素を指摘しています。①経済的な発展・相対的な富裕さ（基本的な欲求・願望が満たされるため）、②法律や人間の権利が保障されていること、③腐敗度

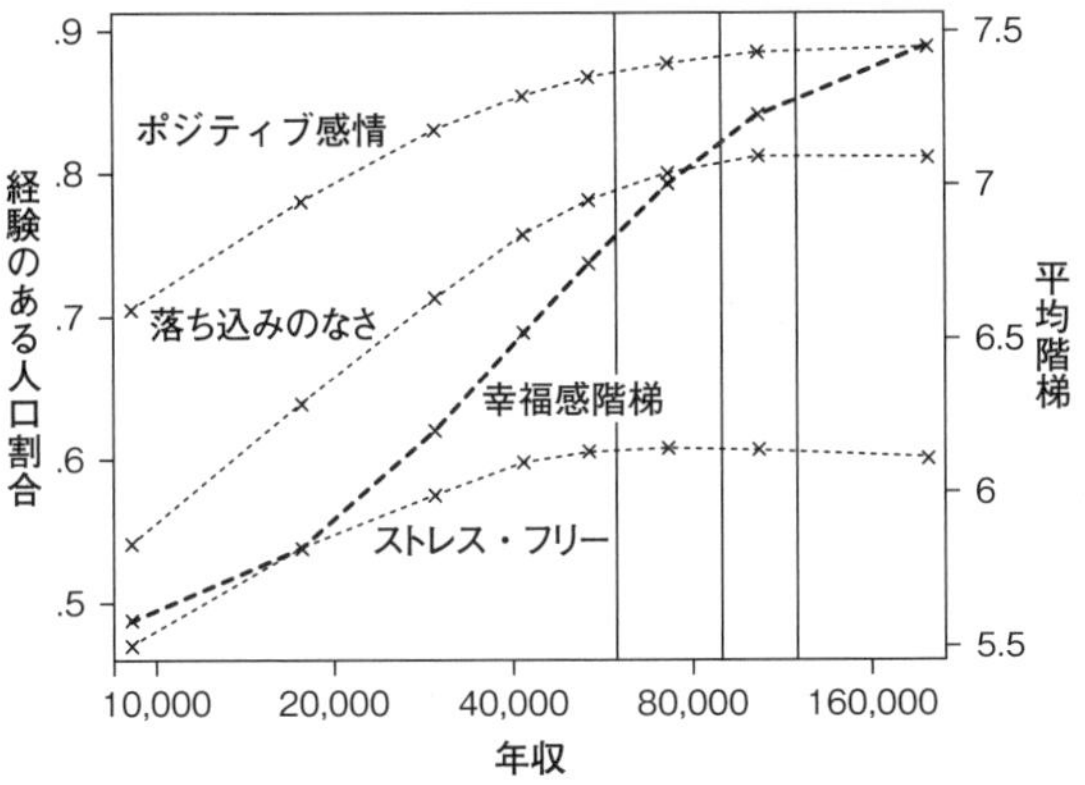

図30　SWB指標と収入の関連（カーネマンとディートン，2010）

が低いこと、④効率的・効果的な行政組織をもつこと、⑤進歩的な税制をもつこと、⑥安定した所得保障プログラム（年金、雇用保険など）を有すること、⑦政治的な自由度が高く、人権や雇用が守られていること、⑧非雇用度が低く、非雇用者を守る政策が存在すること、⑨健康度が高い地域であること（死亡率や罹病率が低い）、⑩自然環境に恵まれていること（空気の清浄さ、緑環境の豊かさ）。同時に、ウェル・ビーイングを高めることが政策や国民経済上（national account）も重要で、メンタル・ヘルスや認知症の介護、いじめや差別等の問題に対処する政策に活かされるべきとする提言もなされています。この論文では、いずれの指摘についてもエビデンスが存在することも同時に紹介されています。

●比較文化研究の留意点

国際比較の指標を解釈するには注意が必要と先に述べましたが、その理由はいくつかあります。一つは、ウェル・ビーイングの指標が、きわめて単純な五～一一段階の測定に限られていることです。第二章でも指摘したように、ウェル・ビーイングに関しては多様な指標が存在し、意味的な相違も明確にされています。こうした中で、単一の指標に頼って幸福感やウェル・ビーイングを判断することには問題があるように思います。ディーナー(二〇〇六)は、ウェル・ビーイングを考えていくうえで重要な概念的・方法論的区別(SWB、ポジティブ感情、ネガティブ感情、幸福感、人生満足、領域的満足、人生の意味、経験サンプリング法、日常再構成法)についてのガイドラインを発表し、多くの著名な研究者の賛同を得ています。またOECD(二〇一三b)もこうした問題点に注意を喚起しており、主観的幸福感に関するガイドラインを提唱しています。また、日本でも民主党政権の時代に、内閣府に設置された専門委員会が、幸福感に関する多側面からなるガイ

表 12　ウェル・ビーイングに関する文化比較研究を行う際のチェックリスト（大石，2010）

1	**概念的等価性**	ターゲットとなる概念（幸福感，人生満足感）は，文化間で同じ意味をもつか
2	**翻訳の妥当性，文化固有の用語の使用**	翻訳は正確に行われているか 文化固有の用語（indigenious word）を必要とするか
3	**ターゲット概念の社会的望ましさ**	ターゲット概念の社会的望ましさは文化間で等質か
4	**反応スタイルの差**	文化により評定値の使用に顕著な差はないか（たとえば中位点，極端な点の使用など）
5	**測定項目の機能**	ウェル・ビーイングを測定する項目の機能は文化間で等質か
6	**自己呈示への関心**	自分を呈示するやり方に顕著な文化差がないか（たとえば，謙遜の仕方）
7	**記憶バイアス**	文化による記憶バイアスの違いはないか（たとえば，ポジティブ・バイアス）
8	**妥当性の基準**	ウェル・ビーイングに関する異なる種類の質問で結果が再現されているか（例：キャントリルと幸福感） グローバルな尺度，オンライン尺度，行動尺度，心理社会的尺度の他にウェル・ビーイングの測定が行われているか

ドラインを作成しています（内閣府幸福度に関する研究会二〇一一）。ウェル・ビーイングについての文化差を考えていくためには、こうしたガイドラインに基づいて検討を行っていくことが重要と考えられます。

また、大石（二〇一〇、大石とグラハム二〇一〇、大石と小宮二〇一二）は、ウェル・ビーイングについて文化比較研究を行う際のチェックリストとして表12に示す諸点に注意すべきであることを提案しています。上記で指摘した指標の多様性の問題は、表中8の指摘に該当すると考えられます。この他、4の反応スタイルに関しては、七段階のSWLS得点（第二章参照）で見ると、アメリカの学生のほうが日本の学生より平均得点が高い（米：$m=24.41$、日：$m=19.07$）ことが示されています。これが反応スタイルによるものだとすれば、三段階評定に修正すれば差はなくなるはずですが、実際にはそうした傾向は見られませんでした（米：$m=11.10$、日：$m=8.85$）。このことは、アメリカの学生のウェル・ビーイングの高さが、極端な評定を好むという反応スタイルによるものではないことを示しています。同様に、5の測定項目の機能については共分散構造分析や項目反応理論に基づく推定によって、また6の自己呈示への関心については、自己評定と他者評定の相違の検討によって、7の記憶バイアスについては経験サンプリング法によって、それぞれ検討できる可能性が論じられています（大石二〇一〇）。

●ウェル・ビーイングの概念的等価性

大石（二〇一〇）の指摘の中でも特に重要な問題と考えられるのが、表中1で指摘されている、幸福感やウェル・ビーイングの意味は文化間で同じかという概念的等価性の問題です。これは2で指摘されている翻訳の妥当性や文化固有な用語の使用、また3で指摘されるターゲット概念の望ましさにも関連してきます。この点に関しては、先述したディーナーとディーナー（一九九五）の研究をはじめ、数多くの研究が、西洋の幸福に関する考え方と、東洋の考え方の相違を指摘し、その理由を集団主義―個人主義的文化の違いに求めてきました。たとえば、リュとギルモア（二〇〇四）は、中国人とアメリカ人の幸福感に対する考え方の違いを検討するために、リュら（二〇〇一）で論じられた中国人の幸福感と、白人アメリカ人が、「幸福感とは何か」と尋ねられたときの回答の相違を検討しています。その結果、中国人では内的なウェル・ビーイングや満足感、外界との調和という集団主義的な回答が多く見られたのに対し、アメリカ人では、楽しさ、ポジティブな自己評価、意味のある人生などの個人主義的回答が多かったと報告しています。また、内田ら（二〇〇四）は、マーカスと北山（一九九九）による著名な文化的自己解釈の相違を基盤に、東洋と西洋の幸福感の違いを説明しています。文化的自己解釈の違いはあらためて論じるまでもないと思いますが、西欧人の自己の独立性や自律性を重視する相互独立的自己と、東洋人の周囲との関係性や協調性を重視する相互依存的自己を区別する考え方です。幸福感やウェル・ビーイングについていえば、西欧人は内的な自己を構成する要素のポジティビティを重視し、個人的な達成や自尊感情により幸福感が規定されますが、東洋人は他者との関係性の中で感じるポジティビティによって幸福感が規定されることになります。内田と北山（二〇〇九）は、こうした考え方を実証するために、アメリカ人学生九五人、日本人学生七三人に、幸せと不幸せがもつ特徴や、それがもたらす効果について自由記述を求めました。そしてそれぞれの特徴の望ましさを五段階で評定させました。さらに参加者のうち二〇人のアメリカ人学生、一五人の日本人学生に、記述間の類似性評定を求め、MDS（多次元尺度構成法）により分析を行いました。その結果、まず記述の望ましさ評定に関しては、明確な文化差が見られました。アメリカ人は記述内容のほとんどを望ましいと評定していたのに対し、日本人の記述には望ましくないと評定されるものが多く含まれていました（米：$m=4.78$、日：$m=3.95$）。また、MDSによる分析結果を図31、図32に示しました。アメリカ人の結果は、個人的達成と快経験、社会的調和が九八％を占め、ネガティブな記述はほとんど見られませんでした。これに対し、日本人の結果に

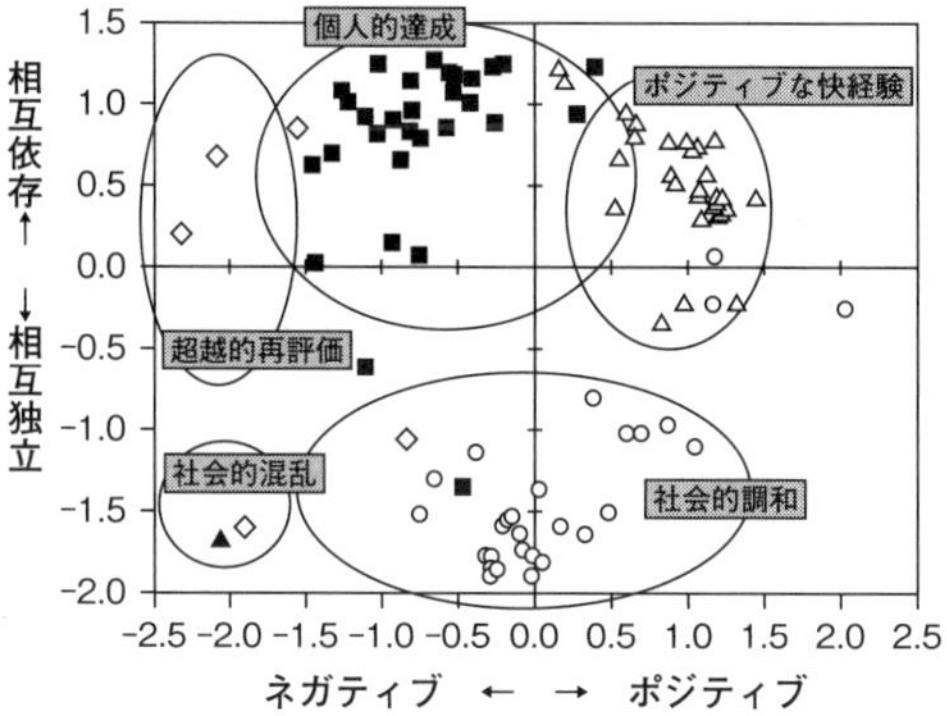

図 31　アメリカ人学生の幸福感に関する記述の分析結果
（内田と北山，2009）

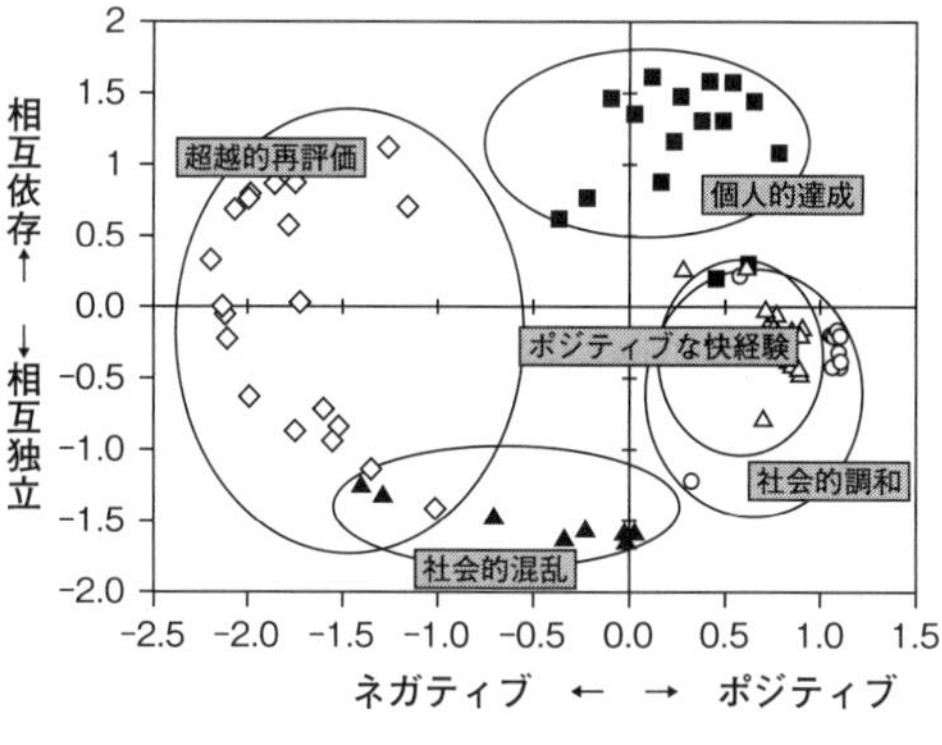

図 32　日本人学生の幸福感に関する記述の分析結果
（内田と北山，2009）

は、社会的調和や個人的達成も見られましたが、超越的再評価（この幸せがいつまでも続くわけではないなど）や社会的混乱（幸せになる人がいればその分不幸せになる人もいるなど）の記述が三四％と、数多くあげられることが示されました。内田らは、幸福感やウェル・ビーイングに関する文化モデル（**folk model**）には大きな違いがあり、研究のためには文化固有の測度を開発する必要がある（内田ら二〇〇四）と論じています。[注41]

さらに、北山とマーカス（二〇〇〇）は、ソーシャル・サポートと自尊感情およびウェル・ビーイングの関連性を検討し、相互協調的な文化では、社会的サポートが得られればウェル・ビーイングが上昇しますが、相互独立的文化では、社会的サポートが自尊感情を高めてはじめてウェル・ビーイングの上昇につながる、という媒介効果の相違についても指摘しています。このように認知的要因が文化的枠組みとして機能し、ウェル・ビーイングに影響することは、これまでの章でも紹介してきたように多側面にわたり指摘されています。北山（二〇〇三）は、文化を「素朴理論、イメージ、スクリプト、世界観といった

注41　概念的等価性の問題は日米間に限られたことではありません。たとえば、イスラム文化における幸福感と西欧的な幸福感の比較に関してはジョシャンルー（二〇一三二〇一四）の論考などがあります。文化的な特徴を論じたアンソロジーもいくつか出版されていますのでご参照ください（ヌープとデレ・ファベ二〇一三など）。

シンボル資源のプール。これらの資源は、①民族、宗教など、ある一定の地域や歴史の一時点、あるいは、集団の公の言説、慣習、組織を構成し、②歴史的に形作られ、受け継がれ、③各集団間に系統的に分布し、④各集団内では、不均一に分布している」(p.106)と定義し、「文化と心の相互構成」(北山 一九九七)の重要性を強調しています。幸福感もこうした枠組みの中で文化から影響を受け、文化に影響を与える要因の一つとして位置づけられるでしょう。北山は最近(北山とアスクル 二〇一二)、文化神経科学的観点から、文化差の背景となる生業形態への適応による生理学的・心理的な相違についても興味深い説明を提唱しています。

●日本的ウェル・ビーイングの検討

それでは、日本に固有なウェル・ビーイングとはどのようなものと考えられるのでしょうか。第二章でも触れたように、この問題についても、いくつか注目すべき論考が発表されています。たとえば、菅ら(二〇〇九、唐澤と菅 二〇一〇)は、日本的幸福感として「ミニマリスト(受容的)ウェル・ビーイング」と呼ばれる概念を提唱しています。この概念は、日本人がもつ「現実は流動的で変転するはかないものであるという理解に基づき、ささやかな存在にも感謝の心を抱く」（菅ら二〇〇九 p.301）ことを意味します。つまり、ウェル・ビーイングの構成要素として、感謝と平穏を強調する考え方であり、測定のために考案された一二項目からなるミニマリスト尺度でも、因子分析の結果この二因子が抽出されています。ただ、日米差が見られたのは平穏さ因子の得点だけで、総合得点や感謝因子の得点には差が見られなかったことも報告されています。また、浅野・五十嵐・塚本（二〇一四）も、フータとライアン（二〇一〇）によるＨＥＭＡ（Hedonic and Eudaimonic Motives for Activities）尺度の邦訳研究で、「くつろぎ追求因子（くつろぎ、気軽さ）」を見いだしています。この尺度は、本来快楽的幸福と意味的幸福の相違を欲求との関連から検討する目的で開発された尺度で、欧米では二因子性が確認されており、くつろぎ因子の抽出は、日本文化に固有な特徴である可能性が示唆されています。

さらに、一言と内田（二〇一五）は、日本人の幸福感を、「協調的幸福感（Inter-dependent Happiness：ＩＨＳ）」として概念化しています。この考え方は、「（日本のような）相互依存的な日常生活がより一般的な社会で、相互依存的な目標達成を経験することによる幸福感」（p.214）として定義されています。つまりこの幸福感は、他者との調和関係、平穏さや日常性の重視、集団主義的なつながりを重視するウェル・ビーイングの考え方と見なすことができます。一言らは九項目からなる測定尺度を提案しており、信頼性・妥当性が検証されたとしています。尺度の平均得点には日米差は見られませんでしたが、ウェル・ビーイングの予測因としては、アメリカでは自尊心による予測が高かったのに対し（自尊心：β＝.52　IHS：β＝.40）、日本ではIHSのほうが高い予測性を示しました（自尊心：β＝.37　IHS：β＝.57）。こうした結果は協調的幸福感が、従来のウェル・ビーイングに対し、集団主義的文化の成員により維持されている幸福感である可能性を示唆しています（一言二〇一七）。

●社会生態学的アプローチ

文化の影響に関する最新のアプローチとして、社会生態学的アプローチ（socioecological approach）をあげることができるでしょう。この考え方は、「自然環境や社会環境が人間の心や行動にどのような影響を与えるか、またそうした心や行動が自然環境・社会環境にどのような影響を与えるか」（大石とグラハム二〇一〇）について研究する領域とされます。ここで「文化」とは、「歴史的に生成され選択された理念の顕在的・潜在的パターンであり、制度、実践、人工物として具現化されたもの」（アダムスとマーカス二〇〇四）を意味します。文化と心や行動の関係は、先の北山（一九九七）の「文化と心の相互構成」という指摘を取り入れたものと考えられますが、社会生態学はそこに環境要因や状況要因の影響性を明確に位置づけた考え方と見なすことができるでしょう。大石（二〇一四）は、社会生態学に三つのタイプの研究があることを指摘しています。①関連性研究：社会生態学的要因が、特定の認知、感情、あるいは行動につながることを示す（例：暑さの厳しい気候→暴力的犯罪の多さ、人口密度の高さ→援助行動の低下など）、②過程研究：社会生態学的要因が特定の心理的状態をもたらし、それが特定の認知・感情・行動の生起につながる過程を示す（例：暑さ→敵意→攻撃性、人口密度→責任の分散→援助の低下など）、③ニッチの構築研究：特定の認知・感情・行動傾向がニッチ（生態系内での特異な地位や場所）を構成する様相を示す（例：攻撃性→銃所持への賛意、情報過多→公的な福祉施設創設への賛意など）。また、研究方法のモデルとして、①自然・社会環境における行動観察、②社会生態学的要因と特定の認知・感情・行動の関連に関する仮説構築と検証、③因果関係の推定、④そうした要因が原因となる理由に関する仮説構築・検証、⑤どのような種類の人々の環境に該当するかに関する仮説構築・検証、という手続きを経ることが推奨されています。

竹村と佐藤（二〇一二）は、こうしたアプローチの中で取り入れられてきた社会生態学的要因を整理し、病原体の蔓延度、農耕・狩猟採取経済、関係流動性、自発的入植の歴史、周囲の他者の態度、気候、都市生活などの要因の影響性を指摘しています。たとえば、大石とシマック（二〇一〇）は、居住地流動性（residential mobility：住居を移動した回数）とウェル・ビーイングや死亡率との関連を検討しています。この研究では、子ども時代の居留地流動性が、移住による関係性の低下を招き、結果的にウェル・ビーイングの低さにつながるという仮説が検討されました。具体的には、ＭＩＤＵＳ（第一一章参照）調査Ⅰ（一九九四）とⅡ（二〇〇四）に参加した成人七一〇八名について、自己報告によるウェル・ビーイング尺度と心理的ウェル・ビーイング尺度、ビッグ・ファイブに回答を求め、さらに子ども時代の移住の回数と、社会的関係の質などに関する質問が行われました。その結果、外向性が調整変数となり、内向的な傾向の強い参加者では移動回数が増えるほどウェル・ビーイングが低下すること、外向者ではそうした低下傾向が見られないことが明らかになり、仮説が支持されました。社会生態学的研究では、日本人研究者の活躍が顕著で、大石の他にも結城ら（二〇一三）による関係流動性の研究や、また内田ら（二〇一九）の生業と協調性の関係の検討など数多くの興味深い研究が実践されています。一方で、それぞれの研究で扱われる要因の選択には系統性が見られず、ある程度の成果が集積した段階で、状況的枠組みを整備した検討が必要とされているように思います。

●ポジティブ心理学への批判と将来展望

本書の最後の節として、ポジティブ心理学への批判と、将来展望について論じておきたいと思います。まずはポジティブ心理学への批判と、それに対する回答について論じておきましょう。著名な批判としては、ラザラス（二〇〇三）の指摘があります。ラザラスは、主要な批判として、①横断的研究が主体になっており限界があること、②感情価の決定において文脈的要因が無視されていること、③個人差ではなく年代（コーホート）差が過度に強調されていること、そして、④測定上の問題として、一時点での測定が主となり、感情経験の流れが無視されていること、という四点を指摘しました（ヒュプナーとヒルズ二〇一一）。そのうえで、ポジティブ心理学はネガティブな側面を無視したポリアンナ的観点であると批判しています。また、'*Theory and Psychology*' 誌の特集では、クリストファーら（二〇〇八）をはじめとする八編の論文で、文化に関する扱いや、歴史的・哲学的視点の欠如、徳性に関する考え方の不足など複数の問題が指摘されています。こうした指摘に対し、ディーナー（二〇〇九）は、いくつかの点にしぼって回答を試みています。①個人に焦点をあてすぎている：これは事実で、もっと制度的側面に関心を向けるべきとされています。その後の発展は第一〇章以降で論じた通りです。②ポジティブ心理学は閉じられたカルトだ：これは誤解であり、他の科学と積極的に交流しているし、指導者も排他的ではないとされています。③応用が科学から逸脱している：こうした傾向が見られることは事実ですが、実践家の宿命として知識の範囲を越えた対応を行うことはあり得ることとされています。ただ、より科学的な基盤に基づいた実践を検討していく必要があると指摘されています。④ポジティブ心理学は過去の研究成果を無視している：これは避けなければならない誤解であり、本書でも論じてきた通り、人間性心理学、臨床心理学等の研究成果はきちんと取り入れられていると思います。⑤ポジティブ心理学はネガティブな側面を無視したポリアンナ的観点である：ラザラスの指摘にもあった点ですが、ネガティブな側面を無視しているわけではありません。これも本書で論じてきた通りです。ただディーナーは、こうした批判はいずれもポジティブ心理学の発展に寄与するものとも述べており、第一点など実際の研究の展開にも活かされていると見なすことができるでしょう。[注42]

ポジティブ心理学の将来についてもディーナーら（二〇〇九）が以下のような諸点を指摘しています。

注42　この他、ヘフェロンとボニウェル（二〇一一）、ボニウェル（二〇一二）も、多くの批判点をまとめていますが、ディーナーの指摘と重複する部分も多いので本書では割愛させていただきます。

摘しています。①幸福感が効果的な機能をもつときと、もたないときの相違、またどのような環境・文化のもとで幸福感が助けとなるか、②自己報告に優るSWBの測定技法の開発、③遺伝子レベルのSWB規定因がどの程度発見され、それが個人的、対人的、社会的レベルの現象と概念的にどう結びつけられていくか。このうち、第一点に関しては、本書でも特に後半部を中心にいろいろ紹介してきた内容を含めて、研究が行われるようになっていると思います。第二点に関しては、経験サンプリング法やDRM法などの技法が開発されてきましたが、自己報告に優る技法によるアプローチは開発途上のように思います（脳波は潜在的指標を用いた研究が行われています）。第三点に関しては、本書では触れることができませんでしたが、プルース（二〇一五）による解説書や、ロウら（二〇一二）による論考など、すでに数多くの著作が発表されています。この課題を含め、本書で扱えなかった問題はきわめて多数にのぼります。たとえば、ラシッドとセリグマン（二〇一八）はポジティブ・サイコセラピーに関する著作を出版していますし、ジェステとパルマー（二〇一五／大野と三村訳 二〇一八）によるポジティブ精神医学の著作の翻訳も出版されています。これらを含めてポジティブ心理学、特に応用領域の発展は顕著であるといえるでしょう。

本邦でも、ポジティブ心理学への関心の高まりは見られますが、先にも述べたように、ポジティブ心理学に関する専門の学術団体は設立されていません(「日本ポジティブサイコロジー医学会」は積極的な活動を行っています)。ただ、若手の研究者たちの関心は高く、いろいろな学会でもシンポジウムや小講演などで、関連するテーマが扱われる機会が増えているように思います。本書では、こうした動きのごく一部しか紹介できませんでしたが、ポジティブ心理学運動が、一時の流行ではなく、心理学の中に定着することを祈念して筆を置きたいと思います。

あとがき

　ポジティブ心理学に関連する著作は、本邦でもいろいろと出版されています。そうした中で本書の位置づけは、ポジティブ心理学の研究領域を学術的な視点から幅広く紹介し、さまざまな方々に興味をもっていただくことにあります。学部での講義を念頭に置きながら、大学院でも導入となるテキストとして使用できることを意図して書き上げました。ポジティブ心理学は、提唱されてから二〇年の歴史しかもちませんが、諸外国では急速な発展をとげています。関連する個々のトピックスは、以前から活発な研究が続けられてきたものが大半であり、理論的な基盤などがしっかりできているためだと思います。本邦でも関心をもつ方々は着実に増えつつあると思いますが、心理学領域では、学術的にまとまった動きになっていないように思います。本書がそうした動向の一助になれば幸いです。

　本ライブラリへの執筆の依頼をいただいたのは、実はもう三〇年以上前のことです。当初は「場面と人がらの心理学」としてまとめるようご要請があったのですが、力不足と多忙さで実現に至りませんでした。そのような中、数年前に、編者のお一人であり東洋大学で親しく交流いただいた安藤清志先生から、「ポジティブ」でまとめてはどうかというご示唆があり、なんとか本書の出版に漕ぎつけたというのが実情です。安藤先生にも、もうお一人の編者である松井 豊先生にも、「場面と人がら」についていろいろと貴重なご示唆をいただきながら形にできなかったことを、この場をお借りして深くお詫び申し上げます。また、このような形で本書をまとめる機会を頂戴できましたこと、心より御礼申し上げます。

本書がミシェルの理論など、ポジティブ心理学の中でも、「強み」研究より認知的要因を重視した展開になっているのは、こうした経緯の影響が少なからずあります。筆者はこれまで、対人認知から出発して、パーソナリティと状況、社会的スキル、コヒアランス、サスティナビリティ、社会的逆境など多様なテーマについて研究してきましたが（あの先生の研究テーマは何？とよく言われます）、それらを統合する視点が本書の基本的なスタンスであるとご理解いただければありがたく思います。ただ、そのような多様な関心をもって執筆を進めたために、一つひとつの章の内容は、その領域を専門とされる方々から見ればきわめて浅薄なものであろうことは充分承知しております。また、ポジティブ心理学の最近の発展はめざましいものがあり、それらの動向を取り入れたものになっているかというと、これまた甚だお粗末な内容にとどまっていると思います。さらに、本邦での多領域にわたる研究の発展も充分に紹介できていません。これらの点に関しましてはご寛容いただき、より深い関心を引き出す入門書としてご利用いただければ幸いです。

本書の出版に際しては、安藤先生、松井先生以外にも本当に数多くの先生方にお世話になりました。まず、社会心理学の基本となる考え方をご教示いただいた、東北大学名誉教授の大橋英寿先生に心からの感謝と御礼を述べさせていただきます。また、東北大学の先輩である大渕憲一先生はじめ諸先生方、著者がキャリアを積ませていただいた、岩手県立盛岡短期大学、東北福祉大学、岩手大学、東洋大学の先生方ならびに院生・学生の皆様にも厚く御礼申し上げます。とりわけ東洋大学社会学部での研究を主体とした生活、自宅からアクセスできる電子ジャーナルの豊富さ、大学院生との深い論議は、本書の執筆について大きな手助けとなりました。また北星学園大学学長の大坊郁夫先生には、公私にわたりさまざまなご配慮を頂戴しつつ、研究者としての素養を育てていただきました。本当にありがとうございました。大坊先生はじめ、対人行動学研究会でお世話になり、その後も親しく交流させていただいている諸先生方にも深く感謝申し上げます。

著者がポジティブ心理学に関心をもつ機会となったのは、岩手大学時代のブリティッシュ・コロンビア大学（ＵＢＣ）での在外研究でした。その際、またそれ以降も大変お世話になっているUBCの石山一舟先生、同じくその折にポジティブ心理学に関する執筆の機会を頂戴し、その後も数々の助言を頂いている関西福祉科学大学の島井哲志先生にも厚く御礼申し上げます。関西学院大学の大竹恵子先生にも、資料の提供をはじめいろいろとご示唆を頂戴しました。本当にありがとうございました。

加えて、ポジティブ心理学関連の講義や演習を担当する機会を頂戴した、東京大学文学部の唐沢かおり先生はじめ、沖縄国際大学の山入端津由先生、学習院大学の外山みどり先生、立教大学文学部および立正大学心理学部の諸先生方、また関連する講義をさせていただいた、いわき明星大学人文学部、昭和女子大学生活機構研究科、東京大学教養学部、東北大学文学部の諸先生方にも厚く御礼申し上げます。コロンビア大学の大石繁宏先生、京都大学の内田由紀子先生、久留米大学の津田　彰先生・浅野良輔先生、福岡大学の一言英文先生には、執筆上いろいろと有益なご助言を頂きました。同志社大学の佐藤郁哉先生からは、数々の著作を頂戴し、本書を書き進める手助けとなりました。その他、東江平之先生、中村　完先生はじめ、本書の作成過程で貴重なご示唆を頂戴した数多くの先生方に感謝申し上げます。本来なら退職の御礼としてお届けすべきところ、一年半の遅れが生じてしまいました。ご寛容ください。

サイエンス社の清水匡太様には、ご迷惑のかけ通しでした。本書の完成まで、粘り強くご尽力賜りましたこと、あらためて厚く感謝申し上げます。最後に、両親と妹敦子、娘夫婦と息子、そしてよき理解者としての配慮と、志を同じくする研究者として的確な助言をくれる最愛の妻裕子に、心からの感謝と御礼を述べたいと思います。

令和元年八月　酷暑の仙台にて

著　者

（謝　辞）

本書の執筆にあたっては、科学研究費補助金（基盤研究（C）、平成二一年度～平成二六年度：課題番号二一五三〇六六八、基盤研究（C）平成二八年度～平成三〇年度：課題番号一六K〇四二七〇、基盤研究（C）平成三一年度～平成三四年度：課題番号一九K〇三一九八）の助成を受けた。

シンポジウム 2013　Well-being の心理学――今，そしてこれからの well-being 研究の応用・実践――　応用心理学研究，*40*（2），120–127.
堀毛 一也（2016）．健康心理学の応用とその可能性――ポジティブ心理学――　大竹 恵子（編）保健と健康の心理学――ポジティブヘルスの実現――（pp.214–234）　ナカニシヤ出版
堀毛 一也（2019）．ポジティブ心理学的介入研究の現状　21 世紀ヒューマン・インタラクション・リサーチセンター（編）現代人のこころのゆくえ 6（pp.7–21）東洋大学ヒューマン・インタラクション・リサーチ・センター
堀毛 一也・安藤 清志・大島 尚（2014）．社会的逆境後の精神的回復・成長につながる資源――ポジティブ心理学的観点を中心に――　東洋大学 21 世紀ヒューマン・インタラクション・リサーチ・センター研究年報，*11*，3–8.
堀毛 一也・遠藤 由美・浦 光博・北山 忍・津田 彰・大橋 英寿（2003）．自己認識のポジティビティと適応の個人差・文化差（シンポジウム記録）実験社会心理学研究，*43*（1），92–121.
堀毛 一也・堀毛 裕子（2018）．ウェル・ビーイング活性化に関する web 介入の試み――（1）介入内容の選択に関する調査結果――　日本社会心理学会第 59 回大会 web 発表論文集，23–01.
堀毛 一也・金子 迪大（編訳）（印刷中）．ポジティブ心理学のこれまでとこれから　福村出版
堀毛 一也・松田 英子（共訳）（印刷中）．青少年のポジティブな発達：関係–発達–システム　二宮 克美・子安 増生（監訳）児童心理・発達科学ハンドブック　福村出版
堀毛 一也・大島 尚（2015）．サスティナビリティと主観的 well-being の関連について―― web 調査による分析結果――　東洋大学・エコフィロソフィ研究，*9*，139–150.
内田 由紀子・堀毛 一也（2018）．ポジティブ心理学の測定と評価　鈴木 伸一（編著）健康心理学の測定法・アセスメント（pp.193–213）　ナカニシヤ出版

著者による本書引用文献一覧

榎本 博明・安藤 寿康・堀毛 一也（2009）．パーソナリティ心理学――人間科学、自然科学、社会科学のクロスロード――　有斐閣
堀毛 一也（1996）．パーソナリティ研究への新たな視座　大渕 憲一・堀毛 一也（編）パーソナリティと対人行動（pp.188-209）　誠信書房
堀毛 一也（2006）．自己認識と関係性のポジティビティ　島井 哲志（編）ポジティブ心理学――21世紀の心理学の可能性――（pp.135-154）　ナカニシヤ出版
堀毛 一也（2009a）．親子の主観的充実感およびその規定因の相互関連性　日本社会心理学会第50回大会・日本グループ・ダイナミックス学会第56回合同大会発表論文集，124-125.
堀毛 一也（2009b）．パーソナリティの相互作用論　榎本 博明・安藤 寿康・堀毛 一也　パーソナリティ心理学――人間科学・自然科学・社会科学のクロスロード――（pp.184-206）　有斐閣
堀毛 一也（2009c）．認知・感情・動機とパーソナリティ　榎本 博明・安藤 寿康・堀毛 一也　パーソナリティ心理学――人間科学・自然科学・社会科学のクロスロード――（pp.207-232）　有斐閣
堀毛 一也（2009d）．Human strengthsと人生目標および主観的充実感の関連　日本パーソナリティ心理学会第18回大会発表論文集
堀毛 一也（2009e）．エモーショナル・インテリジェンス　日本社会心理学会（編）社会心理学事典（pp.154-155）　丸善
堀毛 一也（2010a）．概説／ポジティブ心理学の展開　堀毛 一也（編）ポジティブ心理学の展開――「強み」とは何か、それをどう伸ばせるか　現代のエスプリ512号（pp.5-27）　ぎょうせい
堀毛 一也（2010b）．主観的ウェル・ビーイングの規定因　菊池 章夫・二宮 克美・堀毛 一也・斎藤 耕二（編）社会化の心理学／ハンドブック――人間形成への多様な接近――（pp.247-266）　川島書店
堀毛 一也（2011）．主観的well-beingの概念と社会的スキル　対人社会心理学研究，*11*，4-9.
堀毛 一也（2012）．サスティナブルな心性と行動の関連に関する予備的検討――sustainable well-beingへの心理学的アプローチ――　東洋大学・エコフィロソフィ研究，*6*，57-72.
堀毛 一也（2013a）．ポジティブ心理学の発展――パーソナリティ領域を中心に――　日本パーソナリティ心理学会（編）パーソナリティ心理学ハンドブック（pp.508-514）　福村出版
堀毛 一也（2013b）．持続可能な幸福への心理学的アプローチ　環境研究，*169*，35-43.
堀毛 一也（2013c）．サスティナブルな心性・行動尺度の再検討　日本社会心理学会第54回大会発表論文集，65.
堀毛 一也（2014a）．パーソナリティと状況　唐沢 かおり（編）新・社会心理学――心と社会をつなぐ知の統合――（pp.71-91）　北大路書房
堀毛 一也（2014b）．持続可能なwell-beingをどう目指すか　日本応用心理学会公開

Quality of Life, *3* (1), 1–21.

Yuki, M., Sato, K., Takemura, K., & Oishi, S. (2013). Social ecology moderates the association between self-esteem and happiness. *Journal of Experimental Social Psychology*, *49* (4), 741–746.

Walker, W. R., Skowronski, J., & Thompson, C. P. (2003). Life is pleasant-and memory helps to keep it that way! *Review of General psychology, 7* (2), 203-210.

Waterman, A. S. (1993). Two conceptions of happiness：Contrasts of personal expressiveness (eudaimonia) and hedonic enjoyment. *Journal of Personality and Social Psychology, 64* (4), 678-691.

Waterman, A. S., Schwartz, S. J., & Conti, R. (2008). The implications of two conceptions of happiness (hedonic enjoyment and eudaimonia) for the understanding of intrinsic motivation. *Journal of Happiness Studies, 9* (1), 41-79.

Weinstein, N. D. (1980). Unrealistic optimism about future life events. *Journal of Personality and Social Psychology, 39* (5), 806-820.

West, B. J., Patera, J. L., & Carsten, M. (2009). Team level positivity：Investigating positive psychological capacities and team level outcomes. *Journal of Organizational Behavior, 30* (2), 249-267.

Wikipedia,「エコロジカル・フットプリント」 Retrieved from https://ja.wikipedia.org./ (2019 年 1 月)

Wikipedia,「持続可能性」 Retrieved from https://ja.wikipedia.org./ (2019 年 1 月)

Williams, J. M. G. (2008). Mindfulness, depression, and modes of mind. *Cognitive Therapy and Research, 32* (6), 721-733.

Wilson, W. (1967). Correlates of avowed happiness. *Psychological Bulletin, 67* (4), 294-306.

Wood, A. X., & Johnson, J. (Eds.) (2016). *The Wiley handbook of positive clinical psychology*. West Sussex：Wiley Blackwell.

Wong, P. T. P. (Ed.) (2012). *The human quest for meaning*. N. Y.：Routledge.

World Congress on Positive Psychology (2009, 2013). International positive psychology association. Retreived from https://www.ippanetwork.org/ (2016 年 5 月)

Worthington, E. L. Jr., Griffin, B. J., Lavelock, C. R., Hughes, C. M., Greer, C. L., Sandage, S. J., & Rye, M. S. (2016). Interventions to promote forgiveness are exemplars of positive clinical psychology. In A. M. Wood, & J. Johnson (Eds.), *The Wiley handbook of positive clinical psychology* (pp.365-380). West Sussex：Wiley-Blackwell.

Worthington, E. L. Jr., Wade, N. G., & Hoyt, W. T. (2014). Positive psychological interventions for promoting forgiveness：History, present status, and future prospects. In A. C. Parks, & S. M. Schueller (Eds.), *The Wiley Blackwell handbook of positive psychological interventions* (pp.20-41). West Sussex：Wiley Blackwell.

山形 伸二・高橋 雄介・繁桝 算男・大野 裕・木島 伸彦 (2005). 成人用エフォートフル・コントロール尺度日本語版の作成とその信頼性・妥当性の検討 パーソナリティ研究, *14* (1), 30-41.

山崎 勝之 (2006). ポジティブ感情の役割――その現象と機序―― パーソナリティ研究, *14* (3), 305-321.

Youssef, C. M., & Luthans, F. (2011). Positive psychological capital in the workplace：Where we are and where we need to go. In K. M. Sheldon, T. B. Kashdan, & M. F. Steger (Eds.), *Designing positive psychology：Taking stock and moving forward* (pp.351-364). N. Y.：Oxford University Press.

Yu, G., & Kim, J-H. (2008). Testing the mediating effect of the quality of college life in the student satisfaction and student loyalty relationship. *Applied Research in*

竹村 幸祐・佐藤 剛介（2012）．幸福感に対する社会生態学的アプローチ　心理学評論，*55*（1），47–63.

Tangney, J. P., Baumeister, R. F., & Boone, A. L.（2004）. High self-control predicts good adjustment, less pathology, better grades, and interpersonal success. *Journal of Personality, 72*（2）, 271–324.

Taylor, S. E.（1989）. *Positive illusions：Creative self-deception and the healthy mind.* N. Y.：Basic Books.
（テイラー，S. E. 宮崎 茂子（訳）（1998）．それでも人は楽天的な方がいい――ポジティブ・マインドと自己説得の心理学――　日本教文社）

Taylor, S. E., & Brown, J. D.（1988）. Illusion and well-being：A social psychological perspective on mental health. *Psychological Bulletin, 103*（2）, 193–210.

Tellegen, A., Lykken, D. T., Bouchard, T. J., Wilcox, K. J., Segal, N. L., & Rich, S.（1988）. Personality similarity in twins reared apart and together. *Journal of Personality and Social Psychology, 54*（6）, 1031–1039.

Thompson, S., Marks, N., & Jackson, T.（2013）. Well-being and sustainable development. In S. A. David, I. Boniwell, & A. Conley Ayers（Eds.）, *The Oxford handbook of happiness*（pp.498–516）. N. Y.：Oxford University Press.

Tkach, C., & Lyubomirsky, S.（2006）. How do people pursue happiness?：Relating personality, happiness-increasing strategies, and well-being. *Journal of Happiness Studies, 7*（2）, 183–225.

外山 美樹（2015）．認知的方略尺度の作成および信頼性・妥当性の検討――熟考の細分化を目指して――　教育心理学研究，*63*（1），1–12.

外山 美樹・市原 学（2005）．中学生の学業成績の向上におけるテスト対処方略と学業コンピテンスの影響――認知的方略の違いの観点から――　教育心理学研究，*56*（1），72–80.

津田 彰（2007）．生理心理学と健康心理学のコラボレーション　生理心理，*25*（2），93–94.

Uchida, Y., & Kitayama, S.（2009）. Happiness and unhappiness in East and West：Themes and variations. *Emotion, 9*（4）, 441–456.

Uchida, Y., Norasakkunkit, V., & Kitayama, S.（2004）. Cultural construction of happiness：Theory and empirical evidence. *Journal of Happiness Studies, 5*（3）, 223–239.

Uchida, Y., Takemura, K., Fukushima, S., Saizen, I., Kawamura, Y., Hitokoto, H., Koizumi, N., & Yoshikawa, S.（2019）. Farming cultivates a community-level shared culture through collective activities：Examining contextual effects with multilevel analyses. *Journal of Personality and Social Psychology, 116*（1）, 1–14.

宇野 カオリ（2018）．レジリエンス・トレーニング入門――逆境・試練を乗り越える！――　電波社

浦田 悠（2013）．人生の意味の心理学――実存的な問いを生むこころ――　京都大学学術出版会

Veenhoven, R.（2008）. Healthy happiness：Effects of happiness on physical health and the consequences for preventive health care. *Journal of Happiness Studies, 9*（3）, 449–469.

Vitterso, J.（Ed.）（2016）. *Handbook of eudaimonic well-being.* Switzerland：Springer International.

和田 実・増田 匡裕・柏尾 眞津子（2016）．対人関係の心理学――親密な関係の形成・発展・維持・崩壊――　北大路書房

into the idiographic analysis of personality. *Journal of Personality and Social Psychology, 67*（4）, 674–687.
Sinnott, J. D.（Ed.）（2013）. *Positive psychology：Advances in understanding adult motivation*. N. Y.：Springer.
Sirgy, M. J.（2012）. Leisure well-being. In M. J. Sirgy（Ed.）, *The psychology of quality of life：Hedonic well-being, life satisfaction, and eudaimonia*（2nd ed.）（pp.401–416）. Netherlands：Springer.
Smith, J. L., Harrison, P. R., Kurtz, J. L., & Bryant, F. B.（2014）. Nurturing the capacity to savor：Interventions to enhance the enjoyment of positive experiences. In A. C. Parks, & S. Schueller（Eds.）, *Handbook of positive psychological interventions*（pp.42–65）. Chichester：Wiley-Blackwell.
Snyder, C. R.（2002）. Hope theory：Rainbows in the mind. *Psychological Inquiry, 13*（4）, 249–275.
Snyder, C. R., Harris, C., Anderson, J. R., Holleran, S. A., Irving, I. M., Sigmon, S. T., Yoshinobu, L., Gibb, J., Langelle, C., & Hamey, P.（1991）. The will and the ways：Development and validation of an individual-differences measure of hope. *Journal of Personality and Social Psychology, 60*（4）, 570–585.
Snyder, C. R., & Lopez, S. J.（2007）. *Positive psychology：The scientific and practical explorations of human strengths*. Los Angeles, CA：SAGE.
Snyder, C. R., Lopez, S. J., & Teramoto Pedrotti, J.（Eds.）（2011）. *Positive psychology：The scientific and practical explorations of human strengths*（2nd ed.）. Los Angeles, CA：SAGE.
Steele, P., Schmidt, J., & Shultz, J.（2008）. Refining the relationship between personality and subjective well-being. *Psychological Bulletin, 134*（1）, 138–161.
Steger, M. F., Frazier, P., Oishi, S., & Kaler, M.（2006）. The meaning in life questionnaire：Assessing the presence of and search for meaning in life. *Journal of Counseling Psychology, 53*（1）, 80–93.
Sternberg, R. J.（1985）. Implicit theories of intelligence, creativity, and wisdom. *Journal of Personality and Social Psychology, 49*（3）, 603–627.
Sternberg, R. J.（1998a）. *Love is a story：A new theory of relationships*. N. Y.：Oxford University Press.
（スターンバーグ，R. J. 三宅 真季子・原田 悦子（訳）（1999）．愛とは物語である――愛を理解するための 26 の物語―― 新曜社）
Sternberg, R. J.（1998b）. A balance theory of wisdom. *Review of General Psychology, 2*（4）, 347–365.
Sternberg, R. J., & Weis, K.（Eds.）（2006）. *The new psychology of love*. New Haven, CT：Yale University Press.
（スターンバーグ，R. J.・ヴァイス，K.（編）和田 実・増田 匡裕（訳）（2009）．愛の心理学 北大路書房）
Su, R., Tay, L., & Diener, E.（2014）. The development and validation of the comprehensive inventory of thriving（CIT）and the brief inventory of thriving（BIT）. *Applied Psychology：Health and Well-being, 6*（3）, 251–279.
角野 善司（1994）．人生に対する満足尺度（the Satisfaction With Life Scale［SWLS］）日本版作成の試み 日本教育心理学会総会発表論文集，*36*，192.
高橋 雄介・山形 伸二・木島 伸彦・繁桝 算男・大野 裕・安藤 寿康（2007）．Gray の気質モデル―― BIS/BAS 尺度日本語版の作成と双生児法による行動遺伝学的検討―― パーソナリティ研究，*15*（3），276–289.

Shaver, P R., & Mikulincer, M. (2006). Attachment theory, individual psychodynamics, and relationship functioning. In A. Vangelisti, & D. Perlman (Eds.), *The Cambridge handbook of personal relationships* (pp.251-272). N. Y. : Cambridge University Press.

Sheldon, K. M., Elliot, A. J., Kim, Y., & Kasser, T. (2001). What is satisfying about satisfying events? testing 10 candidate psychological needs. *Journal of Personality and Social Psychology, 80* (2), 325-339.

Sheldon, K. M., & King, L. (2001). Why positive psychology is necessary. *American Psychologist, 56* (3), 216-217.

Sheldon, K. M., & Lyubomirsky, S. (2004). Achieving sustainable new happiness : Prospects, practices, and prescriptions. In P. A. Linley, & S. Joseph (Eds.), *Positive psychology in practice* (pp.127-145). N. J. : John Wiley and Sons.

Sheldon, K. M., & Lucas, R. E. (2014). Is it possible to become a permanently happier person? An overview of the issues and the book. In K. M. Sheldon, & R. E. Lucas (Eds.), *Stability of happiness : Theories and evidence on whether happiness can change* (pp.1-7). London : Academic Press.

Sheldon, K. M., & Lyubomirsky, S. (2012). The challenge of staying happier : Testing the hedonic adaptation prevention model. *Personality and Social Psychology Bulletin, 38* (5), 670-680.

Shepperd, J. A., Klein, W. M. P., Waters, E. A., & Weinstein, N. D. (2013). Taking stock of unrealistic optimism. *Perspectives on Psychological Science, 8* (4), 395-411.

Shepperd, J. A., Waters, E. A., Weinstein, N. D., & Klein, W. M. P. (2015). A primer on unrealistic optimism. *Current Directions in Psychological Science, 24* (3), 232-237.

Sherrod, L. R., & Lauckhardt, J. W. (2008). Cultivating civic engagement. In S. J. Lopez (Ed.), *Positive psychology : Exploring the best in people.* Vol.4. Pursuing human flourishing. (pp.167-185). CT : Preager.

島井 哲志（編）(2006). ポジティブ心理学――21世紀の心理学の可能性―― ナカニシヤ出版

島井 哲志 (2015). 幸福の構造――持続する幸福感と幸せな社会づくり―― 有斐閣

島井 哲志・大竹 恵子・宇津木 成介・池見 陽・Lyubomirsky, S. (2004). 日本版主観的幸福感尺度（Subjective Happiness Scale：SHS）の信頼性と妥当性の検討 日本公衆衛生雑誌, *51* (10), 845-853.

Shin, J. Y., & Steger, M. F. (2014). Promoting meaning and purpose in life. In A. C. Parks, & S. M. Schueller (Eds.), *The Wiley Blackwell handbook of positive psychological interventions* (pp.90-110). Wiley-Blackwell.

Sin, N. L., & Lyubomirsky, S. (2009). Enhancing well-being and alleviating depressive symptoms with positive psychology interventions : A practice-friendly meta-analysis. *Journal of Clinical Psychology, 65* (5), 467-87.

塩谷 亨・松本 圭・山上 史野・松本 かおり・石丸 雅貴・大矢 寿美子 (2015). PERMA-profiler KIT版の開発（1）――学生のポジティブな側面の測度の必要性と開発の経緯および基本的な心理統計量―― 日本工学教育協会 平成27年度工学教育研究講演論文集, 430-431.

Shoda, Y., Mischel, W., & Wright, J. C. (1994). Intraindividual stability in the organization and patterning of behavior : Incorporating psychological situations methods and meanings. *Journal of Personality and Social Psychology, 73* (3), 549–559.

Schueller, S. M. (2014). Person-activity fit in positive psychological interventions. In A. C. Parks, & S. M. Schueller (Eds.), *The Wiley Blackwell handbook of positive psychological interventions* (pp.385–402). West Sussex : Wiley Blackwell.

Schwartz, S. H. (1992). Universals in the content and structure of values : Theoretical advances and empirical tests in 20 countries. In M. P. Zanna (Ed.), *Advances in Experimental Social Psychology*. Vol.25 (pp.1–65). CA : Academic Press.

Schwartz, S. H. (1994). Are there universal aspects in the structure and contents of human values? *Journal of Social Issues, 50* (4), 19–45.

Schwartz, S. H., & Bilsky, W. (1987). Toward a universal psychological structure of human values. *Journal of Personality and Social Psychology, 53* (3), 550–562.

Schwarzer, R., & Renner, B. (2000). Social-cognitive predictors of health behavior : Action self-efficacy and coping self-efficacy. *Health Psychology, 19* (5), 487–495.

Seligman, M. E. P. (1990). *Learned optimism*. N. Y. : Knopf.
(セリグマン, M. E. P. 山村 宜子 (訳) (1994). オプティミストはなぜ成功するか　講談社)

Seligman, M. E. P. (1994). *What you can change & what you can't : The complete guide to successful self-improvement*. N. Y. : Knopf.

Seligman, M. E. P. (2002). *Authentic happiness : Using the new positive psychology to realize your potential for lasting fulfillment*. N. Y. : Free Press.
(セリグマン, M. E. P. 小林 裕子 (訳) (2004). 世界でひとつだけの幸せ——ポジティブ心理学が教えてくれる満ち足りた人生——　アスペクト)

Seligman, M. E. P. (2008). Positive health. *Applied Psychology : An International Review, 57* (1), 3–18.

Seligman, M. E. P. (2011). *Flourish : A visionary new understanding of happiness and well-being*. N. Y. : Free Press.
(セリグマン, M. E. P. 宇野 カオリ (訳) (2014). ポジティブ心理学の挑戦——"幸福"から"持続的幸福"へ——　ディスカヴァー・トゥエンティワン)

Seligman, M. E. P., & Csikszentmihalyi, M. (2000). Positive psychology : An introduction. *American Psychologist, 55* (1), 5–14.

Seligman, M, E. P., Ernst, R. M., Gillham, J., Reivich, K., & Linkins, M. (2009). Positive education : Positive psychology and classroom interventions. *Oxford Review of Education, 35* (3), 293–311.

Seligman, M. E. P., Rashid, T., & Parks, A. C. (2006). Positive psychotherapy. *American Psychologist, 61* (8), 774–788.

Seligman, M. E. P., Steen, T. A., Park, N., & Peterson, C. (2005). Positive psychology progress : Empirical validation of interventions. *American Psychologist, 60* (5), 410–421.

Sen, A. (1992). *Inequality re-examind*. N. Y. : Russell Sage Foundation and Cambridge, MA : Harvard University Press.
(セン, A. 池本 幸生・野上 裕生・佐藤 仁 (訳) (1999). 不平等の再検討——潜在能力と自由——　岩波書店)

Shapiro, S. L., Schwartz, G. E. R., & Santerre, C. (2002). Meditation and positive psychology. In C. R. Snyder, & S. J. Lopez (Eds.), *Handbook of positive psychology* (pp.632–645). N. Y. : Oxford University Press.

Elsevier.

Ruch, W., Martínez-Martí, M. L., Proyer, R. T., & Harzer, C. (2014). The character strengths rating form (CSRF): Development and initial assessment of a 24-item rating scale to assess character strengths. *Personality and Individual Differences 68*, 53-58.

Russell, J. A. (2003). Core affect and the psychological construction of emotion. *Psychological Review, 110*, 145-172.

Russell, J. A., & Carroll, J. M. (1999). On the bipolarity of positive and negative affect. *Psychological Bulletin, 125* (1), 3-30.

Ryan, R. M., & Deci, E. L. (2000). Self-determination theory and the facilitation of intrinsic motivation, social development, and well-being. *American Psychologist, 55* (1), 68-78.

Ryan, R. M., & Deci, E. L. (2001). On happiness and human potentials: A review of research on hedonic and eudaimonic well-being. *Annual Review of Psychology, 52*, 141-166.

Ryan, R. M., & Deci, E. L. (Eds.) (2002). *Handbook of self-determination research*. N. Y.: University of Rochester Press.

Ryff, C. D. (1989). Happiness is everything, or is it? Explorations on the meaning of psychological well-being. *Journal of Personality and Social Psychology, 57* (6), 1069-1081.

Ryff, C. D., & Keyes, C. L. M. (1995). The structure of psychological well-being revisited. *Journal of Personality and Social Psychology, 69* (4), 719-727.

Ryff, C. D., & Singer, B. (1998). The contours of positive human health. *Psychological Inquiry, 9* (1), 1-28.

Ryff, C. D., & Singer, B. H. (2008). Know thyself and become what you are: A eudaimonic approach to psychological well-being. *Journal of Happiness Studies, 9* (1), 13-39.

Sagiv, L., & Schwartz, S. H. (2000). Value priorities and subjective well-being: Direct relations and congruity effects. *European Journal of Social Psychology, 30*, 177-198.

坂本 真士・田中 江里子 (2002). 改訂版楽観性尺度 (the revised Life Orientation Test) の日本語版の検討　健康心理学研究, *15* (1), 59-63.

坂野 雄二・東條 光彦 (1986). 一般性セルフ・エフィカシー尺度作成の試み　行動療法研究, *12* (1), 73-82.

佐藤 徳・安田 朝子 (2001). 日本語版 PANAS の作成　性格心理学研究, *9* (2), 138-139.

Scheier, M. F., Carver, C. S., & Bridges, M. W. (1994). Distinguishing optimism from neuroticism (and trait anxiety, self-mastery, and self-esteem): A reevaluation of the life orientation test. *Journal of Personality and Social Psychology, 67* (6), 1063-1078.

Schimmack, U. (2008). The structure of subjective well-being. In M. Eid, & R. J. Larsen (Eds.), *The science of subjective well-being* (pp.97-123). N. Y.: Guilford Press.

Schimmack, U., Oishi, S., Furr, R. M., & Funder, D. (2004). Personality and life satisfaction: A facet-level analysis. *Personality and Social Psychology Bulletin, 30* (8), 1062-1075.

Schmutte, P. S., & Ryff, C. D. (1997). Personality and well-being: Reexamining

Pluess, M. (2015). *Genetics of psychological well-being : The role of heritability and genetics in positive psychology*. N. Y. : Oxford University Press.
Provencher, H. L., & Keyes, C. L. M. (2013). Recovery : A complete mental health perspective. In C. L. M. Keyes (Ed.), *Mental well-being : International contribution to the study of positive mental health* (pp.277-297). Dordrecht : Springer.
Proyer, R. T., Gander, F., Wellenzohn, S., & Ruch, W. (2013). What good are character strengths beyond subjective well-being? The contribution of the good character on self-reported health-oriented behavior, physical fitness, and the subjective health status. *The Journal of Positive Psychology*, *8* (3), 222-232.
Pyszczynski, T., Greenberg, J., Sheldon, S., Arndt, J., & Schimel, J. (2004). Why do people need self-esteem? A theoretical and empirical review. *Psychological Bulletin*, *130* (3), 435-468.
Quoidbach, J., Berry, E. V., Hansenne, M., & Mikolajczak, M. (2010). Positive emotion regulation and well-being : Comparing the impact of eight savoring and dampening strategies. *Personality and Individual Differences*, *49* (5), 368-373.
Quoidbach, J., Wood, A., & Hansenne, M. (2009). Back to the future : The effect of daily practice of mental time travel into the future on happiness and anxiety. *The Journal of Positive Psychology*, *4* (5), 349-355.
Rand, K. L., & Cheavens, J. S. (2009). Hope theory. In S. J. Lopez, & C. R. Snyder (Eds.), *Oxford handbook of positive psychology* (2nd ed.) (pp.323-333). N. Y. : Oxford University Press.
Rashid, T., & Seligman, M. E. P. (2018). *Positive psychotherapy : Clinician manual*. N. Y. : Oxford University Press.
Rath, T. (2007). *Strengthsfinder 2.0*. N. Y. : Gallup Press.
(ラス, T. 古屋 博子(訳)(2017). さあ、才能(じぶん)に目覚めよう――新版 ストレングス・ファインダー 2.0―― 日本経済新聞出版社)
Reis, H. T. (2012). A history of relationship research in social psychology. In A. W. Kruglanski, & W. Stroebe (Eds.), *Handbook of the history of social psychology* (pp.363-382). N. Y. : Psychology Press.
Reis, H. T., & Gable, S. L. (2003). Toward a positive psychology of relationships. In C. L. M. Keyes, & J. Haidt (Eds.), *Flourishing : Positive psychology and the life well lived* (pp.129-159). Washington, D. C. : APA.
Reis, H. T., Sheldon, K. M., Gable, S. L., Roscoe, J., & Ryan, R. M. (2000). Daily well-being : The role of autonomy, competence, and relatedness. *Personality and Social Psychology Bulletin*, *26* (4), 419-435.
Rich, G. J. (2013). Finding flow : The history and future of a positive psychology concept. In J. D. Sinnot (Ed.), *Positive psychology : Advances in understanding adult motivation* (pp.43-60). N. Y. : Springer.
Robinson, M. D., & Compton, R. J. (2008). The happy mind in action : The cognitive basis of subjective well-being. In M. Eid, & R. J. Larsen (Eds.), *The science of subjective well-being* (pp.220-238). N. Y. : Guilford.
Rohan, M. J. (2000). A rose by any name? The values construct. *Personality and Social Psychology Review*, *4* (3), 255-277.
Røysamb, E., Nes, R. B., & Vittersø, J. (2014). Wellbeing : Heritable and changeable. In K. M. Sheldon, & R. E. Lucas (Eds.), *Stability of happiness : Theories and evidence on whether happiness can change* (pp.9-36). Amsterdam :

展開——強みとは何か、それをどう伸ばせるか—— 現代のエスプリ 512号（pp.82-89） ぎょうせい
大竹 恵子（2006）．ポジティブ感情の機能と社会的行動 島井 哲志（編）ポジティブ心理学——21世紀の心理学の可能性——（pp.83-98） ナカニシヤ出版
大竹 恵子（編著）（2016）．保健と健康の心理学——ポジティブヘルスの実現—— ナカニシヤ出版
Otake, K., Shimai, S., Tanaka-Matsumi, J., Otsui, K., & Fredrickson, B. L.（2006）. Happy people become happier through kindness：A counting kindness intervention. *Journal of Happiness Studies, 7*（3）, 361-375.
Ouyang, Y., Zhu, Y., Fan, W., Tan, Q., & Zhong, Y.（2015）. People higher in self-control do not necessarily experience more happiness：Regulatory focus also affects subjective well-being. *Personality and Individual Differences, 86*, 406-411.
尾崎 由佳（2014）．ひとびとの心の「現場」をとらえる——心理学各領域における経験サンプリング法の活用—— 東洋大学21世紀ヒューマン・インタラクション・リサーチセンター（編）現代人のこころのゆくえ4——ヒューマン・インタラクションの諸相——（pp.53-72） 東洋大学HIRC21
Palmer, S., & Whybrow, A.（2008）. *Handbook of coaching psychology：A guide for practitioners*. East Sussex：Routledge.
（パーマー，S.・ワイブラウ，A. 堀 正（監訳）（2011）．コーチング心理学ハンドブック 金子書房）
Park, N., Peterson, C., & Seligman, M. E. P.（2006）. Character strengths in fifty-four nations and the fifty US states. *The Jorunal of Positive Psychology, 1*（3）, 118-129.
Parks, A. C., Della Porta, M. D., Pierce, R. S., Zilca, R., & Lyubomirsky, S.（2012）. Pursuing happiness in everyday life：The characteristics and behaviors of online happiness seekers. *Emotion, 12*（6）, 1222-1234.
Parks, A. C., & Schueller, S. M.（Eds.）（2014）. *The Wiley Blackwell handbook of positive psychological interventions*. West Sussex：Wiley Blackwell.
Parks, A. C., & Titova, L.（2016）. Positive psychological interventions：An overview. In A. M. Wood, & J. Johnson（Eds.）, *The Wiley handbook of positive clinical psychology*（pp.307-320）. West Sussex：Wiley-Blackwell.
Perlman, D., & Duck, S.（2009）. The seven sea of the study of personal relationships：From "The thousand islands" to interconnected waterways. In A. L. Vangelisti, & D. Perlman（Eds.）, *The Cambridge handbook of personal relationships*（pp.11-34）. N. Y.：Cambridge University Press.
Pervin, L. A.（Ed.）（1989）. *Goal concepts in personality and social psychology*. NJ：Erlbaum.
Peterson, C.（2006）. *A primer in positive psychology*. N. Y.：Oxford University Press.
（ピーターソン，C. 宇野 カオリ（訳）（2012）．ポジティブ心理学入門——「よい生き方」を科学的に考える方法—— 春秋社）
Peterson, C., Park, N., & Seligman, M. E. P.（2005）. Orientations to happiness and life satisfaction：The full life versus the empty life. *Journal of Happiness Studies, 6*（1）, 25-41.
Peterson, C., & Seligman, M. E. P.（2004）. *Character strengths and virtues：A handbook and classification*. N. Y.：Oxford University Press.
Peterson, C., Semmel, A., von Baeyer, C., Abramson. L. Y., Metalsky, G. I., & Seligman, M. E. P.（1982）. The attributional style questionnaire. *Cognitive Therapy and Research, 6*（3）, 287-299.

大竹 恵子（編著）保健と健康の心理学――ポジティブヘルスの実現――（pp.128-142） ナカニシヤ出版
西田 裕紀子（2000）．成人女性の多様なライフスタイルと心理的 well-being に関する研究 教育心理学研究，*48*（4），433-443.
西垣 悦代・堀 正・原口 佳典（編著）（2015）．コーチング心理学概論 ナカニシヤ出版
Norem, J. K., & Cantor, N.（1986）. Defensive pessimism：Harnessing anxiety as motivation. *Journal of Personality and Social Psychology, 51*（6）, 1208-1217.
Norrish, J.（2015）. *Positive education：The Geelong Grammar School journey*. N. Y.：Oxford University Press.
O'Brien, E. J., & Epstein, S.（1988）. *MSEI：The Multidimensional Self-Esteem Inventory：Professional Manual*. FL：Psychological Assessment Resources.
OECD（2013）. *OECD guidelines on measuring subjective well-being*. OECD Publishing.
（経済協力開発機構（OECD）．桑原 進（監訳）（2015）．主観的幸福を測る――OECD ガイドライン―― 明石書房）
OECD（2015）. *How's life? 2015：Measuring well-being*. OECD Publishing.
（経済協力開発機構（OECD）．西村 美由起（訳）（2016）．OECD 幸福度白書 3――より良い暮らし指標：生活向上と社会進歩の国際比較―― 明石書店）
Oishi, S.（2002）. The experiencing and remembering of well-being：A cross-cultural analysis. *Personality and Social Psychology Bulletin, 28*（10）, 1398-1406.
大石 繁宏（2009）．幸せを科学する――心理学からわかったこと―― 新曜社
Oishi, S.（2010）. Culture and well-being：Conceptual and methodological issues. In E. Diener, J. F. Helliwell, & D. Kahneman（Eds.）, *International differences in well-being*（pp.34-69）. N. Y.：Oxford University Press.
Oishi, S.（2014）. Socioecological psychology. *Annual Review of Psychology, 65*, 581-609.
Oishi, S., & Graham, J.（2010）. Social ecology：Lost and found in psychological science. *Perspectives on Psychological Science, 5*（4）, 356-377.
大石 繁宏・小宮 あすか（2012）．幸せの文化比較は可能か？ 心理学評論，*55*（1），6-21.
Oishi, S., & Schimmack, U.（2010）. Residential mobility, well-being, and mortality. *Journal of Personality and Social Psychology, 98*（6）, 980-994.
Oishi, S., & Sullivan, H. W.（2005）. The mediating role of parental expectations in culture and well-being. *Journal of Personality, 73*（5）, 1267-1294.
岡田 涼（2005）．友人関係への動機づけ尺度の作成および妥当性・信頼性の検討――自己決定理論の枠組みから―― パーソナリティ研究，*14*（1），101-112.
Oman, D., & Thoresen, C. E.（2005）. Do religion and sprituality influence health? In R. F. Paloutzian, & C. L. Park（Eds.）, *Handbook of the psychology of religion and spirituality*（pp.435-459）. N. Y.：Guilford Press.
小野 善生（2014）．フォロワーの視点から見たカリスマ的・変革型リーダーシップ 関西大学商学論集，*58*（4），53-87.
大木 桃代（2002）．健康心理学的観点から見た健康関連アセスメントの課題と今後の展望――ポジティブ心理学の提言―― 生活科学研究，*24*，11-17.
大月 博司（2006）．ポジティブな組織変革――POS パースペクティブの可能性――早稲田商学，*408*，1-24.
小塩 真司（2010）．精神的回復力 堀毛 一也（編）（2010）．ポジティブ心理学の

& J. Tangney (Eds.), *Handbook of self and identity* (pp.15-43). N. Y. : Guilford.
Mischel, W., & Shoda, Y. (1995). A cognitive-affective system theory of personality : Reconceptualizing situation, disposition, dynamics, and invariance in personality structure. *Psychological Review, 102* (2), 246-268.
Mischel, W., Shoda, Y., & Ayduk, O. (2007). *Introduction to personality : Toward an integrative science of the person* (8th ed.). John Wiley & Sons.
(ミシェル, W.・ショウダ, Y.・アイダック, O. 黒沢 香・原島 雅之（監訳）(2010). パーソナリティ心理学――全体としての人間の理解―― 培風館)
Moneta, G. B. (2014). *Positive psychology : A critical introduction*. Hampshire : Palgrave Macmillan.
Moneta, G. B., (2012). Opportunity for creativity in the job as a moderator of the relation between trait intrinsic motivation and flow in work. *Motivation and Emotion, 36* (4), 491-503.
Mruk, C. J. (2006, 2013). *Self-esteem research, theory, and practice : Toward a positive psychology of self-esteem* (3rd ed., 4th ed.). N. Y. : Springer.
Murray, S. L., Holmes, J. G., & Griffin, D. W. (1996). The benefits of positive illusions : Idealization and the construction of satisfaction in close relationships. *Journal of Personality and Social Psychology, 70* (1), 79-98.
Murstein, B. I. (1988). A taxonomy of love. In R. J. Sternberg, & M. L. Barnes (Eds.), *The psychology of love* (pp.13-37). New Haven, CT : Yale University Press.
Myers, D. G., & Diener, E. (1995). Who is happy? *Psychological Science, 6* (1), 10-19.
内閣府幸福度に関する研究会（2011）. 幸福度に関する研究会報告書 内閣府経済社会総合研究所 Retrieved from https://www5.cao.go.jp/keizai2/koufukudo/koufukudo.html（平成 31 年 1 月）
Nakamura, J., & Csikszentmihalyi, M. (2002). The concept of flow. In C. R. Snyder, & S. J. Lopez (Eds.), *Handbook of positive psychology* (pp.89-105). N. Y. : Oxford University Press.
中尾 達馬・加藤 和生（2004）. 成人愛着スタイル尺度（ECR）の日本語版作成の試み 心理学研究, *75*（2）, 154-159.
成田 健一・下仲 順子・中里 克治・河合 千恵子・佐藤 眞一・長田 由紀子（1995）. 特性的自己効力感尺度の検討――生涯発達的利用の可能性を探る―― 教育心理学研究, *43*（3）, 306-314.
根建 由美子・田上 不二夫（1995）. ハピネストレーニングプログラムが主観的幸福感の変容に及ぼす効果 教育心理学研究, *43*（2）, 177-184.
Nes, R. B., Czajkowski, N. O., Roysamb, E., Orstavik, R. E., Tambs, K., & Reichborn-Kjennerud, T. (2013). Major depression and life satisfaction : A population-based twin study. *Journal of Affective Disorders, 144* (1-2), 51-58.
Nes, R. B., Roysamb, E., Tambs, K., Harris, J. R., & Reichborn-Kjennerud, T. (2006). Subjective well-being : Genetic and environmental contributions to stability and change. *Psychological Medicine, 36* (7), 1033-1042.
Niemiec, R. M. (2017). *Character strengths intervention : A field guide for practitioners.* MA. : Hogrefe.
日本 GNH 学会（編）(2013). ブータンの GNH に学ぶ GNH 研究 1 芙蓉書房出版
西 信雄・赤松 利恵（2016）. 生活習慣と社会的行動――喫煙・飲酒・食行動――

N. Y.：Guilford Press.
眞榮城 和美・菅原 ますみ・酒井 厚・菅原 健介（2007）．改訂・自己知覚尺度日本語版の作成――児童版・青年版・大学生版を対象として―― 心理学研究，*78*（2），182–188.
Markus, H., & Kitayama, S.（1991）. Culture and the self：Implications for cognition, emotion, and motivation. *Psychological Review, 98*（2），224–253.
丸島 令子・有光 興記（2007）．世代性関心と世代性行動尺度の改訂版作成と信頼性，妥当性の検討 心理学研究，*78*（3），303–309.
Massimini, F., Csikszentmihalyi, M., & Carli, M.（1987）. The monitoring of optimal experience：A tool for psychiatric rehabilitation. *The Journal of Nervous and Mental Disease, 175*（9），545–549.
Masten, A. S., Cutuli, J. J., Herbers, J. E., & Reed, M. J.（2009）. Resilience in development. In S. J. Lopez, & C. R. Snyder（Eds.），*Oxford handbook of positive psychology*（2nd ed.）（pp.117–131）. N. Y.：Oxford University Press.
Mayer, J. D., Roberts, R. D., & Barsade, S. G.（2008）. Human abilities：Emotional intelligence. *Annual Review of Psychology, 59*, 507–536.
McAdams, D. P.（1997）. A conceptual history of personality psychology. In R. Hogan, J. Johnson, & S. Briggs（Eds.），*Handbook of personality psychology*（pp.3–39）. San Diego, CA：Academic Press.
McAdams, D. P.（2006）. *The person：An integrated introduction to personality psychology*（4th ed.）. N. Y.：Wiley.
McAdams, D. P.（2013）. The positive psychology of adult generativity：Caring for the next generation and constructing a redemptive life. In J. D. Sinnott（Ed.），*Positive psychology：Advances in understanding adult motivation*（pp.191–205）. N. Y.：Springer.
McAdams, D. P., & de St. Aubin, E.（1992）. A theory of generativity and its assessment through self-report, behavioral acts, and narrative themes in autobiography. *Journal of Personality and Social Psychology, 62*（6），1003–1015.
McCrae, R. R., & Costa, P. T. Jr.（1997）. Personality trait structure as a human universal. *American Psychologist, 52*（5），509–516.
McCullough, M. E.（2000）. Forgiveness as a human strengths：Theory, measurement and links to well-being. *Journal of Social and Clinical Psychology, 19*（1），43–55.
Mikulincer, M., & Shaver, P. R.（2013）. Attachment theory as a framework for positive psychology of love. In M. Hojjat, & D. Cramer（Eds.），*Positive psychology of love*（pp.76–90）. N. Y.：Oxford University Press.
Mischel, W.（1968）. *Personality and assessment*. N. Y.：Wiley.
（ミシェル，W. 詫摩 武俊（監訳）（1992）．パーソナリティの理論――状況主義的アプローチ―― 誠信書房）
Mischel, W.（1973）. Toward a cognitive social learning reconceptualization of personality. *Psychological Review, 80*（4），252-283.
Mischel, W.（2014）. *The marshmallow test：Mastering self-control*. London：Bantam Press.
（ミシェル，W. 柴田 裕之（訳）（2015）．マシュマロ・テスト――成功する子・しない子―― 早川書房）
Mischel, W., & Morf, C. C.（2003）. The self as a psycho-social dynamic processing system：A meta-perspective on a century of the self in psychology. In M. Leary,

oriented and social-oriented SWB. *Journal of Happiness Studies, 5* (3), 269-291.
Lucas, R. E., Clark, A. E., Georgellis, Y., & Diener, E. (2003). Reexamining adaptation and the set point model of happiness : Reactions to changes in marital status. *Journal of Personality and Social Psychology, 84* (3), 527-539.
Lucas, R. E., & Diener, E. (2009). Personality and subjective well-being. In E. Diener (Ed.), *The science of well-being : The collected works of Ed Diener* (pp.75-102). N. Y. : Springer.
Lucas, R. E., & Fujita, F. (2000). Factors influencing the relation between extraversion and pleasant affect. *Journal of Personality and Social Psychology, 79,* 1039-1056.
Luthans, F. (2002). Positive organizational behavior : Developing and managing psychological strengths. *Academy of Management Executive, 16*, 57-72.
Luthans, F., Avolio, B. J., Avey, J. B., & Norman, S. M. (2007). Positive psychological capital : Measurement and relationship with performance and satisfaction. *Personnel Psychology, 60* (3), 541-572.
Luthans, F., Avey, J. B., & Patera, J. L. (2008). Experimental analysis of a web-based training intervention to develop positive psychological capital. *Academy of Management Learning & Education, 7* (2), 209-221.
Luthans, F., Youssef, C. M., & Avolio, B. J. (2007). *Psychological capital : Developing the human competitive edge*. N. Y. : Oxford University Press.
Lykken, D., & Tellegen, A. (1996). Happiness is a stochastic phenomenon. *Psychological Science, 7* (3), 186-189.
Lyubomirsky, S. (2001). Why are some people happier than others? The role of cognitive and motivational processes in well-being. *American Psychologist, 56* (3), 239-249.
Lyubomirsky, S. (2007). *The how of happiness : A new approach to getting the life you want*. N. Y. : Penguin Books.
(リュボミアスキー, S. 渡辺 誠 (監修) 金井 真弓 (訳) (2012). 幸せがずっと続く 12 の行動習慣――自分で変えられる 40%に集中しよう―― 日本実業出版社)
Lyubomirsky, S., & Lepper, S. H. (1999). A measure of subjective happiness : Preliminary reliability and construct validation. *Social Indicators Research, 46* (2), 137-155.
Lyubomirsky, S., Sheldon, K. M., & Schkade, D. (2005). Pursuing happiness : The architecture of sustainable change. *Review of General Psychology, 9* (2), 111-131.
Lyubomirsky, S., & Tucker, L. (1998). Implications of individual differences in subjective happiness for perceiving, interpreting, and thinking about life events. *Motivation and Emotion, 22* (2), 155-186.
Maddux, J. E. (2009a). Self-efficacy : The power of believing you can. In S. J. Lopez, & C. R. Snyder (Eds.), *Oxford handbook of positive psychology* (pp.335-343). N. Y. : Oxford University Press.
Maddux, J. E. (2009b). Stopping the "madness" : Positive psychology and deconstructing the illness ideology and the DSM. In C. R. Snyder, & S. J. Lopez (Eds.), *Oxford handbook of positive psychology* (pp.61-69). N. Y. : Oxford University Press.
Maddux, J. E., & Gosselin, J. T. (2012). Self-efficacy. In M. R. Leary, & J. P. Tangney (Eds.), *Handbook of self and identity* (2nd ed.) (pp.198-224).

大路書房）
熊野 道子（2011）．日本人における幸せへの3志向性――快楽・意味・没頭志向性―― 心理学研究，*81*（6），619-624.
Kunzman, U., & Baltes, P. B.（2005）. The psychology of wisdom：Theoretical and empirical challenges. In R. J. Sternberg, & J. Jordan（Eds.）, *A handbook of wisdom：Psychological perspectives*（pp.110-135）. N. Y.：Cambridge University Press.
蔵永 瞳・樋口 匡貴（2011）．感謝の構造――生起状況と感情体験の多様性を考慮して―― 感情心理学研究，*18*（2），111-119.
Langer, E. J.,（1975）. The illusion of control. *Journal of Personality and Social Psychology, 32*（2）, 311-328.
Langer, E. J., & Rodin, J.（1976）. The effects of choice and enhanced personal responsibility for the aged：A field experiment in an institutional setting. *Journal of Personality and Social Psychology, 34*（2）, 191-198.
Langston, C. A.（1994）. Capitalizing on and coping with daily-life events：Expressive responses to positive events. *Journal of Personality and Social Psychology, 67*（6）, 1112-1125.
Larsen, R. J., & Eid, M.（2008）. Ed Diener and the science of subjective well-being. In M. Eid, & R. J. Larsen（Eds.）, *The science of subjective well-being*（pp.1-13）. N. Y.：The Guilford Press.
Larson, R.（1978）. Thirty years of research on the subjective well-being of older Americans. *Journal of Gerontology, 33*（1）, 109-125.
Lazarus, R. S.（2003）. Does the positive psychology movement have legs? *Psychological Inquiry, 14*（2）, 93-109.
Leary, M. R., & MacDonald, G.（2003）. Individual differences in self-esteem：A review and theoretical integration. In M. R. Leary, & J. P. Tangney（Eds.）, *Handbook of self and identity*（pp.401-418）. N. Y.：Guilford.
Lerner, R. M., Lerner, J. V., Bowers, E. P., & Geldhof, G. J.（2015）. Positive youth development and relational-developmental-systems. In W. F. Overton, P. C. M. Molenaar, & R. M. Lerner（Eds.）, *Handbook of child psychology and developmental science：Theory and method*（pp.607-651）. Hoboken. NJ：Wiley.
Linley, P. A., Harrington, S., & Garcea, N.（2013）. Finding the positive in the world of work. In P. A. Linley, S. Harrington, & Garcea, N.（Eds.）, *The Oxford handbook of positive psychology and work*（pp.3-9）. Oxford University Press.
Little, B. R.（1983）. Personal projects：A rationale and method for investigation. *Environment and Behavior, 15*（3）, 273-309.
Lomas, T., Froh, J. J., Emmons, R. A., Mishra, A., & Bono, G.（2014）. Gratitude interventions：A review and future agenda. In A. C. Parks, & S. M. Schueller（Eds.）, *The Wiley Blackwell handbook of positive psychological interventions*（pp.3-19）. West Sussex：Wiley Blackwell.
Lopez, S. J., Teramoto Pedrotti, J., & Snyder, C. R.（2015）. *Positive psychology：The scientific and practical explanations of human strengths*（3rd ed.）. CA：SAGE.
Louis, M. C., & Lopez, S. J.（2014）. Strength interventions：Current progress and future directions. In A. C. Parks, & S. M. Schueller（Eds.）, *The Wiley Blackwell handbook of positive psychological interventions*（pp.66-89）. West Sussex：John Wiley & Sons.
Lu, L., & Gilmour, R.（2004）. Culture and conceptions of happiness：Individual-

の心理学（第1巻，第2巻）北大路書房）
Kern, M. L., Waters, L. E., Adler, A., & White, M. A.（2015）. A multidimensional approach to measuring well-being in students：Application of the PERMA framework. *Journal of Positive Psychology, 10*（3）, 261–271.
Kernis, M. H.（2003）. Toward a conceptualization of optimal self-esteem. *Psychological Inquiry, 14*（1）, 1–26.
Keyes, C. L. M.（1998）. Social well-being. *Social Psychology Quarterly, 61*（2）, 121–140.
Keyes, C. L. M.（2002）. The mental health continuum：From languishing to flourishing in life. *Journal of Health and Social Research, 43*（June）, 207–222.
Keyes, C. L. M.（2005）. Mental illness and/or mental health? Investigating axioms of the complete state model of health. *Journal of Consulting and Clinical Psychology, 73*（3）, 539–548.
Keyes, C. L. M.,（2013）. Promoting and protecting positive mental health：Early and often throughout the lifespan. In C. L. M. Keyes（Ed.）, *Mental well-being：International contribution to the study of positive mental health*（pp.3–28）. Dordrecht：Springer.
Keyes, C. L. M., & Lopez, S. J.（2002）. Toward a science of mental health：Positive directions in diagnosis and interventions. In C. R. Snyder, & S. J. Lopez（Eds.）, *Handbook of positive psychology*（pp.45–59）. N. Y.：Oxford University Press.
Keyes, C. L. M., & Michalec, B.（2013）. Mental health. In S. J. Lopez（Ed.）, *The encyclopedia of positive psychology*（pp.614-617）. Chichester：Wiley-Blackwell.
Kim, J., & Hatfield, E.（2004）. Love types and subjective well-being：A cross-cultural study. *Social Behavior and Personality, 32*（2）, 173–182.
木村 登紀子（2006）．人間性心理学とポジティブ心理学　島井 哲志（編）ポジティブ心理学――21世紀の心理学の可能性――（pp.30–43）　ナカニシヤ出版
北山 忍（1997）．文化心理学とは何か　柏木 惠子・北山 忍・東 洋（編）文化心理学――理論と実証――（pp.17–43）　東京大学出版会
北山 忍（2003）．文化・自己・幸福感（シンポジウム記録）　実験社会心理学研究，*43*（1），105–112．
Kitayama, S., & Markus, H. R.（2000）. The pursuit of happiness and realization of sympathy：Cutural patterns of self, social relations, and well-being. In E. Diener, & E. M. Suh（Eds.）, *Culture and subjective well-being*（pp.113–161）. Cambridge, MA：MIT Press.
Kitayama, S., & Uskul, A. K.（2011）. Culture, mind, and the brain：Current evidence and future directions. *Annual Review of Psychology, 62*, 419–449.
Knoop, H. H., & Delle Fave, A.（Eds.）（2013）. *Well-being and cultures：Perspectives from positive psychology*. Dordrecht：Springer.
Kok, B. E., Catalino, L. I., & Fredrickson, B. L.（2008）. The broadening, building, buffering effects of positive emotions. In S. J. Lopez（Ed.）, *Positive psychology：Exploring the best in people*. Vol.2. *Capitalizing on emotional experiences*（pp.1–19）. London：Praeger.
古村 健太郎・村上 達也・戸田 弘二（2016）．アダルト・アタッチメント・スタイル尺度（ECR-RS）日本語版の妥当性評価 心理学研究，*87*（3），303–313．
Krahé, B.（1992）. *Personality and social psychology：Towards a synthesis*. London：SAGE.
（クラーエ，B. 堀毛 一也（編訳）（1996）．社会的状況とパーソナリティ　北

り入れた新しい面接技法―― 誠信書房
伊藤 裕子・相良 順子・池田 政子・川浦 康至（2003）．主観的幸福感尺度の作成と信頼性・妥当性の検討 心理学研究，*74*（3），276-281.
岩野 卓・新川 広樹・青木 俊太郎・門田 竜乃輔・堀内 聡・坂野 雄二（2015）．心理的ウェル・ビーイング尺度短縮版の開発 行動科学，*54*（1），9-21.
Jeste, D. V., & Palmer, B. W.（2015）. *Positive psychiatry：A clinical handbook*. Washington, D. C.：American Psychiatric Publishing.
（ジェステ，D. V.・パルマー，B. W. 大野 裕・三村 将（監訳）（2018）．ポジティブ精神医学 金剛出版）
Jimenez, S.（2013）. Civic responsibility and virtues. In S. J. Lopez（Ed.）, *The encyclopedia of positive psychology*（pp.156-160）. West Sussex：Wiley-Blackwell.
Jose, P. E., Lim, B. T., & Bryant, F. B.（2012）. Does savoring increase happiness? A daily diary study. *The Journal of Positive Psychology, 7*（3）, 176-187.
Joshanloo, M.（2013）. A comparison of Western and Islamic conceptions of happiness. *Journal of Happiness Studies, 14*（6）, 1857-1874.
Judge, T. A., & Bono, J. E.（2001）. Relationship of core self-evaluations traits ―― self-esteem, generalized self-efficacy, locus of control, and emotional stability ―― with job satisfaction and job performance：A meta-analysis. *Journal of Applied Psychology, 86*（1）, 80-92.
Kabat-Zinn, J.（1982）. An outpatient program in behavioral medicine for chronic pain patients based on the practice of mindfulness meditation：Theoretical considerations and preliminary results. *General Hospital Psychiatry, 4*（1）, 33-47.
Kahneman., D.（1999）. Objective happiness. In D. Kahneman, E. Diener, & N. Schwarz（Eds.）, *Well-being：The foundations of hedonic psychology*（pp.3-25）. N. Y.：Russell Sage Foundation.
Kahneman, D., & Deaton, A.（2010）. High income improves evaluation of life but not emotional well-being. *Proceeding of the National Academy of Science of the United States of America, 107*（38）, 16489-93.
Kan, C., Karasawa, M., & Kitayama, S.（2009）. Minimalist in style：Self, identity, and well-being in Japan. *Self and Identity, 8*（2-3）, 300-317.
Kasser, T.（2011）. Ecological challenges, materialistic values, and social change. In R. Biswas-Diener（Ed.）, *Positive psychology as social change*（pp.89-108）. N. Y.：Springer.
Kasser, T., & Ryan, R. M.（1993）. A dark side of the American dream：Correlates of financial success as a central life aspiration. *Journal of Personality and Social Psychology, 65*（2）, 410-422.
Kasser, T., & Sheldon, K. M.（2009）. Time affluence as a path toward personal happiness and ethical business practice：Empirical evidence from four studies. *Journal of Business Ethics, 84*（Suppl 2）, 243-255.
加藤 司・Snyder，C. R.（2005）．ホープと精神的健康の関連性――日本版ホープ尺度の信頼性と妥当性の検証―― 心理学研究，*76*（3），227-234.
Kelley, H. H., Berscheid, E., Christensen, A., Harvey, J. H., Huston, T., Levinger, G., McClintock, E., Peplau. L. A., & Peterson, D. R.（1983）. *Close relationships*. N. Y.：W. H. Freeman.
Kelly, G. A.（1955）. *The psychology of personal constructs*. Vol.1, 2. N. Y.：Norton.
（ケリー，G. A. 辻 平治郎（訳）（2016，2018）．パーソナル・コンストラクト

Personality and Social Psychology, 50 (2), 392-402.
Hendrick, S. S., & Hendrick, C. (1997). Love and satisfaction. In R. J. Sternberg, & M. Hojjat (Eds.), *Satisfaction in close relationships* (pp.56-78). N. Y. : Guilford Press.
Higgins, E. T. (1997). Beyond pleasure and pain. *American Psychologist, 52* (12), 1280-1300.
Higgins, E.T., Shah, J., & Friedman, R. (1997). Emotional responses to goal attainment : Strength of regulatory focus as moderator. *Journal of Personality and Social Psychology, 72* (3), 515-525.
Hitokoto, H., & Uchida, Y. (2015). Interdependent happiness : Theoretical importance and measurement validity. *Journal of Happiness Studies, 16* (1), 211-239.
一言 英文 (2017). 協調的幸福感の文化比較　感情心理学研究, *25*, Supplement 号, ps22.
Hodges, T. D., & Clifton, D. O. (2004). Strengths-based development in practice. In P. A. Linley, & S. Joseph (Eds.), *Positive psychology in practice* (pp.256-268). NJ : John Wiley & Sons.
Hoffman, W., Baumeister, R. F., Förster, G., & Vohs, K. D. (2012). Everyday temptations : An experience sampling study of desire, conflict, and self-control. *Journal of Personality and Social Psychology, 102* (6), 1318-1335.
堀毛 裕子 (2016). ポジティブな特性と健康　大竹 恵子 (編) 保健と健康の心理学――ポジティブヘルスの実現―― (pp.235-252)　ナカニシヤ出版
Huebner, E. S. (1994). Preliminary development and validation of a multidimensional life satisfaction scale for children. *Psychological Assessment, 6* (2), 149-158.
Huebner, E. S., & Hills, K. J. (2011). Does the positive psychology movement have legs for children in schools? *The Journal of Positive Psychology, 6* (1), 88-94.
Huppert, F. A. (2005). Positive mental health in individuals and populations. In F. A. Huppert, N. Baylis, & B. Keverne (Eds.), *The science of well-being* (pp.307-340). Oxford : Oxford University Press.
Huppert, F. A. (2009). Psychological well-being : Evidence regarding its causes and consequences. *Applied Psychology : Health and Well-being, 1* (2), 137-164.
Huta, V., & Hawley, L. (2010). Psychological strengths and cognitive vulnerabilities : Are they two ends of the same continuum or do they have independent relationships with well-being and ill-being? *Journal of Happiness Studies, 11* (1), 71-93.
Huta, V., & Ryan, R. M. (2010). Pursuing pleasure or virtue : The differential and overlapping well-being benefits of hedonic and eudaimonic motives. *Journal of Happiness Studies, 11* (6), 735-762.
Inglehart, R., & Klingemann, H. D. (2000). Genes, culture, democracy, and happiness. In E. Diener, & E. M. Suh (Eds.), *Culture and subjective well-being* (pp.165-183). MA : MIT Press.
Isen, A. M. (1987). Positive affect, cognitive processes and social behavior. In L. Berkowitz (Ed.), *Advances in experimental social psychology*. Vol.20 (pp.203-253). N. Y. : Academic Press.
石村 郁夫 (2014). フロー体験の促進要因と肯定的機能に関する心理学的研究　風間書房
石山 一舟・我妻 則明 (2004). アクティブ・カウンセリング入門――森田療法を取

universals in personality lexicons. In L. Wheeler (Ed.), *Review of personality and social psychology*. Vol.2 (pp.141-165). CA : SAGE.
Gollwitzer, P. M., & Brandstatter, V. (1997). Implementation intentions and effective goal pursuit. *Journal of Personality and Social Psychology, 73* (1), 186-199.
Gottman, J. M. (1994). *Why marriage succeed or fail : And how you can make yours last*. PA : Simon & Schuster.
Gottman, J. M. (1998). Psychology and the study of marital process. *Annual Review of Psychology, 49*, 169-197.
Gottman, J. M., & Silver, N. (1999). *The seven principles for making marriage work*. N. Y. : Crown.
(ゴットマン, J. M.・シルバー, N. 松浦 秀明 (訳) (2007). 結婚生活を成功させる七つの原則　第三文明社)
Grant, A. M., & Cavanagh, M. J. (2011). Coaching and positive psychology. In K. M. Sheldon, T. B. Kashdan, & M. F. Steger (Eds.), *Designing positive psychology : Taking stock and moving forward* (pp.293-309). N. Y. : Oxford University Press.
Greenwald, A. G., McGhee, D. E., & Schwartz, J. L. K. (1998). Measuring individual differences in implicit cognition : The implicit association test. *Journal of Personality and Social Psychology, 74* (6), 1464-1480.
Harter, S. (1985). *Self-perception profile for children : Manual and questionnaires*. University of Denver. https://portfolio.du.edu/SusanHarter/page/44210
Harvey, J. H., & Omarzu, J. (1999). *Minding the close relationships : A theory of relationship enhancement*. N. Y. : Cambridge University Press.
Harvey, J. H., & Pauwels, B. G. (2009). Relationship connection : A redux on the role of minding and the quality of feeling special in the enhancement of closeness. In S. J. Lopez, & C. R. Snyder (Eds.), *Oxford handbook of positive psychology* (2nd ed.) (pp.385-392). N. Y. : Oxford University Press.
Harvey, J. H., Pauwels, B. G., & Zickmund, S. (2002). Relationship connection : The role of minding in the enhancement of closeness. In C. R. Snyder, & S. J. Lopez (Eds.), *Handbook of positive psychology* (pp.423-433). N. Y. : Oxford University Press.
Harvey, J. H., & Wenzel, A. (2006). Theoretical perspectives in the study of close relationships. In A. Vanqelisti, & D. Perlman (Eds.), *The Cambridge handbook of personal relationships* (pp.35-50). N. Y. : Cambridge University Press.
Harzer, C., & Ruch, W. (2015). The relationships of character strengths with coping, work-related stress, and job satisfaction. *Frontiers in Psychology, 6*, Article 165.
Haybron, D. M. (2000). Two philosophical problems in the study of happiness. *Journal of Happiness Studies, 1* (2), 207-225.
Hayes, N., & Joseph, S. (2003). Big 5 correlates of three measures of subjective well-being. *Personality and Individual Differences, 34* (4), 723-727.
Hazan, C., & Shaver, P. R. (1987). Romantic love conceptualized as an attachment process. *Journal of Personality and Social Psychology, 52* (3), 511-524.
Hefferon, K., & Boniwell, I. (2011). *Positive psychology : Theory, research and applications*. Berkshire : Open University Press.
Heller, D., Watson, D., & Ilies, R. (2004). The role of person versus situation in life satisfaction : A critical examination. *Psychological Bulletin, 130* (4), 574-600.
Hendrick, C., & Hendrick, S. S. (1986). A theory and method of love. *Journal of*

Fox Eades, J. M. (2008). *Celebrating strengths : Building strengths-based schools.* Coventry, England : CAPP Press.

Fredrickson, B. L. (1998). What good are positive emotions? *Review of General Psychology, 2* (3), 300-319.

Fredrickson, B. L. (2001). The role of positive emotions in positive psychology : The broaden-and-build theory of positive emotions. *American Psychologist, 56* (3), 218-226.

Fredrickson, B. L. (2009). *Positivity.* N. Y. : Crown Publishers.
(フレドリクソン, B. L. 植木 理恵(監修) 高橋 由紀子(訳)(2010). ポジティブな人だけがうまくいく 3：1の法則 日本実業出版社)

Fredrickson, B. L. (2013a). Updated thinking on positivity ratios. *American Psychologist, 68* (9), 814-822.

Fredrickson, B. L. (2013b). *Love 2.0 : Finding happiness and health in moments of connection.* N. Y. : Plume.
(フレドリクソン, B. L. 松田 和也(訳)(2014). Love 2.0 ――あたらしい愛の科学―― 青土社)

Fredrickson, B. L., & Branigan, C. (2005). Positive emotions broaden the scope of attention and thought-action repertoires. *Cognition and Emotion, 19* (3), 313-332.

Fredrickson, B. L., Cohn, M. A., Coffy, K. A., Pek, J., & Finkel, S. M. (2008). Open hearts build lives : Positive emotions, induced through loving-kindness meditation, build consequential personal resources. *Journal of Personality and Social Psychology, 95* (5), 1045-1062.

Fredrickson, B. L., Grewen, K. M., Coffey, K. A., Algoe, S. B., Firestine, A. M., Arevalo, J. M. G., Ma, J., & Cole, S. W. (2013). A functional genomic perspective on human well-being. *PNAS, 110* (33), 13684-13689.

Fredrickson, B. L., & Levenson, R. W. (1998). Positive emotions speed recovery from the cardiovascular sequelae of negative emotions. *Cognition and Emotion, 12* (2), 191-220.

Fredrickson, B. L., & Losada, M. F. (2005). Positive affect and the complex dynamics of human flourishing. *American Psychologist, 60* (7), 678-686.

Froh, J. J., Bono, G., Fan, J., Emmons, R. A., Henderson, K., Harris, C., Leggio, H., & Wood, A. M. (2014). Nice thinking! An educational intervention that teaches children to think gratefully. *School Psychology Review, 43* (2), 132-152.

Gable, S. L., & Gosnell, C. L. (2011). The positive side of close relationships. In K. M. Sheldon, T. B. Kashdan, & M. F. Steger (Eds.), *Designing positive psychology : Taking stock and moving forward* (pp.265-279). N. Y. : Oxford University Press.

Gable, S. L., Reis, H. T., Impett, E. A., & Asher, E. R. (2004). What do you do when things go right? The intrapersonal and interpersonal benefits of sharing positive events. *Journal of Personality and Social Psychology, 87* (2), 228-245.

Gifford, R (2007). Environmental psychology and sustainable development : Expansion, maturation, and challenges. *Journal of Social Issues, 63* (1), 199-212.

Gilman, R., Heubner, E. S., & Buckman, M. (2008). Positive schooling. In S. J. Lopez (Ed.), *Positive psychology : Exploring the best in people.* Vol.4. Pursuing human flourishing (pp.87-98). Westport, CT : Praeger/Greenwood.

Goldberg, L. R. (1981). Language and individual differences : The search for

Diener, E., & Fujita, F. (1995). Resources, personal strivings, and subjective well-being : A nomothetic and idiographic approach. *Journal of Personality and Social Psychology, 68* (5), 926–935.
Diener, E., Kanazawa, S., Suh, E. M., & Oishi, S. (2015). Why people are in a generally good mood. *Personality and Social Psychology Review, 19* (3), 235–256.
Diener, E., Larsen, R. J., & Emmons, R. A. (1984). Person × situation interactions : Choice of situations and congruence response models. *Journal of Personality and Social Psychology, 47* (3) 580–592.
Diener, E., Lucas, R. E., & Scollon, C.N. (2006). Beyond the hedonic treadmill : Revising the adaptation theory of well-being. *American Psychologist, 61* (4), 305–314.
Diener, E., Oishi, S., & Lucas, R. E. (2003). Personality, culture, and subjective well-being : Emotional and cognitive evaluations of life. *Annual Review of Psychology, 54*, 403–425.
Diener, E., Oishi, S., & Lucas, R. E. (2015). National accounts of subjective well-being. *American Psychologist, 70* (3), 234–242.
Diener, E., Suh, E. M., Lucas, R. E., & Smith, H. L. (1999). Subjective well-being : Three decades of progress. *Psychological Bulletin, 125* (2), 276–302.
Diener, E., Tay, L., & Oishi, S. (2013). Rising income and the subjective well-being of nations. *Journal of Personality and Social Psychology, 104* (2), 267–276.
Diener, E., Wirtz, D., Tov, W., Kim-Prieto, C. A., Choi, D., Oishi, S., & Biswas-Diener, R. (2010). New well-being measures : Short scales to assess flourishing and positive and negative feelings. *Social Indicators Research, 97* (2), 143–156.
Drigotas, S. M., Rusbult, C. E., Wieselquist, J., & Whitton, S. W. (1999). Close partner as sculptor of the ideal self : Behavioral affirmation and the Michelangelo phenomenon. *Journal of Personality and Social Psychology, 77* (2), 293–323.
Dunn, E. W., Aknin, L. B., & Norton, M. I. (2008). Spending money on others promotes happiness. *Science, 319* (5870), 1687–1688.
Emmons, R. A. (1986). Personal strivings : An approach to personality and subjective well-being. *Journal of Personality and Social Psychology, 51*, 1058–1068.
Emmons, R. A., Diener, E., & Larsen, R. J. (1986). Choice and avoidance of everyday situations and affect congruence : Two models of reciprocal interactionism. *Journal of Personality and Social Psychology, 51* (4), 815–826.
Emmons, R. A., & McCullough, M. E. (2003). Counting blessings versus burdens : An experimental investigation of gratitude and subjective well-being in daily life. *Journal of Personality and Social Psychology, 84* (2), 377–389.
遠藤 辰雄・井上 祥治・蘭 千寿 (1992). セルフ・エスティームの心理学――自己価値の探求―― ナカニシヤ出版
Epstein, S. (1980). The self-concept : A review and the proposal of an integrated theory of personality. In E. Staub (Ed.), *Personality : Basic aspects and current research* (pp.83–131). Englewood Cliffs, NJ : Prentice Hall.
Fehr, B. (1988). Prototype analysis of the concepts of love and commitment. *Journal of Personality and Social Psychology, 55* (4), 557–579.
Fletcher, D., & Sarkar, M. (2013). Psychological resilience : A review and critique of definitions, concepts, and theory. *European Psychologist, 18* (1), 12–23.
Fordyce, M. W. (1977). Development of a program to increase personal happiness. *Journal of Counseling Psychology, 24* (6), 511–521.

（チクセントミハイ，M.・ナカムラ，J. 堀毛 一也・金子 迪大（編訳）（印刷中）．ポジティブ心理学のこれまでとこれから　福村出版）
Cummins, R. A.（2010）. Subjective wellbeing, homeostatically protected mood and depression：A synthesis. *Journal of Happiness Studies, 11*（1）, 1-17.
Cummins, R. A.（2014）. Can happiness change? Theories and evidence. In K. M. Sheldon, & R. E. Lucus（Eds.）, *Stability of happiness：Theories and evidence on whether happiness can change*（pp.75-97）. London：Academic Press.
Cummins, R. A., & Nistico, H.（2002）. Maintaining life satisfaction：The role of positive cognitive bias. *Journal of Happiness Studies, 3*（1）, 37-69.
大坊 郁夫（編）（2012）．幸福を目指す対人社会心理学――対人コミュニケーションと対人関係の科学――　ナカニシヤ出版
Danner, D. D., Snowdon, D. A., & Friesen, W. V.（2001）. Positive emotions in early life and longevity：Findings from The Nun Study. *Journal of Personality and Social Psychology, 80*（5）, 804-813.
Davern, M., Cummins, R. A., & Stokes, M.（2007）. Subjective wellbeing as an affective-cognitive construct. *Journal of Happiness Studies, 8*（4）, 429-449.
Davis, D., Choe, E., Meyers, J., Wade, N. G., Varjas, K., Gifford, A., Quinn, A., Hook, J. N., Van Tongeren, D. R., Griffin, B. J., & Worthington, Jr. E. L.（2016）. Thankful for the little things：A meta-analysis of gratitude interventions. *Journal of Counseling Psychology, 63*（1）, 20-31.
Deci, E. L., & Ryan, R. M.（2008）. Hedonia, eudaimonia, and well-being：An introduction. *Journal of Happiness Studies, 9*（1）, 1-11.
Delle Fave, A., & Massimini, F.（2003）. Optimal experience in work and leisure among teachers and physicians：Individual and bio-cultural implications. *Leisure Studies, 22*（4）, 323-342.
Deneve, K. M., & Cooper, H.（1998）. The happy personality：A meta-analysis of 137 personality traits and subjective well-being. *Psychological Bulletin, 124*（2）, 197-229.
de Ridder, D. T. D., Lensvelt-Mulders, G., Finkenauer, C., Stok, F. M., & Baumeister, R. F.（2012）. Taking stock of self-control：A meta-analysis of how trait self-control relates to a wide range of behaviors. *Personality and Social Psychology Review, 16*（1）, 76-99.
Diener, E.（1984）. Subjective well-being. *Psychological Bulletin, 95*（3）, 542-575.
Diener, E.（2006）. Guidelines for national indicators of subjective well-being and ill-being. *Journal of Happiness Studies, 7*（4）, 397-404.
Diener, E.（2009）. Positive psychology：Past, present, and future. In S. J. Lopez, & C. R. Snyder（Eds.）, *Oxford handbook of positive psychology*（2nd ed.）（pp.7-11）. Oxford University Press.
Diener, E.（2013）. The remarkable changes in the science of subjective well-being. *Perspectives on Psychological Science, 8*（6）, 663-666.
Diener, E., & Chan, M. Y.（2011）. Happy people live longer：Subjective well-being contributes to health and longevity. *Applied Psychology：Health and Well-being, 3*（1）, 1-43.
Diener, E., & Diener, M.（1995）. Cross-cultural correlates of life satisfaction and self-esteem. *Journal of Personality and Social Psychology, 68*（4）, 653-663.
Diener, E., Emmons, R. A., Larsen, R. J., & Griffin, S.（1985）. The satisfaction with life scale. *Journal of Personality Assessment, 49*（1）, 71-75.

life. N. Y.：Taylor & Francis.
（チャロキー，J.・フォーガス，J. P.・メイヤー，J. D. 中里 浩明・島井 哲志・大竹 恵子・池見 陽（訳）（2005）．エモーショナル・インテリジェンス——日常生活における情動知能の科学的研究—— ナカニシヤ出版）
Clayton, S.（Ed.），（2012）．*The Oxford handbook of environmental and conservation psychology*. N. Y.：Oxford University Press.
Clayton, S., & Myers, G.（2009）．*Conservation psychology：Understanding and promoting human care for nature*. West Sussex：Wiley-Blackwell.
Cohen, M. A., & Fredrickson, B. L.（2009）．Positive emotions. In C. R. Snyder, & S. J. Lopez（Eds.），*Oxford handbook of positive psychology*（2nd ed.）（pp.13-24）．N. Y.：Oxford University Press.
Cohn, M. A., & Fredrickson, B. L.（2010）．In search of durable positive psychology interventions：Predictors and consequences of long-term positive behavior change. *The Journal of Positive Psychology, 5*（5），355-366.
Coleman, J. S.（1988）．Social capital in the creation of human capital. *American Journal of Sociology, 94*, S95-S120.
Compton, W. C., & Hoffman, E.（2013）．*Positive psychology：The science of happiness and flourishing*（2nd ed. international edition.）．Belmont, CA：Wadsworth.
Corral-Verdugo, V.（2012）．The positive psychology of sustainability. *Environment Development and Sustainability, 14*（5），651-666.
Corral-Verdugo, V., & Frias-Armenta, M.（2016）．The sustainability of positive environments. *Environment, Development and Sustainablity, 18,*（4），965-984.
Corral-Verdugo, V., Garcia-Cadena, C. H., & Frias-Armenta, M.（2010）．*Psychological approaches to sustainability：Current trends in theory, research and applications*. N. Y.：Nova Science Publishers.
Corral-Verdugo, V., Tapia-Fonllem, C., & Ortiz-Valdez, A.（2015）．On the relationship between character strengths and sustainable behavior. *Environment and Behavior, 47*（8），877-901.
Costa, P. T., & McCrae, R. R.（1980）．Influence of extraversion and neuroticism on subjective well-being：Happy and unhappy people. *Journal of Personality and Social Psychology, 38*（4），668-678.
Csikszentmihalyi, M.（1975/2000）．*Beyond boredom and anxiety：Experiencing flow in work and play*. CF：Jossey-Bass.
（チクセントミハイ，M. 今村 浩明（訳）（1979/2001）．楽しみの社会学 思索社／新思索社）
Csikszentmihalyi, M.（1997）．*Finding flow：The psychology of engagement with everday life*. N. Y.：Basic Books.
Csikszentmihalyi, M., & Hunter, J.（2003）．Happiness in everyday life：The uses of experience sampling. *The Journal of Happiness Studies, 4*（2），185-199.
Csikszentmihalyi, M., & Larson, R.（1987）．Validity and reliability of the experience-sampling method. *Journal of Nervous and Mental Disease, 175*（9），526-536.
チクセントミハイ，M.・ナカムラ，J.（2003）．フロー理論のこれまで 今村 浩明・浅川 希洋志（編）フロー理論の展開（pp.1-39） 世界思想社
Csikszentmihalyi, M., & Nakamura, J.（2011）．Positive psychology：Where did it come from, where is it going? In K. M. Seldon, T. B. Kashdan, & M. F. Steger（Eds.），*Designing positive psychology：Taking stock and moving forward*（pp.3-8）．N. Y.：Oxford University Press.

Burns, G. W. (2011). Gross National Happiness : A gift from Bhutan to the world. In R. Biswas-Diener (Ed.), *Positive psychology as social change* (pp.73-87). N. Y. : Springer.

Buss, D. M., & Schmitt, D. P. (1993). Sexual strategies theory : An evolutionary perspective on human mating. *Psychological Review, 100* (2), 204-232.

Butler, J., & Kern, M. L. (2016). The PERMA-profiler : A brief multidimensional measure of flourishing. *International Journal of Wellbeing, 6* (3), 1-48.

Cacioppo, J. T., & Berntson, G. G. (1994). Relationships between attitudes and evaluative space : A critical review, with emphasis on the separability of positive and negative substrates. *Psychological Bulletin, 115* (3), 401-423.

Cantor, N., & Langston, C. A. (1989). Ups and downs of life tasks in a transition. In L. A. Pervin (Ed.), *Goal concepts in personality and social psychology* (pp.127-167). NJ : Erlbaum.

Caprara, G. V., Alessandri, G., Eisenberg, N., Kupfer, A., Steca, P., Caprara, M. G., Yamaguchi, S., Fukuzawa, A., & Abela, J. (2012). The positivity scale. *Psychological Assessment, 24* (3), 701-712.

Caprara, G. V., Eisenberg, N., & Alessandri, G. (2017). Positivity : The dispositional basis of happiness. *Journal of Happiness Studies, 18* (2), 353-371.

Caprara, G. V., & Van Heck, G. L. (1992). *Modern personality psychology : Critical reviews and new directions.* N. Y. : Harvester.

Carr, A. (2004). *Positive psychology : The science of happiness and human strengths.* N. Y. : Brunner-Routledge.

Carver, C. S., Scheier, M. F., Miller, C. J., & Fulford, D. (2009). Optimism. In S. J. Lopez, & C. R. Snyder (Eds.), *Oxford handbook of positive psychology* (2nd ed.) (pp.303-311). N. Y. : Oxford University Press.

Caspi, A., Sugden, K., Moffitt, T. E., Taylor, A., Craig, I. W., Harrington, H., McClay, J., Mill, J., Martin, J., Braithwaite, A., & Poulton, R. (2003). Influence of life stress on depression : Moderation by a polymorphism in the 5-HTT gene. *Science, 301*, 386-389.

Catalano, R. F., Berglund, M. L., Ryan, J. A. M., Lonczak, H. S., & Hawkins, J. D. (2002). Positive youth development in the United States : Research findings on evaluations of positive youth development programs. *Prevention and Treatment, 5* (1), article 15.

Catalano, R. F., & Toumbourou, J. W. (2013). Positive youth development. In S. J. Lopez (Ed.), *The encyclopedia of positive psychology* (pp.759-765). Wiley-Blackwell.

Chang, C-H., Ferris, D. L., Johnson, R. E., Rose, C. C., & Tan, J. A. (2011). Core self-evaluations : A review and evaluation of the literature. *Journal of Management, 38* (1), 81-128.

Chen, G., Gully, S. M., & Eden, D. (2001). Validation of a new general self-efficacy scale. *Organizational Research Methods, 4* (1), 62-83.

Christopher, J. C., Richardson, F. C., & Slife, B. D. (2008). Thinking through positive psychology. *Theory and Psychology, 18* (5), 555-561.

Cheung, T. T. L., Gillebaart, M., Kroese, F., & Ridder, D. D. (2014). Why are people high self-control happier? The effect of trait self-control on happiness as mediated by regulatory focus. *Frontiers in Psychology, 5*, Article, 722.

Ciarrochi, J., Forgas, J. P., & Mayer, J. D. (2001). *Emotional intelligence in everyday*

proposed operational definition. *Clinical Psychology : Science and Practice, 11* (3), 230–241.
Biswas-Diener, R. (Ed.) (2011). *Positive psychology as social change*. N. Y. : Springer.
Biswas-Diener, R., Kashdan, T. B., & Minhas, G. (2011). A dynamic approach to psychological strength development and intervention. *The Journal of Positive Psychology, 6* (2), 106–118.
Biswas-Diener, R., Linley, P. A., Govindji, R., & Woolston, L. (2011). Positive psychology as a force for social change. In K. M. Sheldon, T. B. Kashdan, & M. F. Steger (Eds.), *Designing positive psychology : Taking stock and moving forward* (pp.410–418). N. Y. : Oxford University Press.
Bolier, L., Haverman, M., Westerhof, G. J., Riper, H., Smit, F., & Bohlmeijer, E. (2013). Positive psychology interventions : A meta-analysis of randomized controlled studies. *BMC Public Health, 13* (1), *119*.
Boniwell, I. (2012). *Positive psychology in a nutshell : The science of happiness*. Berkshire : Open University Press.
(ボニウェル，I. 成瀬 まゆみ（監訳）(2015). ポジティブ心理学が１冊でわかる本　国書刊行会)
Bono, J. E., & Judge, T. A. (2003). Core self-evaluations : A review of the trait and its role in job satisfaction and job performance. *European Journal of Personality, 17* (1), 5–18.
Brandstatter, H. (1994). Well-being and motivational person-environment fit : A time-sampling study of emotions. *European Journal of Personality, 8* (2), 75–93.
Brennan, K. A., Clark, C. L., & Shaver, P. R. (1998). Self-report measurement of adult attachment : An integrative overview. In J. A. Simpson, & W. S. Rholes (Eds.), *Attachment theory and close relationships* (pp.46–76). N. Y. : Guilford Press.
Brown, D. J., Arnold, R., Fletcher, D., & Standage, M. (2017). Human thriving : A conceptual debate and literature review. *European Psychologist, 22* (3), 167–179.
Brown, J. D., & Marshall, M. A. (2006). The three faces of self-esteem. In M.Kernis (Ed.), *Self-esteem : Issues and answers* (pp.4–9). N. Y. : Psychology Press.
Brown, K., & Kasser, T. (2005). Are psychological and ecological well-being compatible? The role of values, mindfulness, and lifestyle. *Social Indicators Research, 74* (2), 349–368.
Brown, N. J. L., Sokal, A. D., & Friedman, H. L. (2013). The complex dynamics of wishful thinking : The critical positivity ratio. *American Psychologist, 68* (9), 801–813.
Brown Kirschman, K. J., Johnson, R. J., Bender, J. A., & Roberts, M. C. (2009). Positive psychology for children and adolescents : Development, prevention, and promotion. In S. J. Lopez, & C. R. Snyder (Eds.), *Oxford handbook of positive psychology* (pp.133–148). N. Y. : Oxford University Press.
Bryant, F. B. (1989). A four-factor model of perceived control : Avoiding, coping, obtaining, and savoring. *Journal af Personality, 57* (4), 773–797.
Bryant, F. B. (2003). Savoring Beliefs Inventory (SBI) : A scale for measuring beliefs about savouring. *Journal of Mental Health, 12* (2), 175–196.
Bryant, F. B., & Verhoff, J. (2007). *Savoring : A new model of positive experiences*. N. J. : LEA.

126–136.

Bandura, A.（1977）. *Social learning theory*. NJ：Prentice Hall.
（バンデューラ，A. 原野 広太郎（訳）（1979）．社会的学習理論――人間理解と教育の基礎―― 金子書房）

Bandura, A.（1989）. Human agency in social cognitive theory. *American Psychologist, 44*（9）, 1175–1184.

Bandura, A.（1997）. *Self-efficacy：The exercise of control*. N. Y.：W. H. Freeman.

Barkow, J. H., Cosmides, L., & Tooby, J.（Eds.）（1992）. *The adapted mind：Evolutionary psychology and the generation of culture*. N. Y.：Oxford University Press.

Barnes, M. L., & Sternberg, R. J.（1997）. A hierarchical model of love and its prediction of satisfaction in close relationships. In R. J. Sternberg, & M. Hojjat（Eds.）. *Satisfaction in close relationships*（pp.79–101）. N. Y.：Guilford Press.

Bartholomew, K., & Horowitz, L. M.（1991）. Attachment styles among young adults：A test of four-category model. *Journal of Personality and Social Psychology, 61*（2）, 226–244.

Baumeister, R. F., Bratslavsky, E., Finkenauer, C., & Vohs, K. D.（2001）. Bad is stronger than good. *Review of General Psychology, 5*（4）, 323–370.

Baumeister, R. F., Bratslavsky, E., Muraven, M., & Tice, D. M.（1998）. Ego depletion：Is the active self a limited resource? *Journal of Personality and Social Psychology, 74*（5）, 1252–1265.

Baumeister, R. F., Campbell, J. D., Krueger, J. I., & Vohs, K. D.（2003）. Does high self-esteem cause better performance, interpersonal success, happiness, or healthier lifestyles? *Psychological Science in the Public Interest, 4*（1）, 1–14.

Baumeister, R. F., Smart, L., & Boden, J. M.（1996）. Relation of threatened egotism to violence and aggression：The dark side of high self-esteem. *Psychological Review, 103*（1）, 5–33.

Baumeister, R. F., Tice, D. M., & Hutton, D. G.（1989）. Self-presentational motivations and personality differences in self-esteem. *Journal of Personality, 57*（3）, 547–579.

Baumeister, R. F., & Vohs, K. D.（2003）. Self-regulation and the executive function of the self. In M. R. Leary, & J. P. Tangney（Eds.）, *Handbook of self and identity*（pp.197–217）. N. Y.：Guilford Press.

Baumeister, R. F., & Vohs, K. D.（2007）. Self-regulation, ego depletion, and motivation. *Social and Personality Psychology Compass, 1*（1）, 115–128.

Baumeister, R. F., Vohs, K. D., Aaker, J. F., & Garbinsky, E. N.（2013）. Some key differences between a happy life and a meaningful life. *The Journal of Positive Psychology, 8*（6）, 505–516.

Baumgardner, S., & Crothers, M.（2014）. *Positive psychology*（Pearson New International Edition）. London：Pearson Education Limited.

Benson, P. L., Scales, P. C., & Syvertsen, A. K.（2011）. The contribution of the developmental assets framework to positive youth development theory and practice. In R. M. Lerner, J. V. Lerner, & J. B. Benson（Eds.）, *Advances in child development and behavior：Positive youth development*. Vol. 41（pp.195–228）. London：Elsevier.

Bishop, S. R., Lau, M., Shapiro, S., Carlson, L., Anderson, N. D., Carmody, J., Segal, Z. V., Abbey, S., Speca, M., Velting, D., & Davins, G.（2004）. Mindfulness：A

引用文献

（注）紙数の関係で，このリストには引用文献の一部しか掲載されていません。お探しの文献が見当たらない場合には，お手数ですが http://kekehori.sakura.ne.jp に掲載されている文献一覧をご参照ください。

Abramson, L. Y., Seligman, M. E., & Teasdale, J. D.（1978）. Learned helplessness in humans：Critique and reformulation. *Journal of Abnormal Psychology, 87*（1）, 49–74.

相川 充・矢田 さゆり・吉野 優香（2013）．感謝を数えることが主観的ウェルビーイングに及ぼす効果についての介入実験　東京学芸大学紀要　総合教育科学系，*64*（1），125–138.

Albuquerque, I., Lima, M. P., Matos, M., & Figueiredo, C.（2012）. Personality and subjective well-being：What hides behind global analyses? *Social Indicators Research, 105*（3）, 447–460.

安藤 寿康（2014）．遺伝と環境の心理学——人間行動遺伝学入門——　培風館

Antonovsky, A.（1987）. *Unraveling the mystery of health：How people manage stress and stay well.* CA：Jossey-Bass.

（アントノフスキー，A. 山崎 喜比古・吉井 清子（監訳）（2001）．健康の謎を解く——ストレス対処と健康保持のメカニズム——　有信堂）

Apter, M.（1989）. *Reversal theory：Motivation, emotion, and personality.* London：Routledge.

蘭 千壽（1990）．パーソン・ポジティヴィティの社会心理学——新しい人間関係のあり方を求めて——　北大路書房

Argyle, M.（1987）. *The psychology of happiness.* London：Methuen.

（アーガイル，M. 石田 梅男（訳）（1994）．幸福の心理学　誠信書房）

浅川 希洋志（2003）．フロー経験と日常生活における充実感　今村 浩明・浅川 希洋志（編）フロー理論の展開（pp.177–213）　世界思想社

Asakawa, K.（2010）. Flow experience, culture, and well-being：How do autotelic Japanese college students feel, behave, and think in their daily lives? *Journal of Happiness Studies, 11*（2）, 205–223.

浅野 良輔・五十嵐 祐・塚本 早織（2014）．日本版 HEMA 尺度の作成と検討——幸せへの動機づけとは——　心理学研究，*85*（1），69–79.

浅野 良輔・吉田 俊和（2014）．日本語版知覚された目標サポート尺度の作成——異性・同性友人関係における構成概念妥当性の検討——　教育心理学研究，*62*（3），240–252.

Avolio, B. J., Griffith, J., Wernsing, T. S., & Walumbwa, F. O.（2013）. What is authentic leadership development? In P. A. Linley, S. Harrington, & N. Garcea（Eds.）, *The Oxford handbook of positive psychology and work*（pp.39–51）. N. Y.：Oxford University Press.

Baltes, P. B., & Staudinger, U. M.（2000）. Wisdom：A metaheuristic（pragmatic）to orchestrate mind and virtue toward excellence. *American Psychologist, 55*（1）,

著者略歴

堀毛《ほりけ》　一也《かずや》

1952年　東京都に生まれる

1976年　東北大学文学部卒業

1980年　東北大学大学院文学研究科博士課程後期中退

岩手県立盛岡短期大学講師，学校法人梅檀学園東北福祉大学助教授・教授，国立大学法人岩手大学教授，学校法人東洋大学教授を経て

現　在　東洋大学大学院社会学研究科客員教授・岩手大学名誉教授

主要編著書

『社会心理学――人と社会との相互作用の探求』（共著）（培風館，2017）

『パーソナリティ心理学――人間科学，自然科学，社会科学のクロスロード』（共著）（有斐閣，2009）

『ポジティブ心理学の展開――「強み」とは何か，それをどう伸ばせるか（現代のエスプリ no.512）』（編）（ぎょうせい，2010）

研究領域

ポジティブ心理学，社会心理学，パーソナリティ心理学

セレクション社会心理学―31

ポジティブなこころの科学

――人と社会のよりよい関わりをめざして――

2019年12月25日© 初 版 発 行
2021年10月10日 初版第2刷発行

著 者 堀毛一也 発行者 森平敏孝
印刷者 中澤 眞
製本者 小西惠介

発行所 株式会社 サイエンス社

〒151-0051 東京都渋谷区千駄ヶ谷1丁目3番25号
営業TEL (03)5474-8500(代) 振替 00170-7-2387
編集TEL (03)5474-8700(代)
FAX (03)5474-8900

組版 ケイ・アイ・エス
印刷 ㈱シナノ 製本 ブックアート
《検印省略》

ISBN978-4-7819-1458-9

PRINTED IN JAPAN

サイエンス社のホームページのご案内
https://www.saiensu.co.jp
ご意見・ご要望は
jinbun@saiensu.co.jp まで.